D1732547

Lessing im Spiegel zeitgenössischer Briefe. Teil 1 und 2
Lessing – Gespräche, Begegnungen, Lebenszeugnisse. Teil 1 und 2
Lessing – Chronik zu Leben und Werk

Begleitbücher zur Dauerausstellung des Lessing-Museums Kamenz
Autor: Wolfgang Albrecht
Herausgeber: Dieter Fratzke

Wolfgang Albrecht

Lessing.
Chronik zu Leben und Werk

Kamenz 2008

ISBN 978-3-910046-34-4

Das Werk einschließlich aller seiner Teile ist urheberrechtlich geschützt. Jede Verwendung außerhalb der engen Grenzen des Urheberrechtsgesetzes ist ohne Zustimmung des Museums unzulässig und strafbar. Dies gilt insbesondere für Vervielfältigungen, Mikroverfilmungen und die Einspeicherung und Verarbeitung in elektronischen Systemen.

© Lessing-Museum, Lessingplatz 1–3, D-01917 Kamenz, 2008

Herausgeber:	Dieter Fratzke
Redaktion und Satz:	Marion Kutter
Umschlaggestaltung:	Lee D. Böhm
Vorderseite »Lessing-Büste« (1863, Standort Kamenz):	Hermann Knaur (1811 bis 1872)
Rückseite unter Verwendung einer Zeichnung von:	Lee D. Böhm
Druck:	Maxroi Graphics GmbH Görlitz

Inhalt

Vorbemerkungen des Herausgebers 7
Siglenverzeichnis 9

1729 bis 1741	Kamenz–Putzkau–Kamenz	10
1741 bis 1746	Meißen–Kamenz	12
1746	Leipzig	16
1747	Leipzig	18
1748	Leipzig–Kamenz–Wittenberg–Berlin	18
1749	Berlin	20
1750	Berlin	21
1751	Berlin–Wittenberg	22
1752	Wittenberg–Berlin	23
1753	Berlin	25
1754	Berlin	27
1755	Berlin–Potsdam–Frankfurt/Oder–Leipzig	28
1756	Leipzig–Dresden/Kamenz–Amsterdam	31
1757	Leipzig–Halberstadt	34
1758	Leipzig–Berlin	36
1759	Berlin	39
1760	Berlin–Breslau	42
1761	Breslau	44
1762	Breslau–Schweidnitz	45
1763	Breslau–Berlin/Potsdam	47
1764	Breslau	50
1765	Breslau–Kamenz–Leipzig–Berlin	51
1766	Berlin–Pyrmont–Göttingen–Hamburg	53
1767	Hamburg–Berlin	56
1768	Hamburg–Leipzig	63
1769	Hamburg–Braunschweig	67
1770	Hamburg–Braunschweig/Wolfenbüttel	71
1771	Wolfenbüttel/Braunschweig–Hamburg–Berlin	76
1772	Wolfenbüttel/Braunschweig	82
1773	Wolfenbüttel/Braunschweig	88
1774	Wolfenbüttel/Braunschweig	92
1775	Wolfenbüttel/Braunschweig–Leipzig–Berlin–Dresden–Italien–München	96
1776	Wien–Dresden/Kamenz–Berlin–Wolfenbüttel/Braunschweig–Hamburg/Jork	114
1777	Wolfenbüttel/Braunschweig–Mannheim/Heidelberg–Göttingen–Hannover	123
1778	Wolfenbüttel/Braunschweig–Hamburg	129
1779	Wolfenbüttel/Braunschweig	138
1780	Wolfenbüttel/Braunschweig–Halberstadt–Hamburg	143
1781	Wolfenbüttel/Braunschweig	150
Posthumes		152

Abbildungen 159
Zu dieser Chronik 177
Register
    Kommentiertes Personenregister 183
    Werke, Pläne, Übersetzungen Lessings 209
Abbildungsverzeichnis 215

Vorbemerkungen des Herausgebers

Im Vorfeld des Lessing-Jubiläums 2004 (275. Geburtstag) wurde am Kamenzer Lessing-Museum ein spezielles Publikationsvorhaben konzipiert. Es sollte sowohl für die museologische Tätigkeit und für Museumsbesucher als auch für die wissenschaftliche und sonstige Beschäftigung mit Lessing nutzbar sein. So entstanden Begleitbücher zur Dauerausstellung, die zugleich Lese- und Studienwerke sind. Der erste Doppelband, »Lessing im Spiegel zeitgenössischer Briefe«, kam 2003 heraus. Zwei Jahre später folgte der nächste: »Lessing. Gespräche, Begegnungen, Lebenszeugnisse«.

Das Konzept scheint, nach bisherigen Erfahrungen und Reaktionen, aufzugehen. Beide Dokumentationen haben sich in der praktischen Arbeit des Museums bewährt, beide werden von Fachwissenschaftlern wie auch von besonders interessierten Ausstellungsbesuchern als Kenntnis erweiternde und Einsicht fördernde Publikationen gewürdigt. Zudem ist immer wieder hervorgehoben worden, dass diese Zusammenstellungen von Wirkungsdokumenten nicht nur als ausstellungsbezogene Publikationen von Nutzen sind, sondern – in noch stärkerem Maße – als eigenständige Nachschlagewerke für die Lessing- und darüber hinaus für die Aufklärungsforschung.

Für den nun erscheinenden dritten und letzten Band »Lessing – Chronik zu Leben und Werk« dürfte all dies ebenfalls zutreffen.

Während ein Biograf das Leben und Schaffen eines Menschen beschreibt und aus mehr oder weniger subjektiver Sicht deutet, trägt ein Chronist konkrete Daten und sachliche Fakten zusammen, die er nach zeitlichem Ablauf gliedert und zurückhaltend beurteilt. In der Art hat es bisher vier Versuche gegeben, Lessings Lebensweg chronikalisch darzustellen:

Renate Klar und Kurt Wölfel: Chronik zu Lessings Leben. In: Lessings Leben und Werk in Daten und Bildern. Hrsg. von Kurt Wölfel. Frankfurt am Main 1967, S. 175–229.

Lessing Chronik. Daten zu Leben und Werk. Zusammengestellt von Gerd Hillen. München, Wien 1979.

Herbert Schnierle: Chronik zu Leben, Werk und Wirkung. In: Gotthold Ephraim Lessing. Dargestellt von Herbert Schnierle. Salzburg 1981, S. 7–112.

Gotthold Ephraim Lessings Lebensweg. Kurzgefasste Chronik aus Zitaten und Kommentaren. Zusammengestellt von Gertrud Rudloff-Hille. Kamenz 1982.

Alle vier Darstellungen, denen sich der Autor der neuen Chronik durchaus verpflichtet weiß, sind sehr knapp gehalten. Ihr Daten- und Faktengerüst ist durch die oben genannten beiden Dokumentationen in erheblichem Umfang erweitert, präzisiert und korrigiert worden. Auf sie gibt es deshalb eine Vielzahl von Verweisen. (Über Einzelheiten der Darstellungsprinzipien informiert der Autor auf Seite 179)

Wer Lessing in seiner Zeit ›begegnen‹ möchte, dem sei die Chronik zur Lektüre empfohlen. Denn in ihr kann man eine Menge Wissenswertes und viel Neues über den bedeutendsten der deutschen Aufklärer des 18. Jahrhunderts erfahren. Aufs Ganze gesehen zeugt die erstaunliche Faktensammlung von Lessings lebenslangen Bemühungen um ein selbst bestimmtes Leben und Schaffen. Anschaulich zeigt sie, welch große geistige Anstrengungen er als Schriftsteller und Gelehrter erbracht hat, um schrittweise eine geistig-moralische Alternative zur Überwindung der bedrückenden Zeitverhältnisse entwickeln zu können – allen Demütigungen und Rückschlägen zum Trotz.

Das beigegebene kommentierte Personenverzeichnis fördert Verständnis und Nutzung der Chronik in hervorragender Weise. Die Auflistung der Werke, Pläne und Übersetzungen Lessings macht das Wirken des Aufklärers noch besser überschaubar.

Wenn Forscher die Chronik für ihre jeweiligen Zwecke heranziehen und wenn vor allem wünschenswert viele sonstige Leser durch sie angeregt werden, sich wieder einmal der wechselvollen Lebensgeschichte Lessings zu vergewissern, ein Werk aus seinem vielseitigen Schaffen zu lesen oder eines seiner Dramen auf dem Theater zu sehen – dann hat auch dieser Band, als ein Begleitbuch mehrfachen Sinnes, seinen eigentlichen Zweck erfüllt.

Abschließend sei dem Autor der drei Bücher, dem Weimarer Germanisten PD Dr. Wolfgang Albrecht, ganz herzlich dafür gedankt, dass er fast drei Jahrzehnte lang das Kamenzer Literaturmuseum vielfältig unterstützt hat. Durch seine stets anregende Fachberatung wie auch durch zahlreiche Schriften und Vorträge und nicht zuletzt als Herausgeber bzw. Mitherausgeber von Publikationen des Museums war er wesentlich an der Profilierung dieser Kultureinrichtung beteiligt.

Dieter Fratzke

GBL	Wolfgang Albrecht: Lessing. Gespräche, Begegnungen, Lebenszeugnisse. Ein kommentiertes Lese- und Studienwerk. Bd. 1–2. Kamenz 2005.
GS	Goezes Streitschriften gegen Lessing. Hrsg. von Erich Schmidt. Stuttgart 1893.
HDr	Hamburgische Dramaturgie
HZE	Zur Erinnerung an Gotthold Ephraim Lessing. Briefe und Aktenstücke aus den Papieren der Herzoglichen Bibliothek und den Akten des Herzoglichen Landeshauptarchivs zu Wolfenbüttel hrsg. von O.[tto] v. Heinemann. Leipzig 1870.
KH	Kay Hoff: Lessings Altersbildnis. (Typoskript, 9 S.; hinterlegt im Lessing-Museum Kamenz.)
LB	Gotthold Ephraim Lessing: Briefe, die neueste Literatur betreffend. Mit einer Dokumentation zur Entstehungs- und Wirkungsgeschichte. Textkritisch durchgesehen, kommentiert und mit einem Nachwort versehen von Wolfgang Albrecht. Leipzig 1987.
LBE	Lessings Bucherwerbungen. Verzeichnis der in der Herzoglichen Bibliothek Wolfenbüttel angeschafften Bücher und Zeitschriften 1770–1781. Bearbeitet von Paul Raabe und Barbara Strutz. Göttingen 2004.
LBN	Lessings Büchernachlaß. Verzeichnis der von Lessing bei seinem Tode in seiner Wohnung hinterlassenen Bücher und Handschriften. Bearbeitet von Paul Raabe und Barbara Strutz. Göttingen 2007.
LIR	Eine Reise der Aufklärung. Lessing in Italien 1775. Hrsg. von Lea Ritter Santini. Bd. 1–2. Berlin 1993.
LIS	Wolfgang Albrecht: Lessing im Spiegel zeitgenössischer Briefe. Ein kommentiertes Lese- und Studienwerk. Bd. 1–2. Kamenz 2003.
LM	Gotthold Ephraim Lessings sämtliche Schriften. Hrsg. von Karl Lachmann. 3., aufs neue durchgesehene und vermehrte Auflage, besorgt durch Franz Muncker. Bd. 1–23. Stuttgart, Leipzig, Berlin 1886–1924. (Reprint: Berlin 1968.)
NIR	Notizbuch der Italienreise
PO	Lessings Werke. Vollständige Ausgabe in fünfundzwanzig Teilen [und Erg.bd. 1–5]. Hrsg. mit Einleitungen und Anmerkungen sowie einem Gesamtregister versehen von Julius Petersen und Waldemar v. Olshausen. Berlin, Leipzig [1925–1935]. (Reprint: Hildesheim, New York 1970.)
RH	Gertrud Rudloff-Hille: Die authentischen Bildnisse Gotthold Ephraim Lessings. Zusammenfassende Darstellung der bis heute bekannt gewordenen Lessing-Porträts. Kamenz 1983.
WuB	Gotthold Ephraim Lessing: Werke und Briefe in zwölf Bänden. Hrsg. von Wilfried Barner [u. a.]. Frankfurt am Main 1985–2003.

KAMENZ

1729
22. Januar

Gotthold Ephraim Lessing in Kamenz (Oberlausitz, Kursachsen) geboren.
Vater: Johann *Gottfried* Lessing (24.11.1693–22.8.1770), protestantischer Theologe und Fachautor, seit 1718 Prediger in Kamenz, 1724 Diakon, 1733 Pastor Primarius an der Haupt- und Pfarrkirche St. Marien als Nachfolger seines Schwiegervaters Gottfried Feller.
Mutter: Justina Salome Feller (3.11.1703–7.3.1777), seit 16.1.1725 verheiratet.
Geschwister:
Johann Gottfried (30.11. [Taufe] –3.12.1725)
Dorothea *Salome* (4.2.1727–9.9.1803), blieb unverheiratet im Elternhaus.
Friedrich Traugott (18.1. [Taufe] 1731 – um 24.4.1734)
Johannes *Theophilus* (10.11.1732–6.10.1808), 1768 Konrektor in Pirna und 1778 in Chemnitz.
Friedrich Traugott (16.12. [Taufe] 1734–3.8.1736)
Gottfried Benjamin (12.12.1735 [Taufe] – um 2.1.1764), nach Jurastudium tätig in Kamenz.
Gottlob Samuel (23.1.1739–9.10.1803), seit etwa 1775 Justitiar am Domänenamt Namslau (Schlesien).
Karl Gotthelf (10.7.1740–17.2.1812), Schriftsteller, 1770 Münzassistent in Berlin, 1779 Münzdirektor in Breslau, Nachlassbetreuer und erster Biograph von L.
Erdmann Salomo Traugott (16.10.1741 [Taufe] – April 1760), seit 1759 Soldat in polnisch-sächsischen Diensten.
Sophia Charitas (21.12.1744 [Taufe] –16.5.1745)
David Gottlieb (21.12.1744 [Taufe] –8.2.1745)

24. Januar

Taufe in der Haupt- und Pfarrkirche St. Marien durch den Großvater Gottfried Feller (Taufeintrag: GBL 1). Anschließend Tauffeier im Gasthaus »Goldner Hirsch« am Markt.

1731
18. Januar

Taufe des Bruders Friedrich Traugott L. in St. Marien.

1732
10. November

Geburt des Bruders Johannes Theophilus L.

1733

Beginn der Religionsunterweisung durch Johann Gottfried L. (GBL 2).

26. Februar

Pastor Primarius Gottfried Feller stirbt.

8. Juni

Johann Gottfried L. wird durch den Kamenzer Stadtrat zum neuen Pastor Primarius an der Haupt- und Pfarrkirche St. Marien berufen. Danach Umzug in das dazugehörige Pfarrhaus.

1734

Ungesicherte Porträtierung durch einen unbekannten Maler (GBL 3; wohl nicht identisch mit dem angeblichen Kinderbildnis im Kamenzer Lessing-Museum).

26. April	Begräbnis des Bruders Friedrich Traugott L.
16. Dezember	Taufe des Bruders Friedrich Traugott L. in St. Marien.
nach 1734	Zeichenunterricht durch Unbekannt (GBL 3), vielleicht Christian Gottlob Haberkorn.
1735	Bis 1737 Privatunterricht durch den Vetter väterlicherseits Christlieb Mylius (GBL 4).
4. November	Tod des Großvaters Theophilus L.
12. Dezember	Taufe des Bruders Gottfried Benjamin L. in St. Marien.
1736 *22. März*	Geburt von Eva Catharina Hahn (seit 1756 verh. König, 1776 L.s Frau) in Heidelberg. Der Taufeintrag vom 24. März lautet: »1736, Mart. 22 nat., Mart. 24 renat., Herrn Heinrich Caspar Hahn, Kauf- und Handelsherr, auch Kirch-Vorsteher; Eva Katharina geb. Gaubin, uxor eius. Kind: Eva Catharina. Pathen: Herr Johann Conrad Kaltschmid, Müntz-Rath; Frau Catharina, uxor eius, geb. Gaubin.« (Archiv für Litteraturgeschichte. Bd. 6. Leipzig 1876, S. 341.)
3. August	Tod des Bruders Friedrich Traugott L.
1737 *30. April*	Johann Gottfried L. beantragt für L ein Alumnat mit freier Koststelle in der Kursächsischen Fürsten- und Landesschule St. Afra, Meißen, das am 6. Mai bewilligt wird (GBL 5–6). Danach erhält L wohl zunächst noch Privatunterricht, da er in der Kamenzer Stadtschule bis 1741 lediglich vier Klassenstufen durchläuft.
1737 oder 1738	Bis Ostern 1741 Besuch der Kamenzer Stadt- und Lateinschule (des Lyceums) unter dem Rektorat von Johann Gottfried Heinitz. »Sie bestand aus fünf Klassen und fünf Lehrern. Die Schulbücher waren wie gewöhnlich in lateinischer Sprache verfaßt. Der Unterricht währte von sechs bis neun Uhr früh und von eins bis drei Uhr nachmittags. [...] Vermutlich hat Lessing [...] Heinitz als Lehrer höchstens in Vertretungsstunden kennen gelernt.« (Waldemar Oehlke: Lessing und seine Zeit. Bd. 1. München 1919, S. 24.) Mittwoch- und Sonnabendnachmittag ist schulfrei. Den von L in den Klassenstufen Quinta bis Secunda besuchten Unterricht geben der Quintus oder Auditor August Martini, der Quartus oder Baccalaureus Christoph Seltenreich, der Tertius oder Kantor Johann Heinrich Gössel und der Konrektor Johann Friedrich Voigt (ab 1740 Christian Gottlob Prätorius). Der Unterricht umfasst täglich Religion und Latein, ab Tertia auch Griechisch, in Quinta und Quarta zwei bzw. eine Wochenstunde Schreiben, in Quarta und Tertia eine Wochenstunde Rechnen, in Tertia und Secunda eine Wochenstunde Briefschreibkunst. (Erst in Prima wird eine Wochenstunde Deutsche Poesie erteilt.)

1738 8. Januar	Öffentlicher Redeakt im Lyceum, an dem ein Verwandter L.s teilnimmt (gedrucktes Programm: Oberlausitzische Bibliothek der Wissenschaften Görlitz, Kamentzer Programmata, Heinitz; 2° 66b; Kopie im Lessing-Museum Kamenz).
21. April	Zum Gregoriusfest, einer alljährlichen Feier zu Ehren des als Patron der Schuljugend verehrten Papstes Gregor I., führt Rektor J. G. Heinitz, der das Schultheater zu erneuern versucht, mit Schülern sein Stück »Die Ursachen, warum die Gelehrten insgeheim verachtet werden« auf (Programm: wie vorstehend). Es hat vielleicht bei L.s Lustspiel »Der junge Gelehrte« nachgewirkt.
3. Juli	Tod der Großmutter mütterlicherseits Anna Justina Feller, geb. Schumann, seit 1736 in zweiter Ehe verheiratet mit dem Kamenzer Arzt Johann Friedrich Woyth.
1739 23. Januar	Geburt des Bruders Gottlob Samuel L.
29. März	Christlob Mylius, Verwandter L.s (Halbbruder von Vettern väterlicherseits) und später mit ihm befreundet, tritt in die Kamenzer Stadtschule ein, beendet sie ein Jahr später und bleibt dann bis 1742 als Hilfslehrer dort.
23. April	Schultheateraufführung zum Gregoriusfest, »Von dem natürlichen Triebe der Menschen nach Ehre« (gedrucktes Programm: wie 8.1.1738).
1740 16. bis 19. Februar	Einweihung einer neu erbauten Schulbühne mit Gottscheds Trauerspiel »Der sterbende Cato« und dem Nachspiel »Die Zufriedenheit in den Schäferhütten« von Rektor J. G. Heinitz (Programm: wie vorstehend). Unter den Mitspielenden befinden sich drei Verwandte L.s sowie Christlob Mylius und einer seiner Halbbrüder.
7. Juni	Johann Gottfried L. teilt dem Meißener Rektor Theophilus Grabener mit, L werde die zugesagte Koststelle in St. Afra binnen Jahresfrist antreten (GBL 7).
10. Juli	Geburt des Bruders Karl Gotthelf L.
1741 vor 2. April	L beendet das Lyceum in Kamenz.

PUTZKAU

April bis Juni	Nach Ostern (2.4.) wird L bei seinem Onkel, dem Pfarrer und ehemaligen St. Afra-Schüler Johann Gotthelf Lindner, einquartiert, der ihn auf die Landesschule vorbereitet (GBL 8).

MEISSEN, FÜRSTEN- UND LANDESSCHULE ST. AFRA (21. JUNI 1741 BIS JULI 1746)

21. Juni Johann Gottfried L. bringt seinen Sohn nach Meißen. Aufnahmeprüfung (zum Verfahren: GBL 10b), die L so gut besteht, dass ihm die unterste Lehrstufe des üblichen Sexenniums (sechsjährigen Schullaufs) erlassen und er mithin gleich in die 11. Decurie aufgenommen wird.

Das Sexennium gliederte sich nach vier Emendationen (Klassenstufen) mit je drei Decurien (von 12 bis 1, jeweils Gruppen von zehn Schülern umfassend), in die nach Ostern und Michaelis (29. September) versetzt wurde. Zu den Lehrfächern gehörten Religion, Latein, Griechisch, Hebräisch, Französisch, Rhetorik, Mathemaik, Geschichte und Erdkunde. Der Tagesablauf war streng geregelt: »Um einhalbfünf Uhr hieß es im Sommer aufstehen, im Winter eine Stunde später. [...] Geistlicher Gesang, Verlesung eines lateinischen Gebets, viermal wöchentlich Erklärung einer Bibelstelle eröffneten das Tagewerk [...]. Fünf Vormittagsstunden wurden in heißer Arbeit verbracht, bei der aber auch Privatstudium eine Stelle einnahm; dann erschien um zwölf beziehungsweise ein Uhr das Mittagessen [...]. Die nächste Stunde war für Ruhe freigegeben, nach Wahl aber auch für Singen, Tanzen und Schreiben. Dann wurden fünf Stunden weiterer Arbeit gewidmet, worauf man zu Abend aß. Darauf folgten Gebet und Verlesung einer Stelle aus den Lateinern. Wiederum gab es eine Freistunde, nach der dann noch die Älteren mit den Jüngeren die Hauptsachen des Tagespensums wiederholten. Den Schluß machte ein allgemeines Gebet, und um einhalbzehn Uhr herrschte Ruhe in St. Afra. [...] Vorgeschriebene körperliche Übungen gab es nicht. [...] Je drei Schüler hatten ein Museum (Arbeitsstube) und ein Cubiculum (Schlafzimmer) mit drei Betten.« (Waldemar Oehlke: Lessing und seine Zeit. Bd. 1. München 1919, S. 33–35.) Über die Ausbildung hat sich L späterhin stets anerkennend geäußert. In der »Vorrede« zum dritten Teil der »Schrifften«, 1754, steht (LM V, 268): »Theophrast, Plautus und Terenz waren meine Welt, die ich in dem engen Bezircke einer klostermäßigen Schule, mit aller Bequemlichkeit studirte – – Wie gerne wünschte ich mir diese Jahre zurück; die einzigen, in welchen ich glücklich gelebt habe.«

Einer der Mitschüler, denen L noch einige Zeit über den Schulabschluss hinaus freundschaftlich verbunden bleibt, ist H. A. Ossenfelder.

um 29. September Michaeliszensur, ausgestellt von Sigismund Heinrich Kauderbach (GBL 13; Übersetzung: »Er wurde ermahnt, den Eindruck seines liebenswerten Äußeren nicht durch Ausgelassenheit und Zudringlichkeit zu verderben und schien den Mahnungen gehorcht zu haben.«). L erhält in der IV. Emendation den neunten Platz der 10. Decurie.

16. Oktober Taufe des Bruders Erdmann Salomo Traugott L. in St. Marien, Kamenz.

1742 vor 25. März Osterzensur, ausgestellt von S. H. Kauderbach (GBL 17; Übersetzung: »Seine Begabung tritt deutlich zutage, er muß aber geleitet und geführt werden, um pflichtgemäß und fleißig das zu erfüllen, was die Vorschriften von ihm verlangen.«). L kommt in die III. Emendation, auf den achten Platz der 9. Decurie.

um 29. September Michaeliszensur, ausgestellt von Christian Friedrich Weise (GBL 19; Übersetzung: »Er verfügt über reiche Geistesgaben und verhält sich still, zeigt freilich Anzeichen der Sorglosigkeit.«). L rückt, in der III. Emendation, auf den sechsten Platz der 8. Decurie.

19. November	Carl Leonhardt von Carlowitz empfiehlt L für die Carlowitzsche Freistelle in St. Afra, das Dresdener Oberkonsistorium stimmt dem zwei Tage später zu (GBL 20 und 21). L behält die Stelle bis zu seinem Abgang.
Jahreswende	An den Vater Johann Gottfried L. gerichtete »Glückwünschungsrede, bey dem Eintritt des 1743sten Jahres, von der Gleichheit eines Jahrs mit dem andern« (LM XIV, 135–142); eine Auseinandersetzung mit der bereits aus der Antike überlieferten Ansicht, die Welt würde immer schlimmer und unvollkommener, wogegen L meint, es liege an den Menschen selbst, ihre Erdentage für sich und andere besser zu nutzen.
1743 *9. Februar*	Vermerk des Rektors T. Grabener (GBL 22): »Leßing wird mit seinem SchreibeBuch vorgeladen und noch ziemlich befunden.«
vor 14. April	Osterzensur, ausgestellt von C. F. Weise (GBL 23; Übersetzung: »Seinen geistigen Fähigkeiten entspricht ein pflichtbewußter Fleiß, dem Fleiß das gewünschte Vorankommen.«). L rückt, in der III. Emendation, auf den fünften Platz der 7. Decurie.
ab *13./14. April*	L hat erstmals zwei Wochen Schulferien (sie wurden nur alle zwei Jahre gewährt) und verbringt sie zu Hause.
3. bis 5. Juli	Dreitägige Feierlichkeiten zur Zweihundertjahrfeier der Fürsten- und Landesschule (Beschreibung: GBL 24).
22. September	Proteste von Schülern, unter ihnen L, gegen schlechte Versorgung und Wohnverhältnisse (GBL 25 a–d). Niemand wird über Tadel hinaus bestraft, weil der Unmut sich nach längeren Untersuchungen als völlig berechtigt erweist.
um *29. September*	Michaeliszensur, ausgestellt von C. F. Weise (GBL 26; Übersetzung: »In den wissenschaftlichen Fächern kommt dieser schnell auffassende und fleißige Kopf offensichtlich gut voran, aber im Betragen hält er sich zu bedeckt, als dass man ihn von jeder Verstellung frei nennen könnte.«). L rückt in die II. Emendation, auf den 9. Platz der 6. Decurie. Von nun an gehören Beaufsichtigung und Unterrichtung jüngerer Mitschüler zu seinen Pflichten.
30. Dezember	Neujahrsbrief an die Schwester Dorothea Salome L. (bislang frühester überlieferter Brief L.s), mit halb scherz- und halb ernsthaften Ausstellungen über ihre Schreibunlust. »Schreibe wie Du redest, so schreibst Du schön.« (WuB XI/1, 7.)
1743/1744	Lektüre von Horaz, Sophokles und Vergil bei Konrektor Johann Gottfred Hoere.

1744 vor 5. April	Osterzensur, ausgestellt durch J. G. Hoere (GBL 27; Übersetzung: »Er sticht durch seinen Scharfsinn und sein enormes Gedächtnis hervor und richtet seinen Sinn auf würdiges Betragen.«). L erhält in der II. Emendation den 11. Platz der 5. Decurie.
ab April	Mathematikunterricht bei Johann Albert Klimm (GBL 28). Den verehrten Lehrer, der L auch für Italienisch, Englisch und Französisch sowie für Gegenwartsliteratur interessiert, besucht er am 15. oder 16. März 1775 in Meißen (GBL 790). Ebenfalls von Klimm angeregte Teilübersetzungen der Mathematiklehre Euklids und Arbeiten zur Geschichte der Mathematik sind nicht überliefert. L liest Anakreon, Homer und Theophrast sowie die römischen Komödiendichter Plautus und Terenz.
um 29. September	Michaeliszensur, ausgestellt von J. G. Hoere (GBL 30; Übersetzung: »Seinen hervorragenden Verstand machte er durch häufiges Üben, auch in der Geometrie, und durch verbessertes Betragen lobenswerter.«). L rückt in der II. Emendation zum Primus der 4. Decurie auf.
21. Dezember	Taufe der Geschwister (Zwillinge) Sophia Charitas und David Gottlieb L. in St. Marien, Kamenz.
1745	Erster, nicht überlieferter Entwurf des Lustspiels »Der junge Gelehrte«.
8. Februar	Tod des Bruders David Gottlieb L. in Kamenz.
27. März	Rektor T. Grabener vermerkt im Zensurprotokoll, Konrektor J. G. Hoere wisse »nichts erhebliches zu erinnern, als daß Lessing seit dem 23. Decembr. keine oration [Rede], oder sonst etwas, eingegeben, welcher vorgiebt, er habe nur deßwegen nichts eingegeben, weil der Herr ConRector alles andere vorher publice corrigiret gehabt, und er also die Zeit menagiren [sparen] wollen. Er wird aber deßwegen nachdrücklich reprimandiret [getadelt], und zur Beßerung ermahnet, da er sonst fleißig genung gewesen« (GBL 31).
vor 18. April	Osterzensur, ausgestellt von J. G. Hoere (GBL 32; Übersetzung: »Mit rascher Auffassungsgabe eignet er sich die Mathematik und den Stoff der anderen Fächer an, erhält aber die Ermahnung, die Stilübungen nicht zu vernachlässigen.«). L wird in die I. Emendation versetzt, auf den 18. Platz der 3. Decurie. Er verbringt die Schulferien in Kamenz.
16. Mai	Tod der Schwester Sophia Charitas L. in Kamenz.
9. September	Eintrag über eine Redeübung im Rektoratsalbum, von T. Grabener (GBL 34; Übersetzung: »Friedrich Traugott Wehse aus Prietitz hielt eine Abschiedsrede über die Gründe des langen Lebens der Urväter. Ihm antwortete Gotthold Ephraim Lessing aus Kamenz mit einem deut-

schen Gedicht über das Glück eines kurzen Lebens.«) Dieses Gedicht »De vitae brevis felicitate« ist nicht überliefert.

um 29. September   Michaeliszensur, ausgestellt von T. Grabener (GBL 35; Übersetzung: »Es gibt keinen Unterrichtsgegenstand, den der lebhafte Verstand dieses [Schülers] nicht mit Interesse erfassen würde, wobei er aber mitunter zurückgehalten werden muß, damit er sich nicht allzusehr zerstreuen läßt.«). L erhält in der I. Emendation den 12. Platz der 2. Decurie.

9. Dezember   Meißen wird im Zweiten Schlesischen Krieg zwischen Preußen und Österreich (1744 bis 1745) von preußischen Truppen beschossen, an der Fürsten- und Landesschule entstehen nur leichte Schäden.

12./13. Dezember   Meißen wird von den Preußen besetzt und über den Friedensschluss (25.12.) hinaus als Lazarettstadt genutzt, woraufhin der Unterricht in St. Afra zeitweilig reduziert oder ganz ausgesetzt ist. L berichtet seinem Vater am 1. Februar 1746 (WuB XI/1, 8–9): »*Sie* betauern mit Recht das arme Meisen, welches jetzo mehr einer Toden Grube als der vorigen Stadt ähnlich sieht. Alles ist voller Gestank und Unflat [...]. Es liegen in denen meisten Häusern immer noch 30 bis 40 Verwundete [...]. Es sieht aber wohl in der ganzen Stadt, in Betrachtung seiner vorigen Umstände, kein Ort erbärmlicher aus als unsere Schule.« Die umliegenden Felder und Gärten der Schule werden verwüstet, die Vorräte geplündert und Gebäude beschädigt.

15. Dezember   Abzug der Preußen, nur eine Schutztruppe für einige tausend verwundete Soldaten bleibt zurück.

24. Dezember   Wegen der Kriegsereignisse muss der übliche Weihnachtsfestakt in St. Afra entfallen.

1745/1746   Erste dichterische Versuche in Versen: anakreontische Lieder und ein fragmentarisches Lehrgedicht »Ueber die Mehrheit der Welten«. Ein Briefgedicht an Carl Leonhardt von Carlowitz, dem L seine Freistelle in St. Afra verdankt, entsteht auf Drängen von Johann Gottfried L. und wird in überarbeiteter Fassung am 15. März 1746 abgesandt. Rektor T. Grabener soll nach Kamenz über L berichtet haben (GBL 36): »Es ist ein Pferd, das doppeltes Futter haben muß. Die Lektiones, die andern zu schwer werden, sind ihm kinderleicht. Wir können ihn fast nicht mehr brauchen.«

1746 16. Januar   Nachgeholter Weihnachtsfestakt in St. Afra mit einer nicht überlieferten lateinischen Rede L.s »De Christo, Deo abscondito« (Über Christus, den verborgenen Gott) und mit weiteren Schülerreden (GBL 37).

1. Februar   L bittet den Vater zum wiederholten Mal, bald ein Universitätsstudium beginnen zu dürfen, und berichtet von einem »Ohr-Zwang«, der ihn »wüste im Kopfe« mache (WuB XI/1, 9).

14. März	L hält eine nicht überlieferte deutsche Schulrede darüber, was in kirchlichen Angelegenheiten 1545 in Deutschland verhandelt wurde (GBL 39).
vor 10. April	Osterzensur, ausgestellt von T. Grabener (GBL 40; Übersetzung: »Er übt seinen aufmerksamen und zu jedem Lehrgegenstand begabten Geist mit großer Beständigkeit, bereichert den Unterricht mit erfreulichen Beiträgen und hat keinesfalls einen schlechten Charakter, auch wenn er recht aufbrausend ist.«). L erhält den sechsten Platz in der 1. Decurie.
28. April	Johann Gottfried L. ersucht um vorzeitige Entlassung seines Sohnes, der ein Kamenzer Universitätsstipendium in Aussicht hat, aus der Fürsten- und Landesschule St. Afra, was am 2. Mai abgelehnt wird (GBL 41 und 42).
25. Mai	Zweites Gesuch, das am 8. Juni bewilligt wird (GBL 43 und 44).
30. Juni	Letzte, nicht überlieferte Schulrede L.s: »De Mathematica barbarorum« (Über die Mathematik der Barbaren [der antiken Völker außerhalb Griechenlands]; GBL 45). Kurz darauf verlässt L die Schule, ein Jahr vor Ablauf des regulären Sexenniums.

KAMENZ

Juli bis September	Aufenthalt im Elternhaus.
6. September	L.s Freistelle in St. Afra wird von seinem Bruder Johannes Theophilus übernommen (bis 2.10.1751).

LEIPZIG (SEPTEMBER 1746 BIS JULI 1748)

20. September	Immatrikulation an der Sächsischen Landesuniversität Leipzig, auf Wunsch der Eltern als Student der Theologie. L besucht Lehrveranstaltungen des klassischen Philologen und Archäologen Johann Friedrich Christ, des Theologen und Philologen Johann August Ernesti, des Philosophieprofessors Christian Fürchtegott Gellert, des Mediziners und Chemikers Carl Friedrich Hundertmark, des Mathematikers Abraham Gotthelf Kästner und anderer (GBL 49, 50, 67). Gottscheds Poetikvorlesungen verlässt er nach wenigen Stunden. Mit Kästner wird eine lebenslange Freundschaft geknüpft, den Umgang mit Gellert beeinträchtigt dessen frömmlerisch-melancholisches Wesen. Zum engeren Freundeskreis gehören: Christlob Mylius, Christian Nicolaus Naumann, Heinrich August Ossenfelder und Christian Felix Weiße sowie die so genannten Bremer Beiträger (Mitarbeiter der Zeitschrift »Neue Beytrage zum Vergnügen des Verstandes und Witzes«, 1744–1748) Johann Adolf und Johann Heinrich Schlegel und Friedrich Wilhelm Zachariä.

Eine Zeit lang wohnt L mit Johann Friedrich Fischer, dem späteren Rektor der Leipziger Thomasschule, zusammen (GBL 52). Eine persönliche Bekanntschaft mit Friedrich Gottlieb Klopstock, der von Juni 1746 bis April 1748 ebenfalls in Leipzig studierte, ergab sich wohl erst am 13. Juni 1756 in Hamburg.

Über seine Frühzeit in Leipzig schreibt L seiner Mutter Justina Salome L. am 20.1.1749 (WuB XI/1, 15): »Ich komme jung von Schulen, in der gewissen Überzeugung, daß mein ganzes Glück in den Büchern bestehe. Ich komme nach Leipzig, an einen Ort, wo man die ganze Welt in kleinen sehen kann. Ich lebte die ersten Monate so eingezogen, als ich in Meisen nicht gelebt hatte. [...] Ich lernte einsehen, die Bücher würden mich wohl gelehrt, aber nimmermehr zu einen Menschen machen. Ich wagte mich von meiner Stube unter meines gleichen.«

8. Oktober   Erste Auszahlung eines für L bewilligten Dreijahres-Stipendiums der Stadt Kamenz an Johann Gottfried L. (GBL 54). Das Stipendium beträgt neun Reichstaler pro Semester.

22. Oktober   Prof. A.G. Kästner testiert L, zur Vorlage beim Kamenzer Rat, Fleiß und Fortschritte vor allem in philosophischen Disputationen (GBL 55).

1747   Als begeisterte Theaterfreunde übersetzen L und C.F. Weiße gemeinsam französische Stücke, um Freikarten bei der Prinzipalin Friederike Caroline Neuber zu erhalten (deren Vorstellungen sie auch zusammen mit H.A. Ossenfelder besuchen; GBL 61). Sie lernen ihr Ensemble kennen und beraten es. L verliebt sich in die 18-jährige Schauspielerin Christiane Friederike Lorenz, die er als Madame Huber im April 1775 am Wiener Theater wiedertrifft. Der in Meißen entstandene Entwurf zu dem Lustspiel »Der junge Gelehrte« wird ausgearbeitet und Kästner zur Begutachtung vorgelegt. »Er würdigte mich einer Beurtheilung, die mein Stück zu einem Meisterstücke würde gemacht haben, wenn ich die Kräfte gehabt hätte, ihr durchgängig zu folgen. / Mit so vielen Verbesserungen unterdessen, als ich nur immer hatte anbringen können, kam *mein junger Gelehrte* in die Hände der Frau *Neuberin*. Auch ihr Urtheil verlangte ich; aber anstatt des Urtheils erwies sie mir die Ehre, die sie sonst einem angehenden Komödienschreiber nicht leicht zu erweisen pflegte; sie ließ ihn aufführen.« (Schrifften. Dritter Theil. Vorrede; LM V, 269. Gedruckt wird das Stück 1754.)

Für die von Christlob Mylius herausgegebenen Zeitschriften »Ermunterungen zum Vergnügen des Gemüths« (1747) und »Der Naturforscher« (1747–48) verfasst L Lyrik und Versfabeln. Im Siebenten Stück der »Ermunterungen« erscheint »Damon, oder die wahre Freundschaft. Ein Lustspiel in einem Aufzuge«, L.s erste Dramenpublikation.

L macht Schulden.

1747/1748   Lektüre der deutschsprachigen Schriften des Philosophen Johann Christian Wolff, die L »auch seinem Freunde [C.F. Weiße] mit vieler Wärme anpries« (GBL 67).

1748   Entstehung der Lustspiele »Die alte Jungfer« und »Der Misogyne« (gedruckt 1749 und 1755) und eines Entwurfs zu dem Lustspiel »Der Freygeist«.

1748

Januar

Uraufführung des »Jungen Gelehrten« durch das Neubersche Ensemble in Leipzig, von der kein Theaterzettel überliefert ist. Die Titelrolle spielt Georg Friedrich Wolfram.

Gerüchte über L.s Arbeiten für die Bühne und seinen Umgang mit Schauspielern und dem verrufenen Freigeist Mylius sind nach Kamenz gedrungen und haben die Eltern aufs höchste beunruhigt. Johann Gottfried L. sendet dem Sohn eine briefliche Strafpredigt wegen seines Lebenswandels und beordert ihn gleich darauf nach Kamenz, unter der Vorgabe, die Mutter sei totkrank (GBL 68 und 69 c); beide Briefe sind nicht erhalten.

KAMENZ

Februar bis Mitte April

Aufenthalt im Elternhaus. Lange Aussprachen über alle Vorhaltungen, ohne dass die Differenzen über das Theater hätten ausgeräumt werden können. »Er blieb bis Ostern [14.4.] zu Hause, und war die Zeit nicht müßig. Ob er gleich nichts von theatralischen Arbeiten daselbst unternahm, so machte er doch manches anakreontische Lied von Liebe und Wein. [...] Eines Tages kam seine fromme Schwester [...], sah diese Lieder, las sie, ärgerte sich nicht wenig darüber, und entschloß sich auf der Stelle, sie in den Ofen zu werfen [...]. Seines Vaters Büchervorrath, der für einen Prediger sehr ansehnlich war, aber doch hauptsächlich nur in das Fach der Theologie und Gelehrten-Geschichte einschlug, ließ er gleichwohl nicht ungenutzt.« (GBL 69c.) Während dieser Zeit verfasst H. A. Ossenfelder eine Versepistel »An Herr Lessingen in Camenz« (GBL 61).

LEIPZIG (BIS ANFANG JULI)

nach 14. April

Rückkehr nach Leipzig, mit väterlichem Geld zur Begleichung der Schulden. Medizinische und philologische Studien, bei fortgesetzten engen Beziehungen zum Theater.

17. April

Beginn des Fragment gebliebenen Trauerspiels »Giangir, oder der verschmähte Thron« (gedruckt 1786).

Mai/Juni

Auflösung der Neuberschen Truppe; einige Schauspieler, für die L sich finanziell verbürgt hat, gehen nach Wien, ohne ihm von dorther das versprochene Geld zu schicken.

Ende Juni

Christlob Mylius geht nach Berlin, um eine Sonnenfinsternis (25.7.) zu beobachten. Er bleibt dort, weil er journalistische Betätigungen findet.

Juni/Juli

Besuch von dem Vetter Theophilus Gottlob Lessing, Student in Wittenberg.

Anfang Juli

L begleitet seinen Vetter nach Wittenberg, um sich den neuen Schulden zu entziehen und dann Mylius nach Berlin zu folgen.

WITTENBERG (ANFANG JULI BIS ANFANG NOVEMBER)

Anfang Juli   Der vorgesehene Kurzaufenthalt verlängert sich, weil L erkrankt. Wieder genesen, entschließt er sich mit Einverständnis des Vaters, das Wintersemester als Medizinstudent in Wittenberg zu verbringen.

20. August   Immatrikulation (GBL 75).

Anfang November   Abreise nach Berlin. L an seine Mutter Justina Salome L., 20.1.1749 (WuB XI/1, 17): »Doch ich wurde bald gewahr, daß das was in meiner Krankheit und durch andre Umstände, die ich aber jetzo verschweigen will, aufgegangen war, mehr als ein Quartal Stipendia ausmachte. Der alte Vorsatz wachte also bei mir wieder auf nach Berlin zu gehen.«

BERLIN (NOVEMBER 1748 BIS DEZEMBER 1751)

November   Christlob Mylius, neuer Redakteur der »Königlich privilegirten Berlinischen Staats- und gelehrten Zeitung«, nimmt L bei sich auf (Spandauer Straße 68), vermittelt ihm eine (bis 1755 ausgeübte) Rezensententätigkeit für diese Zeitung und nützliche Bekanntschaften. Gemeinsam betreiben sie spanische Sprach- und Literaturstudien.
    Freundschaft mit dem Franzosen Richier de Louvain, 1750–1752 Sekretär Voltaires, und mit dem Redakteur und Verlagsbuchhändler Christian Friedrich Voß, seit 1753 L.s Verleger.

1749   Langwierige briefliche Auseinandersetzungen mit den Eltern über ihre Befürchtung, L könne als »Komödienschreiber« und Freund von Mylius in Verrufenheit geraten. Dessen ungeachtet entstehen die Lustspiele »Die Juden« und »Der Freygeist« (gedruckt 1754 und 1755). Rezensionen in der »Berlinischen Privilegirten Zeitung«.

20. Januar   L schreibt der Mutter über seine Vorhaben (WuB XI/1, 18): »Nach Hause komme ich nicht. Auf Universitäten gehe ich jetzo auch nicht wieder, weil außerdem die Schulden mit meinen Stipendiis nicht können bezahlt werden [...]. Ich gehe ganz gewiß nach Wien, Hamburg oder Hannover.«

März/April   Kurzaufenthalt in Frankfurt an der Oder (Anlass unbekannt).

28. März   Letzte Auszahlung des Kamenzer Dreijahres-Stipendiums an Johann Gottfried L. (GBL 80).

10. April   L dankt für des Vaters Bemühen, ihm eine Anstellung zu verschaffen (WuB XI/1, 21): »Was die Stelle in dem Seminario philologico in Göttingen anbelangt, so bitte ich Ihnen inständigst, sich alle ersinnliche Mühe deswegen zu geben. Ich verspreche es ihnen, bei Gott, daß ich, so bald es gewiß ist, alsobald nach Hause kommen, oder gleich von hier aus dahin gehn will.« Die Verhandlungen ziehen sich zwei Jahre hin und scheinen dann noch immer kein gesichertes Resultat erbracht zu haben; siehe Brief an den Vater vom 8.2.1751.

28. April Bitte um Zusendung eines in Kamenz verbliebenen Konvoluts anakreontischer Lieder, Verteidigung wegen dramatischer Versuche und Mitteilung an den Vater (WuB XI/1, 24–25): »Den Beweis warum ein Comoedienschreiber kein guter Christ sein könnte, kann ich nicht ergründen. [...] Schließlich muß ich Ihnen melden, daß ich seit 8 Tagen das Fieber und zwar das Quotidian [täglich gleichbleibende] Fieber habe. Es ist aber doch noch so gnädig gewesen, daß ich mich nicht habe dürfen [brauchen] niederlegen [...].«

April/Mai Das Lustspiel »Die Alte Jungfer« erscheint als erste Buchpublikation L.s in einem Berliner Verlag.

17. Juli Samuel Henzi und weitere Anführer einer Verschwörung gegen die Berner Adelsoligarchie werden hingerichtet. L erfährt von den Ereignissen durch Berichte in der »Berlinischen Privilegirten Zeitung« (abgedruckt: WuB I, 1167–1197), die ihn zu einem Trauerspiel »Samuel Henzi« veranlassen, das er als Fragment 1753 im zweiten Teil der »Schrifften« veröffentlicht.

12. August Rezension zu J. F. Christs »Fabularum aesopiarum libri duo« (Leipzig 1749) in der »Berlinischen Privilegirten Zeitung«.

um 29. September Zur Leipziger Michaelismesse erscheint in Leipzig »Römische Historie [...] aus dem Französischen Des Herrn Rollins ins Deutsche übersetzt [von L]. Vierter Theil« und in Stuttgart die Verserzählung »Der Eremite«.

vor Oktober L und Mylius planen für 1750 die erste deutsche Theaterzeitschrift, »Beyträge zur Historie und Aufnahme des Theaters«, deren Vorrede datiert ist »Im October, 1749«.

1749/1750 L ordnet die Bibliothek des Berliner Buchhändlers und Zeitungsbesitzers J. A. Rüdiger, bei dem er zeitweilig einen Freitisch hat.

1750 »Beyträge zur Historie und Aufnahme des Theaters. Erstes [bis] Viertes Stück« (u.a. mit L.s Studien über Plautus und der Übersetzung seines Lustspiels »Die Gefangnen«). Rezensionen in der »Berlinischen Privilegirten Zeitung«. Es entstehen das Lustspiel »Der Schatz« (gedruckt 1755) und L.s erste theologische Schrift, das Fragment »Gedanken über die Herrnhuter« (gedruckt 1784).

10. Januar L wird, wohl durch Vermittlung C. N. Naumanns, in die Teutsche Gesellschaft zu Jena aufgenommen (GBL 83).

25. August	Während eines Besuchs des Markgrafen und der Markgräfin von Bayreuth, einer Schwester Friedrichs II. von Preußen, findet ein öffentliches höfisches Lanzenstechen, ein so genanntes Karussell statt. Es veranlasst L zu dem ironischen Gedicht »Auf ein Carussell«, das mit Bedauern über einen halben Taler gezahltes Eintrittsgeld endet.
um 29. September	Zur Leipziger Michaelismesse erscheint in Leipzig »Römische Historie [...] aus dem Französischen Des Herrn Rollins, ins Deutsche übersetzt [von L]. Fünfter Theil«.
vor November	L schlägt Angebote aus, Mylius' Nachfolger als Redakteur der »Berlinischen Privilegirten Zeitung« zu werden und das Amt eines Auktionskommissars zu übernehmen.
2. November	Umfangreicher Brief an Johann Gottfried L. mit Bericht über Tätigkeiten während der letzten Zeit.
1751	Rezensionen in der Berliner Wochenzeitung »Critische Nachrichten aus dem Reiche der Gelehrsamkeit« und in der »Berlinischen Privilegirten Zeitung«. Lyrische Beiträge, Sinngedichte und Versfabeln entstehen.
Januar/Februar	Zweifelhafte Begegnungen und Gespräche mit Voltaire. Völlig ungesichert ist der Bericht, L habe in einem Prozess Voltaires gegen den Berliner Schutzjuden und Kaufmann Abraham Hirsch(el) als Übersetzer fungiert (GBL 1288; gegen eine nähere persönliche Bekanntschaft mit Voltaire spricht LiS 9).
16. Februar	Nach dem Tod von J. A. Rüdiger am 14. Februar geht das königliche Privileg für die »Berlinische Privilegirte Zeitung« an den Schwiegersohn Christian Friedrich Voß über.
18. (?) Februar	L übernimmt die ihm offenbar von C. F. Voß angebotene Redaktion des aus Rezensionen und Kleinpoesie bestehenden so genannten gelehrten Artikels in der »Berlinischen Privilegirten Zeitung«, wozu deren monatliche Beilage »Das Neueste aus dem Reiche des Witzes« gehört, die er von April bis Dezember verfasst.
27. März	Rezension zu Gottscheds »Gedichten« in der »Berlinischen Privilegirten Zeitung«, die mit den Worten schließt (LM IV, 302): »Diese Gedichte kosten in den Voßischen Buchläden hier und in Potsdam 2 Thlr. 4 Gr. Mit 2 Thlr. bezahlt man das Lächerliche, und mit 4 Gr. ohngefehr das Nützliche.«
April	Im »Neuesten« wird informiert über J. J. Rousseaus »Discours [...] si le rétablissement des sciences et des arts a contribué à épurer les moeurs« (Genf [recte: Paris] 1751; Abhandlung, ob die Wiederherstellung der Wissenschaften und Künste dazu beigetragen hat, die Sitten zu reinigen).

13. April	Rezension zu »Versuch einer Cosmologie von dem Herrn von Maupertius. Aus dem Französischen übersetzt [von Christlob Mylius]« (Berlin 1751) in der »Berlinischen Privilegirten Zeitung«.
10. Juni	Rezension zu Jöchers »Allgemeines Gelehrten-Lexikon. Dritter Theil« (Leipzig 1751) in der »Berlinischen Privilegirten Zeitung«.
18. und 25. Juni	Rezension zu Gellerts »Briefe, nebst einer praktischen Abhandlung von dem guten Geschmack in Briefen« (Leipzig 1751) in »Critische Nachrichten aus dem Reiche der Gelehrsamkeit«.
September	Das »Neueste« enthält eine Kritik zu Klopstocks »Messias«, die Aufsehen erregt (vgl. LiS 6).
um 29. September	Zur Leipziger Michaelismesse erscheinen mit der Jahresangabe 1752 in Stuttgart die Lyriksammlung »Kleinigkeiten« und in Rostock L.s anonyme Übersetzung »Des Herrn von Voltaire Kleinere Historische Schriften«.
2. Oktober	Johannes Theophilus L. verlässt die Fürsten- und Landesschule St. Afra in Meißen und beginnt kurz darauf ein Theologiestudium in Wittenberg (Immatrikulation am 27. Oktober), wohin sein Bruder ihm am Jahresende folgt, um elterlichem Wunsch gemäß sein Universitätsstudium abzuschließen.
4. Dezember	Selbstanzeige der »Kleinigkeiten« in der »Berlinischen Privilegirten Zeitung«.
Ende Dezember	Kurz vor dem Aufbruch nach Wittenberg sieht L bei Richier de Louvain die Druckbogen einer neuen, noch nicht ausgelieferten historischen Schrift von Voltaire (»Le siècle de Louis XIV«) und erhält davon zur vertraulichen Lektüre ein aus Ausschussbogen zusammengestelltes Exemplar, das er jedoch leichtfertig weitergibt. So erfährt Voltaire davon und verlangt erzürnt am 1. Januar 1752 brieflich die sofortige Rückgabe, akzeptiert aber zugleich die ihm zu Ohren gekommene (dann nicht verwirklichte) Absicht L.s, das Buch ins Italienische zu übersetzen.

WITTENBERG (ENDE DEZEMBER 1751 BIS NOVEMBER 1752)

1752	L lebt und studiert in entbehrungsvollen Verhältnissen zusammen mit dem Bruder Johannes Theophilus. Sie planen eine lateinische Übersetzung von Klopstocks »Messias«, führen aber nur den Anfang aus, rund 110 Verse, die im 19. der kritischen »Briefe« (1753) veröffentlicht werden. Bei ihrer Lektüre der neuesten Horaz-Übersetzung, »Des Quintus Horatius Flaccus Oden fünf Bücher und von der Dichtkunst ein Buch poetisch übersetzt« (Halle 1752)

von dem als Hauptrepräsentant einer Halleschen Dichterschule gefeierten Theologen Samuel Gotthold Lange, bemerken sie zahlreiche Fehler und Versehen, über die L sich zunächst im 24. »Brief«, dann aufgrund überheblicher Reaktionen Langes viel ausführlicher in der Streitschrift »Ein Vade Mecum für den Hrn. Sam. Gotth. Lange« von 1754 äußert. Wie Friedrich Nicolai später berichtet hat, war L in Wittenberg »fast beständig auf der Universitätsbibliothek, und rühmte sich, es sey kein Buch auf derselben, das er nicht in Händen gehabt habe« (GBL 98). Er befreundet sich mit dem ihm von Meißen her bekannten Bibliothekar Friedrich Immanuel Schwarz (GBL 102) und sammelt Material für spätere Publikationen, so vor allem für die »Rettungen« verschiedener Schriftsteller und Gelehrter.

In Leipzig erscheint »Römische Historie [...] aus dem Französischen Des Herrn Rollins ins Deutsche übersetzt [von L]. Sechster Theil«.

Januar   Christlob Mylius, der vertretungsweise L.s Tätigkeit bei der »Berlinischen Privilegirten Zeitung« übernommen hat, schreibt ihm (WuB XI/1, 38): »Ihre Sache mit Voltairen hat hier viel Aufsehns gemacht. Sie sind nach Ihrer Abreise bekannter geworden, als Sie es bei Ihrem Dasein waren.«

März   Besuch von Friedrich Nicolais Bruder Gottlob Samuel (GBL 103), einem guten Bekannten S. G. Langes. Dessen fehlerhafte Horaz-Übersetzung kommt erst ab Juni im Briefwechsel mit G. S. Nicolai zur Sprache.

bis April   Für sein Magisterexamen übersetzt L eine medizinisch-philosophische Schrift des Spaniers Juan Huarte, die zur Ostermesse in Zerbst unter dem Titel erscheint: »Johann Huart's Prüfung der Köpfe zu den Wissenschaften Worinne er die Verschiedenen Fähigkeiten die in den Menschen liegen zeigt [...]«.

29. April   Ernennung zum Magister der Philosophie (Magistereintrag: GBL 104).

6. Mai   Aufnahme in die von G. S. Nicolai präsidierte Gesellschaft der Freunde der schönen Wissenschaften in Halle (GBL 105).

9. Juni   G. S. Nicolai wird von L brieflich mitgeteilt, »ich habe große Lust eine Beurteilung seiner ganzen Arbeit [Langes Horaz-Übersetzung], die ich schon fertig habe, drucken zu lassen«, woraufhin Nicolai empfiehlt, diese Kritik Lange zuzusenden und für eine verbesserte Auflage zu überlassen, gegen »ein Honorarium für gütigen Unterricht« (WuB XI/1, 39 und 40).

27. Juni   C. N. Naumann an A. von Haller (LiS 14): »Noch stärker in der Muttersprache so wohl, als in dem Englischen[,] Französischen, Spanischen und Griechischen ist der Candidat der Arzneykunst Herr Leßing auß Camenz, der unlängst [...] sich nach Wittenberg wendete, wo er aber gar elende lebet.«

Sommer	Der Verlegerin von Christian Gottlieb Jöchers »Allgemeinem Gelehrten-Lexikon« (4 Bände, Leipzig 1750–1751), Christine Henriette Gleditsch, schickt L drei (nicht überlieferte) Bogen mit Ergänzungen und Korrekturen, die er auf eigene Kosten hat drucken lassen, weil sie die Zensur nicht passierten, vielleicht auf Jöchers Betreiben hin (siehe GBL 109a).
Oktober	Jöcher beginnt einen Briefwechsel, in dem er sich alle Anmerkungen L.s zum Lexikon erbittet und Erstattung der Druckkosten anbietet. Inwieweit dieser Austausch geschehen ist, lässt sich mangels dokumentarischer Belege nicht feststellen.
11. Oktober	Eintrag des programmatischen Gedichtes »Ich« (»Die Ehre hat mich nie gesucht […]«) in das Stammbuch eines Unbekannten.
1. November	Nachdem L erfahren hat, dass Graf Heinrich von Brühl in Dresden einen Mitarbeiter für seine Bibliothek suche, bekundet er dem Verlagsbuchhändler Georg Conrad Walther brieflich Interesse an dieser Stelle und erfragt die näheren Konditionen. (Über weitere Verhandlungen ist nichts bekannt.)
nach 1. November	Rückkehr nach Berlin.

BERLIN (NOVEMBER 1752 BIS MITTE OKTOBER 1755)

L übernimmt wieder die Literaturkritik, aber nicht die Monatsbeilage, der »Berlinischen Privilegirten Zeitung« und mietet sich für seinen zweiten Berliner Aufenthalt im zweiten Stockwerk des Hauses Nicolaikirchhof 10 ein, nahe den Verlagsbuchhandlungen von C. F. Voß und C. F. Nicolai. Er setzt den freundschaftlichen Umgang mit Christlob Mylius und Richier de Louvain fort; zeitweilig soll er mit C. N. Naumann zusammen gewohnt haben (GBL 116b).

November/ Dezember	Aufnahme in den 1749 gegründeten Berliner Montagsclub, der sich in der Mohrenstraße befand und montags zwischen sechs und zehn Uhr abends zusammenkam. Zu L.s Freunden gehörende Mitglieder: J. F. Agricola, J. Kies, J. P. Kirnberger, J.W. Meil, J. G. P. Müchler, C. N. Naumann, C. F. Nicolai (ab 1755), J. J. Quantz, C.W. Ramler und J. P. Süßmilch.
1753	Rezensionen in der »Berlinischen Privilegirten Zeitung«. Es entsteht das Fragment »Das Christenthum der Vernunft« (vgl. GBL 121).
28. Februar	Christlob Mylius bricht, unterstützt durch den Verein zur Förderung naturwissenschaftlicher Reisen (Ehrenvorsitz: A. von Haller), nach Holland und weiter nach Surinam auf. Durch verschiedene Umstände ändert sich unterwegs das Reiseziel: England und die englischen Kolonien in Amerika sollen es sein. Die Reisenden gelangen bis London, wo Mylius am 6. März 1754 verstirbt.

um 22. April	Zur Leipziger Ostermesse erscheinen in Berlin zwei anonyme Übersetzungen L.s: drei anonyme »Schreiben an das Publicum« Friedrichs II. von Preußen und »Des Abts von Marigny Geschichte der Araber unter der Regierung der Califen. Aus dem Französischen. Erster Theil«.
um 15. Mai	L ist zu Gast auf der Hochzeit von Mylius' Halbbruder Christhelf.
vor 17. Mai	Ebenfalls in Berlin erscheint L.s anonyme Übersetzung aus dem Französischen: »Anmerkungen eines unpartheyischen Fremden über die gegenwärtige Streitigkeit zwischen England und Preussen«, anonym verfasst von J. G. Vockerodt.
19. Mai und 27. November	Rezension zu Montaignes »Versuchen. Erster [und] Zweyter Theil« (Leipzig 1753) in der »Berlinischen Privilegirten Zeitung«.
23. August	Rezension zu »Aristoteles Dichtkunst ins Deutsche übersetzt, mit Anmerkungen und besondern Abhandlungen versehen von Michael Conrad Curtius« (Hannover 1753) in der »Berlinischen Privilegirten Zeitung«. Diese Ausgabe wird später in der »Hamburgischen Dramaturgie« mehrfach herangezogen.
um 29. September	Zur Leipziger Michaelismesse verlegt C. F. Voß in Berlin »G. E. Leßings Schrifften. Erster Theil« und »Zweyter Theil«, mit Lyrik und 25 literaturkritischen »Briefen«.
10. und 13. November	Der »Hamburgische unpartheyische Correspondent« bringt eine Anzeige der »Schrifften. Zweyter Theil«, mit Abdruck des Briefes 24, der Kritik von Langes Horaz-Übersetzung. Dies löst eine öffentliche Kontroverse zwischen Lange und Lessing aus, die im »Vade Mecum« gipfelt.
nach 20. November	In Halle erscheint »Samuel Gotthold Langes Schreiben an den Verfasser der gelehrten Artikel in dem Hamburgischen Correspondenten, wegen der im 178 und 179sten Stücke eingedruckten Beurtheilung der Übersetzung des Horaz« (Wiederabdruck: PO, Anmerkungsband 2, S. 557–570), in der L als Erpresser verdächtigt wird.
Anfang Dezember	Ramler, der vorerst Distanz zu L hält, an Gleim (LiS 19): »Er ist noch zu jung, er jägt recht nach Witz [...]« Und am 14. Januar 1754 (LiS 23): »Ich habe mich zwar oft nach einem ami belesprit umgesehen und an Lessing hätte ich vielleicht einen gefunden, aber er muß es ja wißen, wie gern ich ihn kennen will, warum kommt er mir, der ich das Privilegium habe mich finden zu laßen, warum kommt er mir nicht zuvor?«
27. Dezember	L verwahrt sich in der »Berlinischen Privilegirten Zeitung« gegen »Langes Schreiben« und kündigt eine ausführliche Antwort an, das »Vade Mecum«.

1753/1754	Um die Jahreswende persönliche Bekanntschaft mit Moses Mendelssohn, aus der eine lebenslange enge Freundschaft und einige gemeinsame literarische Unternehmungen entstehen. Zunächst werden die beiden Freunde im Verlaufe des Jahres 1754 durch eine Preisaufgabe der Berliner Akademie zu der Abhandlung »Pope ein Metaphysiker!« angeregt, die sie aber nicht einreichen, sondern 1755 selbst anonym publizieren. L rückt zunehmend ins Visier der Gottschedianer, die ihn mit allen Mitteln zu »züchtigen« versuchen (vgl. LiS 38).
1754	Rezensionen in der »Berlinischen Privilegirten Zeitung«.
12. Januar	Rezension zu J. A. Bengel »Das neue Testament [...] übersetzt und mit dienlichen Anmerkungen begleitet« (Stuttgart 1753) in der »Berlinischen Privilegirten Zeitung«.
vor 17. Januar	L veröffentlicht in Berlin, vermutlich bei C. F. Voß, »Ein Vade Mecum für den Hrn. Sam. Gotth. Lange«.
17. Januar	Anonyme Selbstanzeige des »Vade Mecum« in der »Berlinischen Privilegirten Zeitung«.
6. März	Christlob Mylius stirbt in London an einer Lungenentzündung. Seine »Vermischten Schriften«, von L gesammelt und mit einer distanzierten Vorrede versehen, erscheinen zum Jahresende.
um 14. April	Zur Leipziger Ostermesse erscheinen bei C. F. Voß die »Schrifften. Dritter Theil« und »Vierter Theil«, mit den »Rettungen« und den beiden Lustspielen »Der junge Gelehrte« und »Die Juden«, sowie die anonyme Übersetzung »Des Abts von Marigny Geschichte der Araber unter der Regierung der Califen. Aus dem Französischen. Zweyter Theil«.
30. Mai	Rezension zu Hogarth' »Zergliederung der Schönheit [...] übersetzt von C. Mylius« (London 1754) in der »Berlinischen Privilegirten Zeitung«.
ab Herbst	L befördert Entstehung und Drucklegung der ersten Schrift Mendelssohns, »Philosophische Gespräche« (Berlin 1755).
um 29. September	Zur Leipziger Michaelismesse verlegt C. F. Voß das erste Stück der »Theatralischen Bibliothek«; in Erfurt erscheint die von L begonnene und vielleicht von C. F. Weiße fortgeführte anonyme Übersetzung »Geheiligte Andachts-Uebungen in Betrachtung, Gebet, Lobpreisung und Herzens-Gesprächen, Von der gottseligen und sinnreichen Frau Rowe«.

16. Oktober	In einem Brief an J. D. Michaelis bekennt L (WuB XI/1, 59): »Ich suche hier [in Berlin] keine Beförderung; und ich lebe bloß hier, weil ich an keinem andern großen Orte leben kann. [...] Ich glaube schwerlich, daß ein Mensch gegen das Zukünftige gleichgültiger sein kann, als ich.«
November/ Dezember	Persönliche Bekanntschaft mit Christoph Friedrich Nicolai, die zu dauerhaften freundschaftlichen Kontakten und verschiedener Zusammenarbeit führt. Die intensiven, diskussionsreichen Beziehungen zu Nicolai und Mendelssohn bilden den Kern von L.s Berliner Freundschaften, der zeitweilig auch C.W. Ramler einbeschließt.
nach 13. Dezember	Erste Begegnungen mit Gleim (GBL 138), der sich Mitte Dezember bis gegen Mitte Januar in Berlin aufhält und ebenfalls ein lebenslanger enger Freund L.s geblieben ist.
1754/1755	Zunächst flüchtige Bekanntschaft mit Ewald Christian von Kleist, die sich erst 1757 in Leipzig zu enger Freundschaft vertieft.
1755	Rezensionen in der »Berlinischen Privilegirten Zeitung«.

POTSDAM

um 27. Januar bis um 18. März	In strengster Zurückgezogenheit Arbeit an »Miß Sara Sampson«, dem Modellstück eines deutschen »bürgerlichen Trauerspiels«, das C. F. Voß zur Ostermesse herausbringen will.
18. Februar	Brief an Mendelssohn über »Pope ein Metaphysiker!« (WuB XI/1, 62–63): »Ich wollte Ihnen meine Ursachen nach der Länge anführen, warum ich, Ihnen die Wahrheit zu gestehen, die bewußte Preisschrift mit Fleiß zurück gehalten habe. Ihr Verweigern, sich nicht dabei zu nennen, war die vornehmste. [...] Sie hätten *wollen* verborgen bleiben, und ich hätte es müssen bleiben. [...] Ich hoffe binnen 3 Wochen wieder in Berlin zu sein, und ich will Ihnen nur im Voraus sagen, daß wir sogleich unsre Arbeiten [...] wollen drucken lassen.«
1. März	Rezension zu Mendelssohns »Philosophischen Gesprächen« (Berlin 1755) in der »Berlinischen Privilegirten Zeitung«.
4. März	Gleim übersendet die ihm von Wieland zwecks Drucklegung zugeschickte antigottschedische Satire »Edward Grandisons Geschichte in Görlitz« an Ramler mit der Bitte (LiS 58): »Ist Herr Leßing dort [in Berlin], so geben Sie ihm das Manuscript, nebst einem Compliment von mir und überreden ihn, so gut sie können, wenn er etwa sich entschuldigt. Viel Mühe kan Er nicht haben. Sagt Er, die Schrift sey gut, so druckt sie jedermann.« Offenbar lässt sich L, als

er wieder in Berlin ist, nicht überreden und in die Interessen der schweizerischen Gruppierung um Bodmer hineinziehen, denn als Mittler für den Druck (Berlin 1755) hat nur Ramler fungiert.

BERLIN

20. März	Ramler an Gleim (GBL 143): »Jetzt ist Herr Leßing wieder hier [...].«
um 30. März	Zur Leipziger Ostermesse erscheinen bei C. F. Voß die »Schrifften. Fünfter Theil« und »Sechster Theil«, mit Dramen, darunter »Miß Sara Sampson«; ferner das zweite Stück der »Theatralischen Bibliothek« (mit der Jahresangabe 1754). Einen Einzeldruck der »Sara« veranstaltet Voß 1757 und eine weitere, durchgesehene Einzelausgabe 1772.
März/Oktober	Verstärkte Kontakte zu J. G. Sulzer, der L für den Literaturkreis um Bodmer, den Antipoden der Leipziger Schule Gottscheds, zu vereinnahmen sucht und ihn in »seinen Reden [...] viel besser, als in seinen Schriften« findet (GBL 146).
April	Besuch vom Bruder Gottlob Samuel. Erwägungen über einen Ortswechsel: »Man hat es mir seit einiger Zeit sehr nahe gelegt, nach Moscau zu gehen, wo [...] eine neue Universität angelegt wird. Dieses könnte vielleicht am allerersten geschehen.« (An den Vater, 11.4; WuB XI/1, 65.) L hat es dann vorgezogen, im Oktober nach Leipzig zu gehen.
3. Mai	Selbstanzeige der »Schrifften. Fünfter Theil« und »Sechster Theil« in der »Berlinischen Privilegirten Zeitung«.
29. Mai bis 7. Juni	Der Prinzipal Conrad Ernst Ackermann spielt mit seiner Schauspielergesellschaft in Berlin. Möglicherweise hat L Kontakt mit ihm und verabredet die Uraufführung der »Miß Sara Sampson«, die am 10. Juli in Frankfurt an der Oder erfolgt.
Juni	In Amsterdam erscheint J. J. Rousseaus »Discours sur [...] l'origine et les fondements de l'inégalité parmi les hommes« (Abhandlung über den Ursprung und die Grundlagen der Ungleichheit unter den Menschen). Bald darauf diskutiert L die europäisches Aufsehen erregende Schrift mit Nicolai und vor allem mit Mendelssohn, den er anregt oder zumindest darin bestärkt, sie zu übersetzen. Am 10. Juli rezensiert er sie in der »Berlinischen Privilegirten Zeitung« und kündigt bereits die Übersetzung an.
21. Juni	Rezension zu A. G. Kästners »Vermischten Schriften« (Altenburg 1755) in der »Berlinischen Privilegirten Zeitung«.

| Sommer | L plant und beginnt mit Nicolai zusammen »ein burleskes Heldengedicht auf Gottsched und auf die Reimer aus seiner Schule« (GBL 149), das unvollendet bleibt und nicht überliefert ist. |

| 9. Juli | Gemeinsam mit Ramler Abreise zur Uraufführung von »Miß Sara Sampson«. |

FRANKFURT AN DER ODER (9. BIS MITTE JULI)

| 10. Juli | Besuch der Generalprobe und der Uraufführung von »Miß Sara Sampson« durch die Ackermannsche Gruppe. Ramler an Gleim (GBL 152b): »[...] die Zuschauer haben drey und eine halbe Stunde zugehört, stille gesessen wie Statüen, und geweint.« Einem anderen Bericht (GBL 152a) zufolge, hat die Vorstellung »von 4 bis 10 Uhr Abends gedauert«. Die Hauptrollen spielen Ludwig Schröter (Sir Sampson), Friederike Hartmann (Sara), Sophie Charlotte Ackermann (Marwood) und Ackermann (Mellefont). |

BERLIN (BIS OKTOBER)

| 4. September | Rezension zu Mendelssohns Schrift »Ueber die Empfindungen« (Berlin 1755) in der »Berlinischen Privilegirten Zeitung«. |

| um 29. September | Zur Leipziger Michaelismesse bringt C. F. Voß das dritte Stück der »Theatralischen Bibliothek« heraus; in Danzig erscheint anonym die gemeinsam mit Mendelssohn verfasste Abhandlung »Pope ein Metaphysiker!«. |

| vor Oktober | Absprachen über ein neues Rezensionsorgan mit Mendelssohn und Nicolai, worüber letzterer berichtet hat (GBL 158): »Als ich die *Bibliothek der schönen Wissenschaften* anfing, war er [Mendelssohn] es zuerst, und nach ihm Lessing, die mich in meinem Vorsatze, durch freymüthige Beurtheilung neuer Schriften, der deutschen Litteratur einen stärkern Schwung zu geben, befestigten.« |

| Oktober | L kündigt seine Redakteursstellung und Unterkunft und übersiedelt für zweieinhalb Jahre als freier Autor nach Leipzig. |

LEIPZIG (OKTOBER 1755 BIS 4. MAI 1758)

| ab Oktober | Fortgesetztes freundschaftliches Verhältnis zu C. F. Weiße; wiederholte Zusammenkünfte auch mit Gellert. Weiße vermittelt neue Bekanntschaften: mit dem Verleger Reich, der eine Goldoni-Edition L.s herauszubringen bereit ist; dann vor allem mit dem Kaufmannssohn

	Christian Gottfried Winckler, der das Angebot macht, L als Begleiter für eine kommende Ostern anzutretende (drei- oder vierjährige) Europareise zu engagieren.
8. Dezember	Über seine beiden Vorhaben schreibt L enthusiasmiert an Mendelssohn (WuB XI/1, 74 bis 75): »Eine von meinen Hauptbeschäftigungen ist in Leipzig noch bis jetzt diese gewesen, daß ich Lustspiele des Goldoni gelesen habe. [...] Eine von diesen Komödien l'Erede fortunata [Die glückliche Erbin] habe ich mir zugeeignet [...] auch noch fünf andere [...] bestimmt mit jenem einen Band auszumachen, mit welchem ich das ernsthafte Deutschland auf Ostern beschenken will. [...] Ich werde [...] als der bloße Gesellschafter eines Menschen reisen, welchem es weder an Vermögen noch an Willen fehlt, mir die Reise so nützlich und angenehm zu machen, als ich mir sie nur selbst werde machen wollen.«
12. Dezember	Brief an G. A. von Breitenbauch, mit der Information, »daß ich an meinem D. Faust arbeite« (WuB XI/1, 79).
um Dezember	William Laws Buch »A serious call to a devout and holy life« (London 1727; Eine ernsthafte Ermunterung zu einem frommen und heiligen Leben) weckt L.s Interesse an einer Übersetzung. Sie wird durch C. F. Weiße vermittelt, nach dessen Mitteilungen Karl Gotthelf L. berichtet (GBL 173): »Lessing fing auch an zu übersetzen, und Reich zu drucken; aber Lessings [...] Reise nach Dresden kam dazwischen. [...] Wollte Herr Weiße seinen Freund bey Reichen nicht in Mißkredit bringen, so mußte er sich selbst zur Vollendung dieser Uebersetzung bequemen.« Sie erschien zur Ostermesse 1756.
1756 *21. Januar*	Mendelssohn erfährt zur Reiseplanung Wincklers (WuB XI/1, 89): »Mein Reisegefährte will Berlin noch vor seiner Abreise sehen, weil uns unser Weg vielleicht nicht durchführen möchte.«
Februar	Anscheinend zur Vorbereitung der Europareise mit Winckler begibt L sich nach Dresden.

DRESDEN UND KAMENZ (ETWA MITTE FEBRUAR BIS 18./19. MÄRZ)

Februar/März	Studien in den Kunstsammlungen und in der Brühlschen Bibliothek, dort Bekanntschaft mit C. G. Heyne.
	Unverhoffte Begegnung mit den Eltern, die sich zur Regelung einer Erbschaftsangelegenheit in Dresden aufhalten und L nach Kamenz mitnehmen, laut Johann Gottfried L. (16.4.1764 an L) für zwei Tage. Erst 20 Jahre später und sechs Jahre nach dem Tod des Vaters kommt L dann wieder und letztmalig in seine Geburtsstadt.

17. März In Dresden trägt L sich in das Stammbuch seines Freundes Justus Heinrich Saal ein, der ihn bei der Vertragsschließung mit Winckler berät (siehe GBL 185).

LEIPZIG

19. bis 21. März Kurzer Zwischenaufenthalt nach der Rückkehr von Dresden.

ALTENBURG UND GERA

21. März bis etwa 5. April Reise zusammen mit C. F. Weiße, vielleicht auf Einladung einer Altenburger Schwester Weißes und G. A. von Breitenbauchs, der bei Gera ein Gut besaß. Während des Geraer Aufenthaltes könnte das so genannte Tischbein-Porträt L.s gemalt worden sein, und zwar von Johann Valentin Tischbein, der zu dieser Zeit in der dortigen Gegend tätig war (vgl. RH, S. 10 bis 12).

LEIPZIG (ETWA 5. APRIL BIS 10. MAI)

April Aufführung(en) der »Miß Sara Sampson« durch J. H. G. Koch in einer Strichfassung von C. F. Weiße.

um 6. April Einzug ins Haus Wincklers (Haus zur Feuerkugel am Neumarkt), der, wohl angeregt durch L, vor der Europareise noch einen Aufenthalt in Dresden plant (GBL 183; nicht verwirklicht).

um 18. April Zur Ostermesse erscheinen in Leipzig zwei anonyme Übersetzungen L.s: »Franz Hutchesons Sittenlehre der Vernunft, aus dem Englischen übersetzt. Erster [und] Zweyter Band« und »Eine ernsthafte Ermunterung an alle Christen zu einem frommen und heiligen Leben. Von William Law«.

Ende April Gottfried Benjamin L. kommt zum Jurastudium nach Leipzig (Immatrikulation am 19. Mai), wo L ihm eine Unterkunft besorgt und auch sonst Hilfe sowie kleine finanzielle Unterstützung gibt.

28. April Nicolai wird brieflich mitgeteilt (WuB XI/1, 94): »Gottsched hat mich wegen der Ankünd.[igung] e. Dunciade [anonyme Satire von Wieland], zwar nicht verklagt; aber verklagen wollen.«

REISE MIT WINCKLER (10. MAI BIS ENDE SEPTEMBER)

10. Mai	Aufbruch in Richtung Magdeburg.
14./15. bis 16. Mai	In Halberstadt, Besuch bei Gleim.
um 17. Mai	Aufenthalt in Braunschweig und dort vermutlich Bekanntschaft mit J. A. Ebert und Wiedersehen mit Zachariä. Besichtigung des Kunst- und Naturalienkabinetts im Großen Mosthof am Burgplatz.
17. Mai	Besichtigung der Bibliothek Wolfenbüttel (Eintrag im Besucherbuch: GBL 194a).
bis Ende Mai	Weiterreise über Hildesheim, Hannover, Celle und Lüneburg nach Hamburg.
Ende Mai bis Mitte Juli	Aufenthalt in Hamburg. Zusammenkünfte mit J. M. Dreyer, Ekhof, J. H. F. Müller und J. F. Schönemann (GBL 195, 197, 198 und 201).
13. Juni	Besuch bei Klopstock, erste persönliche Begegnung.
3. Juli	Zweiter Besuch bei Klopstock.
um 15. bis um 20. Juli	Weiterreise über Bremen und Oldenburg nach Emden.
20. Juli	Brief an Nicolai aus Emden (WuB XI/1, 98): »Ich schreibe Ihnen nur in ein Paar Worten, daß meine Reise bisher sehr glücklich gewesen ist, und daß ich in Amsterdam, wo wir in acht Tagen sein werden, gern einen langen, langen Brief von Ihnen bekommen möchte. […] Ich habe eine Menge unordentlicher Gedanken über das bürgerliche Trauerspiel aufgesetzt […].« Diese Aufzeichnungen sind verschollen (wie übrigens auch ein Tagebuch der Reise mit Winckler), teilweise aber wohl eingegangen in den zwischen Oktober 1755 und Mai 1757 geführten Briefwechsel mit Mendelssohn und Nicolai, den so genannten »Briefwechsel über das Trauerspiel« (Abdruck der betreffenden Briefstellen: WuB III, 662–736).
bis 29. Juli	Weiterreise über Groningen, Leeuwarden und Franeker nach Harlingen, zurück nach Leeuwarden und über Sneek nach Lemmer, von dort schließlich per Schiff nach Amsterdam.
29. Juli bis August/ September	Aufenthalt in Amsterdam und Umgebung.

3. August	Brief an Johann Gottfried L. (WuB XI/1, 102): »Wir [...] sind [...] den 29 Julius, glücklich hier in Amsterdam angekommen [...]; und sobald, als wir von hier aus die übrigen vereinigten Provinzen werden besehn haben, werden wir nach England übergehen; welcher [Übergang] zu Anfange des Octobers geschehen dürfte.«
Mitte September	Die Reisenden erhalten Nachricht vom Ausbruch des (Siebenjährigen) Krieges mit dem Einfall preußischer Truppen in Sachsen am 29. August und kehren zurück, da sich Winckler um seine Besitztümer im besetzten Leipzig sorgt. »Wir wollten eben nach England übergehen, als wir über Hals über Kopf wieder zurück reisen mußten.« (An Mendelssohn, 1. Oktober 1756; WuB XI/1, 109.)
Ende September	Ankunft in Leipzig.

LEIPZIG (ENDE SEPTEMBER 1756 BIS 4. MAI 1758)

L wohnt wieder bei Winckler, gerät aber in zunehmende Differenzen mit ihm über sächsischen Patriotismus und schließlich über vertragsgerechte Entschädigungen wegen des Reiseabbruchs.

3. November	Nicolai schreibt L ausführlich über Berliner Aufführungen der »Miß Sara Sampson« durch die Schuchsche Truppe.
Dezember	Weil ein von Nicolai mit G. A. Lange geschlossener Vertrag über den Verlag der Nicolaischen »Bibliothek der schönen Wissenschaften« nicht eingehalten wird, beginnt L neue Verhandlungen: mit J. G. Feuereisen (GBL 205) und im Januar 1757 mit J. G. Dyk, bei dem die literaturkritische Zeitschrift dann bis 1806 erscheint.
1757 Januar	Nähere Bekanntschaft mit J.W. von Brawe, dessen Trauerspiel »Der Freygeist« (postumer Druck: Berlin 1759) L so begeistert, dass er es (19.2.) Nicolai zusendet, der einen Preis für deutsche Originaltrauerspiele ausgesetzt hat.
Februar/März	Besuch bei Gleim auf einer »Durchreise durch Halberstadt« (an Gleim, 2.4.), die allerdings schon auf der Rückfahrt von Holland erfolgt sein könnte.
29. März	Mitteilung an Nicolai, dass E. C. von Kleist bereits über acht Tage in Leipzig sei. »Er ist als Major zu dem hier liegenden *Hausenschen* [von F.C. von Hauß befehligten] Infanterieregimente versetzt worden. Jetzt ist der gute Mann krank, und muß schon seit drei Tagen das Bette hüten; welches mich um so viel mehr bewegt, ihn täglich zu besuchen.« (WuB XI/1, 176.) Kleist, der ein Quartier hinter der Hauptwache am Markt hat, und L bilden den Mittel-

punkt eines Leipziger Freundeskreises, zu dem neben Weiße auch Brawe (siehe GBL 215) und Carl Wilhelm Müller gehören.

um 8./11. April

Über Ostern Besuch von Gleim in Leipzig, worüber er einem Freund schreibt (GBL 219c): »Ich habe mir das Vergnügen gemacht, ihn [Kleist] daselbst zu besuchen, und bin acht Tage bey ihm gewesen. [...] Alle Tage sahe der Held einen Schwarm von Poeten vor seinem Bette, doch waren ihm nur Gellert und Leßing angenehm.«

Zur Ostermesse erscheint in Leipzig L.s anonyme Übersetzung »Hrn. Samuel Richardsons [...] Sittenlehre für die Jugend in den auserlesensten Aesopischen Fabeln mit dienlichen Betrachtungen zur Beförderung der Religion und der allgemeinen Menschenliebe vorgestellet«.

Mai

Während Kleist und Gleim sich nach verschiedenen Seiten hin, jedoch vergeblich um eine Anstellung für L bemühen, wird diesem durch Winckler sowohl die Wohnung als auch – ohne die vereinbarte Entschädigung von 600 Talern – der Reisevertrag gekündigt. L klagt dagegen, verliert in erster Instanz und gewinnt, allerdings erst im September 1763, den durch C.W. Müller geführten Revisionsprozess. Der Prozess vereitelt L.s Absicht, sofort nach Berlin zurückzukehren. »Winkler [...] hat sich unsichtbar gemacht, aus Furcht, als Geißel von hier weggebracht zu werden. Die Möglichkeit eines gütlichen Vergleichs fällt also weg, und ich sehe mich in den Händen der Rabulisten.« (An Nicolai, 26.6.; WuB XI/1, 216.)

An Gleim sendet L das »Gerippe« zu einer Ode an Friedrich II., die er unter Kleists Einfluss gemacht hat, und bemerkt dazu (WuB XI/1, 189): »Wie froh werde ich sein, wenn ich wieder in Berlin bin, wo ich es nicht länger nötig haben werde, es meinen Bekannten nur ins Ohr zu sagen, daß der König von Preußen dennoch ein großer König ist.« Die bedingungslose Königs- und Preußenglorifizierung Gleims und Kleists teilt L nicht.

29. Mai

An Mendelssohn (WuB XI/1, 209): »Den ersten Teil der Bibliothek werden Sie [...] bekommen haben.« L redigiert auch die weiteren bis 1758 erscheinenden Teile oder Stücke der von Mendelssohn und Nicolai anonym herausgegebenen »Bibliothek der schönen Wissenschaften«.

14. Juni

Gleim erhält ein »abermaliges Gerippe einer Ode auf den Tod des Marschalls von Schwerin, an den H. von Kleist« (WuB XI/1, 212).

1. Juli

Mendelssohn an L (WuB XI/1, 218): »Herr Voß hat mir von Fabeln gesagt, deren Sie eine ganze Menge fertig haben sollen.« Der Verleger erfuhr vermutlich während der Ostermesse von L.s Vorhaben einer Fabelsammlung, das mit den zur Michaelismesse 1759 erschienenen »Fabeln. Drey Bücher. Nebst Abhandlungen« verwirklicht worden ist.

6. Juli

An Mendelssohn (WuB XI/1, 219–220): »[...] können Sie leicht denken, daß ich Ihre Abhandlung, *von den Quellen und Verbindungen der schönen Wissenschaften und Künste*, nicht bloß mit einem flüchtigen Auge, sondern aufmerksam und mit großem Vergnügen müsse gelesen haben. Mehr kann ich jetzt nicht davon sagen; ich habe seit 8 Tagen ein intermittierendes Fieber, welches mit solchen gewaltigen Kopfschmerzen verbunden ist, daß ich Gott danke, wenn ich nur manchmal dabei denken kann [...]. Von meinen Fabeln [...] schick ich Ihnen hier einige [...].«

25. Juli Kleist an Gleim (GBL 227d): »Herr Lessing [...] hat sich von seiner Unpäßlichkeit ziemlich wieder erholet, außer daß er nun das Friesel [Hautausschlag], aber ohne Fieber hat. Er hat zu rechter Zeit vorgebauet; sonst hätte er ein heftig hitziges Fieber bekommen.«

August bis September Mendelssohn bringt im Briefwechsel mit L kritische Einwände gegen »Miß Sara Sampson« vor (11.8.), die diesen (14.9.) zu näheren Erklärungen und Veränderungsabsichten anregen.

8. August Gleim informiert Kleist, dass J. P. Uz wegen seiner anakreontischen Lyrik durch Wieland und andere Anhänger Bodmers diskreditiert worden sei. »Ohne Zweifel ist Herr Wieland wieder ein Schwärmer geworden, wie er schon in seinen Schuljahren auf dem Kloster Berge gewesen ist, bis er bei deren Endigung das System der schlimmsten Freigeister angenommen hat, welches einer seiner ehemaligen Lehrer mir versichert. [...] Lassen Sie doch das Schreiben Herrn Lessing lesen! Vielleicht findet er für gut, [...] Uz zu vertheidigen.« (GBL 231c.) Dies ist zunächst im zweiten Stück der »Bibliothek der schönen Wissenschaften« (LM VII, 76–81) und dann in den Literaturbriefen 7 und 8 geschehen, unter Verwendung der Information über Wielands Gesinnungswechsel.

23. August Kleist an Gleim (GBL 231e): »Herr Lessing ist wieder am Fieber krank gewesen; allein es bessert sich schon.«

Anfang September Zwei Rezensionen in der »Bibliothek der schönen Wissenschaften«, Band 1, Stück 2.

Oktober Von Mendelssohn erhält L zur Begleichung seiner dringlichsten Schulden 60 Taler. Er arbeitet an einem Trauerspiel, mit dem er sich um den von Nicolai ausgesetzten Dramenpreis bewerben will und deshalb seine Autorschaft vor den Freunden verbirgt. Jedoch bleibt diese dreiaktige und wohl unabgeschlossene Frühfassung der »Emilia Galotti« bis Ende 1771 liegen.

1758 Januar Drei Rezensionen, darunter eine vernichtende Kritik zu »Die Idyllen Theokrits, Moschus und Bions, aus dem Griechischen übersetzt« (von C. G. Lieberkühn, Berlin 1757) in »Bibliothek der schönen Wissenschaften«, Band 2, Stück 2.

vor 19. Januar Gedrängt von L, hat Kleist sein Trauerspiel »Seneka« und eine Sammlung neuer Gedichte abgeschlossen, die im Februar zusammen erscheinen.

21. Januar	Näheres über die dreiaktige »Emilia Galotti«, von der »alle sieben Tage sieben Zeilen« entstehen, in einem Brief an Nicolai (WuB XI/1, 267). An Mendelssohn schreibt L (S. 268), er habe »vor lauter Müßiggang und Langerweile den Einfall bekommen, das englische Buch«, Edmund Burkes »A philosophical Enquiry into the Origin of our Ideas of the Sublime and Beautiful« (London 1756; Eine philosophische Untersuchung über den Ursprung unserer Begriffe vom Erhabenen und Schönen) zu übersetzen. »Es ist auch wirklich schon unter der Presse, und ich will ehstens den ersten Bogen davon schicken. [...] noch muß ich sechs Wochen hier bleiben, so ein vorteilhaftes Ansehn auch mein Proceß [gegen Winckler] bei dem letzten Termin gewonnen hat.« L hat Leipzig erst am 4. Mai verlassen, seine kommentierte Übersetzung ist nicht vollendet und publiziert worden.
Februar	L bereitet eine von ihm bevorwortete Sammlung anonymer »Preussischer Kriegslieder« Gleims mit Vertonungen vor, die jedoch erst Anfang August vorliegt. Durch Kleist lernt er den preußischen Generalmajor Friedrich Bogislaw von Tauen(t)zien kennen, in dessen Sekretärsdienste er im November 1760 tritt.
18. Februar	An Mendelssohn (WuB XI/1, 275): »Ich bin krank gewesen, und befinde mich noch nicht recht wohl [...].«
um 20. Februar	Kleist wird für etwa vier Wochen nach Bernburg abkommandiert, wo Gleim und S. G. Lange sich mit ihm treffen. Letzterer teilt am 19.3. mit, Kleist sei zurückgereist (LiS 144).
14. März	An Kleist (WuB XI/1, 286–287): »Jetzt ist [...] die rechte Zeit, neue und blutigere Satyren wider ihn [Gottsched] zu machen, als man noch je gemacht hat. Und wenn wir damit zaudern, so wird er uns selbst zuvor kommen. Denn es ist ganz gewiß, daß er wieder eine neue Ästhetik in einer Nuß [1754 erschienene Streitschrift von Schönaich] drucken läßt.« Schärfste Attacken gegen Gottsched hat L 1759 in den »Briefen, die Neueste Litteratur betreffend« geführt.
April	L regt Kleist zu dem Heldengedicht »Cißides und Paches« an (GBL 245a), das 1759 in Berlin 1759 erscheint.
19. April	Gleim wird wegen der Sammlung seiner Kriegslieder beruhigt (WuB XI/1, 290–291): »Lassen Sie mich nur machen; ich will Ihnen zeigen, daß ich ein ziemlich gutöser Buchhändler geworden wäre, wenn mir nicht das eigensinnige Schicksal, anstatt Bücher drucken zu lassen und reich zu werden, auferlegt hätte, Bücher zu machen und nicht reich zu werden. Herr Ramler versprach mir in seinem letzten Briefe zu jedem Liede eine eigne Composition aus Berlin zu schicken [...].«

| vor 4. Mai | L übergibt die Redaktion der »Bibliothek der schönen Wissenschaften« an Weiße, der ab 1759 auch Herausgeber der Zeitschrift ist. |

| 4. Mai | Nach der Leipziger Ostermesse reist L mit C. F. Voß nach Berlin. |

BERLIN (5. MAI 1758 BIS 7. NOVEMBER 1760)

Bei seinem dritten Berliner Aufenthalt wohnt L in der Heiligengeiststraße, nahe bei Ramler. Sie bereiten gemeinsame Unternehmungen vor und besuchen oft die »Baumannshöhle«, einen Weinkeller in der Brüderstraße. L nimmt wieder regelmäßig am Montagsclub teil und wird außerdem Mitglied eines 1748 gegründeten Freitagsclubs, dem unter anderen J. F. Agricola, C. G. Krause, Quantz, Ramler und C. F. Voß angehören.

| 9. Mai | Da Kleists Abmarsch ins Feld bevorsteht, beauftragt er Gleim, an L und Ramler je 100 Taler auszuzahlen (LiS 148). |

| Mai | Mehrwöchiger Besuch von Gleim im Freundeskreis des Montagsclubs. Er berät sich über eine Neuausgabe seiner Gedichte mit L (siehe GBL 249c+d). |

| 25. Juni | Ausflug mit Ramler nach Charlottenburg. |

| 8. Juli | Gleim wird über den Druck seiner Kriegslieder und über einen großen Schaffensoptimismus L.s informiert (WuB XI/1, 293): »Herr Rammler und ich, machen Projecte über Projecte. [...] Ich schreibe Tag und Nacht und mein kleinster Vorsatz ist jetzo, wenigstens noch dreimal so viele Schauspiele zu machen, als Lope de Vega. Ehstens werde ich meinen *Doctor Faust* hier spielen lassen.« Von den dramatischen Vorhaben ist nur das 1759 erschienene Trauerspiel »Philotas« ausgeführt worden. Gemeinsam mit Ramler wird eine Logau-Ausgabe erarbeitet. |

| 6. und 11. August | Gleim erhält Exemplare seiner soeben bei C. F. Voß gedruckten »Preussischen Kriegslieder in den Feldzügen 1756 und 1757 von einem Grenadier«, mit Vertonungen von C. G. Krause, und eine Quittung über den Erhalt der 100 Taler von Kleist (GBL 255/l). |

| Oktober | Gemeinsam mit Mendelssohn geschriebene Rezension zu Gleim »Lieder, Fabeln und Romanzen« (anonym, Leipzig 1758) in »Bibliothek der schönen Wissenschaften«, Band 3, Stück 2. |

| 19. Oktober | Ramler »bin ich auch, wegen unsers Logaus, itzt ziemlich scharf auf dem Dache; oder er mir. Und unser lieber Kleist soll sich auch ehstens wieder gedruckt sehen. Ich habe seinen |

November	Cissides nun ganz, alle seine Veränderungen eingetragen, H. Meil macht Vignetten dazu, und er soll mit ehstem ein Pendant zu den Kriegsliedern werden.« (An Gleim; WuB XI/1, 302.) L plant einen Besuch bei seinen Eltern und Kleist zur Weihnachtszeit, der jedoch nicht zustandekommt.
November/ Dezember	Absprachen mit Mendelssohn und Nicolai über eine neue literaturkritische Wochenschrift, »Briefe, die Neueste Litteratur betreffend«. Ihr Verleger Nicolai hat später berichtet (GBL 264b): »*Leßing* war der erste, der die Idee zu diesem Werke hergab. Er wolte auch das meiste machen.« Und (GBL 264c): »Der damalige Krieg spannete alles mit Enthusiasmus an. Um also doch einigermaßen etwas Vollständiges zu haben, und sich nicht in ein zu großes Feld einzulassen, ward beschloßen, die Litteratur seit dem Anfange des Krieges zu übersehen, und diese Uebersicht bis zum Frieden fortzusetzen, den man damals nicht weit entfernt glaubte. [...] Der Gedanke an einen verwundeten Officier zu schreiben, gehört ganz Lessingen zu; denn, sagte er, wie leicht kann Kleist verwundet werden, so sollen die Briefe an ihn gerichtet seyn.«
Jahreswende	Über Gleims neuestes Kriegslied, »Der Grenadier an die Kriegesmuse nach dem Siege bey Zorndorf den 25. August 1758« entsteht ein Dissens (vgl. L.s und Gleims Briefwechsel von Dezember 1758 bis Februar 1759; ferner LiS 161, 163, 165–166, 168–170, 175 und GBL 278b). L kritisert neben manchen Einzelheiten vor allem (16.12.; WuB XI/1, 305): »Der *Patriot* überschreiet den Dichter zu sehr [...].« Gleim hat nachgegeben und Veränderungen vorgenommen, mit denen der Schlachtgesang in einer Neuauflage der »Preussischen Kriegslieder« zur Ostermesse 1759 erschienen ist.
1759 4. Januar	Beginn der durchweg anonym publizierten »Briefe die [ab 1760: Briefe, die] Neueste Litteratur betreffend« (so genannte Literaturbriefe), mit einer Einleitung und Brief 1–3 von L und der (fernerhin zu Beginn eines jeden Teiles wiederholten) Ankündigung: »Diese Briefe werden alle Donnerstage in der Nicolaischen Buchhandlung im Düfourschen Hause in der Brüderstraße zu Berlin ausgegeben und sind auch in den auswärtigen Postämtern und Buchhandlungen zu haben. Wer auf ein Vierteljahr pränumerirt zahlet dafür 12 Gr.[oschen] sonst kostet jeder Bogen 1 Gr.« Bis zum Siebenten Teil (September 1760) ist L Hauptkritiker und verfasst über 50 Briefe, danach nur noch zwei: einen Teil des 233. Briefes vom 13. Mai 1762 und den abschließenden 332. Brief vom 27. Juni und 4. Juli 1765. Weiterhin arbeiten Mendelssohn und Nicolai mit. An L.s Stelle tritt ab 1761 Thomas Abbt. Gelegentliche Mitarbeiter sind F. Grillo, F. G. Resewitz und Sulzer gewesen.
18. Januar bis 1. Februar	Literaturbrief 7–14: Kritik an Wieland. (Seine Reaktionen sind dokumentiert: LB, S. 413 bis 419.)
22. Januar	L begeht seinen 30. Geburtstag, der auf einen Montag fällt, vermutlich im Montagsclub.
Januar/Februar	Ein nochmaliges Vorhaben, Kleist in Zwickau zu besuchen, wird nicht realisiert.

16. und 22. Februar	Literaturbrief 17: vernichtende, historisch aber teilweise ungerechtfertigte Kritik an Gottscheds Theaterreform; angefügt eine Szene aus L.s »Faust«-Fragment. Brief 18 und 19 über Klopstock. (Zur Reaktion auf Brief 17 siehe LB, S. 398–407.)
18. März	Ohne sich als Autor zu nennen, übersendet L sein soeben erschienenes anonymes Trauerspiel »Philotas« an Gleim, der es, obwohl die Identität des Autors zumindest vermutend (siehe LiS 184–185, 192), umgehend im Stil seiner patriotischen Kriegslieder zu versifizieren beginnt und damit am Ostersonntag (15. April, Brief an L) bereits fertig ist. L.s Reaktion fällt zweideutig genug aus (12.5.; WuB XI/1, 321–322): »Sie haben ihn zu dem ihrigen gemacht, und der ungenannte prosaische Verfasser kann sich wenig oder nichts davon zueignen.«
um 15. April	Zur Leipziger Ostermesse erscheint nach dreijähriger Pause bei C. F. Voß und mit der Jahresangabe 1758 ein viertes Stück der »Theatralischen Bibliothek«, die damit endet.
26. April	Literaturbrief 36: Ankündigung von L.s und Ramlers Logau-Edition.
28. April	Ramler an Gleim (GBL 286b): »Der arme Logau! Die Messe ist da, und er hat noch keine Vorrede.« (Sie trägt im Druck das Datum vom 5. Mai 1758.) Weiter schlägt Ramler, auch in L.s Namen, vor, »daß Sie uns alle ihre Gedichte nach einander herüber schicken möchten, damit wir das Vergnügen haben, unsern ganzen Gleim als einen classischen Autor herauszugeben«. Diese Edition ist nach Erscheinen des Logau begonnen, aber nicht beendet worden.
9. Mai	L, nicht unbedingt ein Musikliebhaber, hört in einem größeren Freundeskreis eine Aufführung aus Telemanns neuem Oratorium »Der Messias« bei C. G. Krause (GBL 287).
12. Mai	An Gleim (WuB XI/1, 321): »Nun sind wir, Gott sei Dank, mit unserm Logau ganz fertig, und künftige Woche hoffen wir, Ihnen Exemplare davon schicken zu können.« Das Buch erscheint in Leipzig unter dem Titel »Friedrichs von Logau Sinngedichte. Zwölf Bücher. Mit Anmerkungen über die Sprache des Dichters herausgegeben von C.W. Ramler und G. E. Lessing«. Die Vorrede haben beide gemeinsam verfasst, ein »Vorbericht von der Sprache des Logau« und ein daran anschließendes Wörterbuch stammen von L.
17. Mai	Literaturbrief 40: über Kleists Verserzählung »Cißides und Paches«.
vor 22. Mai	Durch Sulzer erhält L ein Exemplar von Bodmers und Breitingers zweibändiger »Sammlung von Minnesingern aus dem schwaebischen Zeitpuncte« (Zürich 1758–1759; GBL 291).
12. Juni	An Johann Gottfried L. (WuB XI/1, 324): »Ich wollte wünschen, daß ich ihm [dem Bruder Gottlob in Wittenberg] worin nützlich sein könnte; eben so wohl als Gottfrieden in Leipzig.

Aber itzt bin ich es leider nicht im Stande. [...] Meine Fabeln [...] sind noch nicht ganz gedruckt.« Die Arbeit an dem Fabelbuch dauert wohl bis September.

21. und 29. Juni	Literaturbrief 43 und 44: über die Logau-Edition.
26. Juni bis 16. August	Literaturbrief 48–51: Auseinandersetzung mit J. A. Cramer und seiner Zeitschrift »Der nordische Aufseher«. Diese Kritik löst eine öffentliche Kontroverse aus (dokumentiert: LB, S. 372–398).
14. Juli	Ramler an Gleim (GBL 293): »Unser Lessing hat sich eine Gartenstube gemiethet, wohin er sich [...] zum studiren, begeben hat [...].« Und zur Arbeit an seinem Fabelbuch.
12. August	Niederlage der Preußen bei Kunersdorf. Kleist gerät schwer verwundet in russische Gefangenschaft und wird dann nach Frankfurt an der Oder, zu Nicolais Bruder Gottlob Samuel, gebracht.
24. August	Kleist erliegt seinen Verletzungen. Zu diesem Zeitpunkt hoffen die Berliner Freunde noch für ihn; die Todesnachricht trifft erst Anfang September in Berlin ein (L an Gleim 25. und 27.8. sowie 1. und 6.9.). Da sowohl L als auch Gleim und Ramler es nicht vermögen, schreibt Nicolai ein »Ehrengedächtniß Herrn Ewald Christian von Kleist« (Berlin 1760; bereits Mitte November 1759 gedruckt, siehe LiS 215). L und Ramler bereiten stattdessen eine Gesamtausgabe der Werke Kleists vor.
um 29. September	Zur Leipziger Michaelismesse erscheinen bei C. F. Voß in Berlin »Gotthold Ephraim Lessings Fabeln. Drey Bücher. Nebst Abhandlungen mit dieser Dichtungsart verwandten Inhalts«. Einen Neudruck veranstaltet Voß im Folgejahr, eine zweite Auflage 1777.
18. Oktober	Literaturbrief 63 und 64: zu Wielands Trauerspiel »Lady Johanna Gray« (Zürich 1758).
23. Oktober	An Gleim (WuB XI/1, 337): »Die Lobrede [von Nicolai] auf unsern Kleist ist fertig, und Herr Rammler und ich haben sie gelesen. Unser Rat dabei ist dieser gewesen, daß man seiner Freunde darin ganz und gar nicht gedenken müsse, damit es nicht scheine, als ob einer von Ihnen Anteil daran habe.«
2. November	Literaturbrief 65: gegen Gottscheds »Kern der deutschen Sprachkunst« (Leipzig 1753). Über eine Antikritik siehe LB, S. 407–411.
6. November	Ramler an Gleim (GBL 299): »Itzt suche ich alle seine [Kleists] Briefe mit Herrn Leßing durch, worin er uns Lesearten über seine Gedichte geschrieben hatte.«

23. und 29. November	Literaturbrief 70: Selbstanzeige der »Fabeln. Drey Bücher. Nebst Abhandlungen«.
29. Dezember	Anscheinend aufgestachelt durch Redereien in Berlin, beklagt sich Ramler bei Gleim über die Kritik an Batteux in L.s Fabelabhandlungen (LiS 217; Ramler hat Batteux übersetzt und kommentiert: »Einleitung in die Schönen Wissenschaften«, 4 Bände, Leipzig 1756–1758).
30. Dezember	In einem Brief an J. G. Lindner, dem er sein Fabelbuch zuschickt, bilanziert L sein Leben seit dem Abbruch der Reise mit Winckler (WuB XI/1, 338): »Unter meine Bücher also wieder verwiesen, habe ich meine alte Lebensart fortgesetzt, bei der sich täglich meine Lust zu studieren vermehret, und meine Lust zu schreiben vermindert.« Zu den Fabeln heißt es: »Sie werden finden, daß ich mein vornehmstes Augenmerk dabei mit auf die Schulen gerichtet habe.«
Jahreswende	Angeregt durch Sulzer, befasst L sich mit Definitionen antiker Oden (GBL 300). Jedoch ist es Sophokles, »der mich itzt mehr als alles andere beschäftiget« (an Gleim, 21.2.1760; WuB XI/1, 342), woraus eine Fragment gebliebene Biografie hervorgeht.
1759/1760	L plant, wie Mendelssohn später berichtet, kurzzeitig eine Fortsetzung des »Candide«, durch die »alle die Uebel, die Voltaire gehäuft, und auf Rechnung der verläumdeten Vorsehung zusammengedichtet hatte, am Ende dennoch zum Besten gelenkt, und zu den allerweisesten Absichten einstimmig gefunden werden sollten« (GBL 301).
1760 7. Februar	Literaturbrief 81: über Weißes Trauerspiel »Eduard der Dritte« (Leipzig 1759).
7. März	Gleim übersendet eine Abschrift für einen durch L in Berlin zu besorgenden Druck des versifizierten »Philotas«, mit der Entschuldigung (WuB XI/1, 344): »[...] ich habe nicht einmal so viel Zeit, daß ich die Abschrift genau durchsehen, und die Fehler der Rechtschreibung, und Interpunction corrigieren kann; ich muß Ihnen auch diese Mühe überlassen.«
April	Tod des Bruders Erdmann Salomo Traugott L., der seit einem halben Jahr als Soldat in Warschau gewesen ist, an den Folgen eines Nervenfiebers.
3. April	An Johann Gottfried L. (WuB XI/1, 346): »Wenn itzige Ostern, wie ich Hoffnung habe, in meinem Processe [gegen Winckler in Leipzig] eine gute Sentenz für mich gesprochen wird, so habe ich mir feste vorgenommen, Sie auf einige Zeit zu besuchen [...]. Ich bin itzt mit einem großen Werke, das in die griechische Litteratur [Sophokles] einschlägt, beschäftigt, von welchem künftige Michaelis zwei Bände auf einmal ans Licht treten sollen. Desgleichen muß ich eine zweite Auflage von meinen Fabeln besorgen, die ich in verschiednen Stücken zu ändern, und sonst ansehnlich zu vermehren gedenke.« Der Besuch ist nicht erfolgt, ein verändertes Fabelbuch nie erschienen.

um 6. April	Zur Leipziger Ostermesse erscheinen bei C. F. Voß in Berlin L.s anonyme Übersetzung »Das Theater des Herrn Diderot. Aus dem Französischen. Erster Theil« und »Zweyter Theil« (die zweite Auflage, 1781, unter seinem Namen), mit den bürgerlichen Dramen »Der natürliche Sohn« und »Der Hausvater« und jeweils einer Abhandlung dazu; ferner die von L und Ramler besorgte Ausgabe »Des Herrn Christian Ewald von Kleist sämtliche Werke«, ohne die geplant gewesene biografische Einleitung.
13. April	Gleim erhält mit kurzem Begleitschreiben ein Exemplar seines »Philotas. Ein Trauerspiel. Von dem Verfasser der preussischen Kriegslieder versificirt«.
Mai	L mietet sich wie im Vorjahr zur ungestörteren Arbeit einen Garten.
8. Mai bis 12. Juni	Literaturbrief 102–112: Polemik gegen J. B. Basedows »Vergleichung der Lehren und Schreibart des Nordischen Aufsehers, und besonders des Herrn Hofprediger Cramers, mit den merkwürdigen Beschuldigungen gegen dieselben in den Briefen, die neueste Litteratur betreffend« (Soroe 1760).
4. Juni	C. G. Krause an Ramler, nach einem Besuch in L.s Garten (GBL 304): »[…] wir haben ein Project ausgeheckt zu einem Buche über die psychologische Beschaffenheit der Affecten, und was dabey im Cörper vorgehet.« Das Buch ist nicht geschrieben worden.
29. August bis 4. September	Besuch vom Bruder Gottlob Samuel, worüber L dem Vater am 7.9. berichtet.
vor September	L übergibt C. F. Voß den Anfang zu »Sophokles. Erstes Buch. Von dem Leben des Dichters«. Sieben Bogen des für die Michaelismesse geplanten Bandes werden gedruckt, erscheinen jedoch erst 1790, herausgegeben von J. J. Eschenburg mit Ergänzungen aus L.s Nachlass.
18. September	Literaturbrief 127: Antikritik zu »Lessingische unäsopische Fabeln« (Zürich 1760) von Bodmer und Breitinger. Ende der regelmäßigen Mitarbeit L.s an den Briefen.
8. bis 12. Oktober	Besetzung Berlins durch österreichische und russische Truppen. C. F. Voß und einige Zeitungsredakteure werden wegen Verspottung der preußischen Kriegsgegner mit schweren Strafen bedroht.
nach 12. Oktober	Die Kriegsereignisse und zunehmendes Verlangen nach neuen Bezugsfeldern veranlassen L, über einen Ortswechsel nachzudenken. Entweder hört er nur vom freien Posten eines Gouvernementssekretärs bei General Tauen(t)zien in Breslau oder bekommt ihn direkt angeboten. Schriftliche Absprachen sind nicht bekannt; möglicherweise sind erst nach L.s Ankunft in Breslau Entscheidungen gefallen, denn er schreibt Ramler am 6.12., »bisher

selbst in der größten Ungewißheit« über sein Schicksal gewesen zu sein und endlich zu wissen, woran er sei (WuB XI/1, 353–354).

23. Oktober   J. P. Süßmilch schlägt vor, L in die Königliche Akademie der Wissenschaften zu Berlin aufzunehmen.

30. Oktober   Gegen Einspruch Sulzers wird L als auswärtiges Mitglied der Akademie gewählt. Über die Neuaufnahmen berichten die »Berlinischen Nachrichten von Staats- und Gelehrten Sachen« vom 11.11. (GBL 312). Ramler schreibt Gleim am 17.12. (GBL 311b): »Den Tag vor seiner Abreise wurde er zum Ehrenmitgliede der Akademie gemacht.«

31.(?) Oktober   L verlässt Berlin fluchtartig und ohne Abschied von seinen Freunden, hat aber zumindest C. F. Voß eine Breslauer Kontaktadresse angegeben sowie Ramler Andeutungen gemacht und ihm Bücher hinterlassen (GBL 311b+c). Der Aufbruch ist laut Voß noch im Oktober erfolgt; siehe LiS 245 und Brief Johann Gottfried L.s vom 20. Februar 1761.

1. November (?)   Zwischenaufenthalt in Frankfurt an der Oder, um Kleists Grab zu besuchen.

BRESLAU (UM 3. NOVEMBER 1760 BIS KURZ NACH 20. APRIL 1765)

Zu L.s Tätigkeit als Gouvernementssekretär beim Generalleutnant und (ab 1763) Breslauer Gouverneur von Tauten(t)zien gehören Berichte und Verhandlungen über militärische und zivile Angelegenheiten sowie über Finanzbelange. Breslau hat eine Münzprägestätte, in der Friedrich II. zur Deckung der ungeheuren Kriegskosten geringhaltiges Geld schlagen lässt; auch sonstige Spekulationsgeschäfte müssen vorgenommen werden (GBL 313).

16. November   Erster (überlieferter) Amtsbrief L.s (LM XVIII, 371).

30. November   Friederike Caroline Neuber stirbt völlig verarmt in Laubegast bei Dresden.

1761   Trotz anfänglichen Verdrusses über »erlogene Vergnügungen und Zerstreuungen« (an Mendelssohn, 30.3.1761; WuB XI/1, 368) gewinnt L in seiner ungewohnten, militärisch geprägten Umgebung bald festeren Stand. Er lernt zahlreiche höhere preußische Offiziere kennen und findet einen neuen Freundeskreis: Johann Caspar Arlet, Samuel Benjamin Klose (von dem der wichtigste Bericht über die Breslauer Jahre stammt; GBL 315), Johann Christian Leuschner, Michael Morgenbesser, Gottlob Benjamin Straube. Neben seiner meist auf den Vormittag beschränkten Amtstätigkeit bleibt ihm genügend Zeit für Bibliotheksstudien, Theaterbesuche und gesellschaftliche Unterhaltungen, insbesondere auch dafür, seiner starken Leidenschaft an dem Kartenglücksspiel Pharo zu frönen. Bis zum Ende der Breslauer Zeit erwirbt L sich eine Bibliothek von etwa 6 000 Bänden.

7. September An Ramler sendet L die älteste Logau-Ausgabe (Breslau 1638), die Klose ihm verschafft hat. Zuvor schon hat L mit Hilfe Arlets begonnen, seltene Einzeldrucke der Gedichte von Andreas Scultetus und biografische Nachrichten über ihn zu sammeln, die er zehn Jahre später in einer Edition vorlegt.

ab 1761 (?) Vielleicht Wiederaufnahme der Arbeit am »Faust«. Einem Freund soll L zur Lektüre zwölf Manuskriptbogen des Trauerspiels gegeben haben (GBL 332).

1762 In diesem Jahr soll L den ihm angebotenen Lehrstuhl für Poesie an der Königsberger Universität ausgeschlagen haben (siehe GBL 315).

Ende Januar Kleists Neffe Anton David kommt aus Potsdam oder Berlin als Soldat nach Breslau. Sein Gepäck, mit der von Ramler zurückgereichten Logau-Erstausgabe ist unterwegs verloren gegangen. »Ihn seinen eignen dabei erlittenen Schaden einigermaßen vergessen zu machen, habe ich ihm in der Geschwindigkeit die nötigsten Bedürfnisse wieder anschaffen lassen. Ich habe ihm auch offne Kasse bei mir angeboten [...].« (An Ramler, 30.5.; WuB XI/1, 377.) Erst 18 Jahre später hat L ein anderes Exemplar des Logau erwerben und Klose zuleiten können (Brief an Karl Gotthelf L., 25.2.1780).

vor 22. Februar L (ebenso Abbt) empfiehlt Mendelssohn das Buch »De l'esprit« (Amsterdam [Paris] 1758; Vom Geist) von Helvétius. Mendelssohn bekennt Abbt, nach der Lektüre enttäuscht zu sein (LiS 266).

13. März Friedrich II. untersagt, auf Grund einer falschen Denunziation, den ferneren Druck und Vertrieb der »Briefe, die Neueste Litteratur betreffend«. Nicolai interveniert und erreicht, dass das Verbot am 23. März aufgehoben wird. (Dokumentation der Vorgänge in: LB, S. 346 bis 360.)

13. Mai L.s vorletzter Beitrag für die »Briefe, die Neueste Litteratur betreffend«, eine Passage im Brief 233.

1. August L begleitet den General Tauen(t)zien zu der durch Friedrich II. befohlenen und seit 21./22. Juli vorbereiteten Belagerung der Festungsstadt Schweidnitz, die von österreichischen Truppen besetzt ist.

bis 5. August Das Generalsquartier befindet sich in dem Dorf Würben (oder Wirben) nördlich von Schweidnitz und wird dann nach Teichenau, näher an die Stadt heran, verlegt.

TEICHENAU (6. AUGUST BIS 11. OKTOBER)

L erlebt nun Kriegsgeschehen aus nächster Nähe. »Das Belagerungskorps umfaßte insgesamt 21 Bataillone und 20 Eskadrons in Stärke von etwa 14 000 Mann. [...] Während der ganzen Dauer der Belagerung waren auf preußischer Seite alles in allem 106 Geschütze eingesetzt [...].« (Eberhard Kessel: Das Ende des Siebenjährigen Krieges 1760–1763. Paderborn 2007, S. 672 und 710.)

7. bis 9. August	Beginn der Belagerung.
22. bis 28. August	Die Österreicher verhandeln über einen ehrenhaften freien Abzug.
7. September	Friedrich II. besichtigt die Belagerungsarbeiten.
9. September	Tauen(t)zien an Heinrich Prinz von Preußen (geschrieben von L; LM XVIII, 450): »Den 28ten schickte der General Guasco den Obersten Rasp zum zweyten male an mich, und offerirte, wenn der Garnison [im belagerten Schweidnitz] ein freyer Abzug verwilliget würde, mit solcher in Jahr und Tag nicht gegen uns zu dienen, und nächst dem alles an Magazins und Geschütze treulich zu übergeben. Ich [...] versicherte ihm nochmals, daß die Kriegsgefangenschaft der Garnison der erste Punkt der Capitulation unveränderlich bleibe.«
20. bis 23. September	Friedrich II. übernimmt die Leitung der Belagerung und errichtet sein Hauptquartier in Bögendorf, südwestlich von Schweidnitz.
Oktober	Mendelssohn übersendet ein Exemplar seiner »Philosophischen Schriften« (Berlin 1761), in das er eine auf L bezogene humoristische »Zueignungsschrift an einen seltsamen Menschen« hat einbinden lassen (LiS 258).
9. Oktober	Die Österreicher in Schweidnitz kapitulieren. Friedrich II. begibt sich von Bögendorf nach Peterswaldau. Tauen(t)zien informiert ihn (10.10., geschrieben von L; LM XVIII, 463): »Die Unterzeichnung der Capitulation ist von dem Gegentheile, meines äußersten pressirens ungeachtet, gestern bis so spät in die Nacht trainiret worden, daß es keine Möglichkeit mehr gewesen, die Garnison heute ausziehen zu laßen. Es wird also erst morgen mit dem frühsten geschehen [...].«

SCHWEIDNITZ (11. BIS UM 20. OKTOBER)

11. Oktober	L kommt mit dem Generalstab in die eroberte Stadt.

12. Oktober	Tauen(t)zien an Friedrich II. von Preußen (geschrieben von L; LM XVIII, 463–464): »Ewr. Königlichen Majestät rapportire allerunterthänigst, daß ich gestern allhier in Schweidnitz eingerückt, nachdem ich Vormittags die kriegsgefangene Garnison ausmarchiren […] laßen […]. Die Anzahl der Gefangenen überhaupt beläuft sich auf 8 976 Köpfe, worunter sich hundert und einige dreyßig Officiere, und 2 748 Kranke und Blessirte befinden. Nach der eigenen gegenseitigen Angabe ist im Anfange Monats August die Garnison 10 225 Mann stark gewesen, und sind folglich während der Belagerung 1 249 Mann von selbiger geblieben.« Wie am Folgetag festgestellt wird, sind es rund 230 Offiziere. Die Gefangenen werden bis zum 14. Oktober nach Breslau verbracht. »Dagegen betrug der Verlust der Belagerer 751 Gefallene, 351 Verstorbene, 1 905 Verwundete, 212 Gefangene, 7 Verschüttete und 416 Deserteure, zusammen 92 Offiziere und 2 550 Mann. Die Gefangenen und Deserteure erhielt man bei der Kapitulation zurück.« (Eberhard Kessel: Das Ende des Siebenjährigen Krieges 1760–1763. Paderborn 2007, S. 710.) Der Fall von Schweidnitz leitete das Kriegsende ein, weil Preußen sich nun auf den sächsischen Kriegsschauplatz konzentrieren konnte.

PEILAU (ENDE OKTOBER)

22. Oktober	Brief an Nicolai, mit der Bitte für L auf eine Bücherauktion zu gehen.

PETERSWALDAU (OKTOBER/NOVEMBER)

	Tauen(t)zien begibt sich mit seinem Stab zum Hauptquartier des Königs in Peterswaldau.
1. November	Friedrich II. wendet sich von Peterswaldau nach Sachsen.
19. November	Tauen(t)zien an Friedrich II. von Preußen (geschrieben von L; LM XVIII, 468): »Ewr. Königlichen Majestät melde allerunterthänigst, daß vor einigen Tagen der Oesterreichische Oberste v. Rasp wieder allhier eingetroffen. Er versichert, daß sobald der FeldMarchall v. Daun nur in Wien wäre, man zu einer General-Auswechslung, Kopf für Kopf und Rang für Rang, sich ganz bereit finden laßen dürfte, wenn anders unsrer Seits der erste Schritt dazu gethan würde.«

BRESLAU (BIS MITTE JULI 1763)

1763	L wird Freund und Ratgeber von Johann Christian Brandes (GBL 341). Im Verlaufe des Jahres erste konzeptionelle Arbeiten für »Minna von Barnhelm«.
15. Februar	Friedensschluss zwischen Preußen einerseits und Frankreich, Österreich, Rußland und Sachsen andererseits im Jagdschloss Hubertusburg bei Oschatz, östlich von Leipzig. Diesen

	Hubertusburger Frieden, der den Siebenjährigen Krieg beendet, hat L in Breslau »öffentlich mit großer Feyerlichkeit ausgerufen« (S. B. Klose; GBL 315).
nach 15. Februar	L will seinen Dienst quittieren, doch gelingt es Tauen(t)zien, ihn davon abzubringen. Außerdem findet sich keine andere Anstellung für ihn.
17. April	Brief an Mendelssohn über Leibniz und Spinoza, wohl im Kontext der Arbeit an dem Fragment »Durch Spinoza ist Leibnitz nur auf die Spur der vorherbestimmten Harmonie gekommen«.
Mai	Mendelssohn erhält einen weiteren, undatierten Brief über Leibniz und Spinoza. L klagt eingangs über »die lästigen Geschäfte« und schwärmt von Lawrence Sterne: »Tristram Shandy ist ein meisterhaftes Original.« (WuB XI/1, 387 und 388.)
Mitte Juli	Tauen(t)zien ist nach Potsdam beordert, und L begleitet ihn dorthin.

POTSDAM UND BERLIN (UM 19. JULI BIS ANFANG OKTOBER 1763)

Während Tauen(t)zien, der zum Gouverneur der preußischen Provinz Schlesien ernannt wird, mehrere Audienzen bei Friedrich II. hat und viel in höfischen Kreisen verkehrt, bleibt L neben seinen amtlichen Verpflichtungen genügend Muße zu privatem und freundschaftlichem Umgang.

20. Juli	L meldet sich aus Potsdam brieflich bei Nicolai, kündigt den Besuch seiner engsten Berliner Freunde an und empfiehlt, die »Briefe, die Neueste Litteratur betreffend« einzustellen.
21. Juli	Brief an Ramler aus Berlin. Mutmaßliche Begegnung mit Nicolai. Mendelssohn und Ramler sind verreist.
22. Juli	L schreibt in Potsdam einen Amtsbrief.
um 27. Juli	Aufenthalt in Berlin. Vielleicht trifft L dort seinen Bruder Gottlob Samuel, den er etwa bis 5. August bei sich in Potsdam hat.
1. August	Brief von Mendelssohn (WuB XI/1, 394–395): »Ich war die Mittwoche [27.7.] ganz früh schon wieder in der Stadt, und hätte gar wohl das Vergnügen, meinen besten, meinen wür-

	digsten Freund zu umarmen, genießen können. [...] Wissen Sie auch, daß Hr. Ramler in Zeit von 14 Tagen wieder hierher eilen wird, um Sie zu sehen?«
4. August	Aus Potsdam an Johann Gottfried L. (WuB XI/1, 395–396): »Ich bediene mich seiner [des Bruders Gottlob Samuel] Rückreise um endlich mein Versprechen einmal zu erfüllen [...]. Ich habe ihm nemlich 170 Rtlr. in Sächsisch ⅓ mitgegeben [...].« Dieses Geld ist zur Unterstützung der Geschwister bestimmt.
August/ September	Gespräche mit Mendelssohn und Nicolai über ästhetische Probleme, von deren Resultaten einiges in den »Laokoon« eingeht (GBL 344).
30. September	Distanz zu Anna Louisa Karsch bei einer Begegnung im Hause Ramlers (GBL 347).
September	Nach brieflicher Mitteilung Johann Gottfried L.s vom 15.10. und 29.11. hat C.W. Müller in Leipzig den für L geführten Revisionsprozess gegen C. G. Winckler gewonnen. Die Hälfte der Streitsumme von 600 Talern wird durch die Prozesskosten verschlungen und zudem erst ein Jahr später ausbezahlt (siehe Brief an Johann Gottfried L., 12.10.1764).

BRESLAU (UM 10. OKTOBER 1763 BIS KURZ NACH 20. APRIL 1765)

Nach der Heimkehr Konzipierung des »Laokoon«. Im Umfeld dieser Arbeiten wünscht L sich Bibliotheks- und Studienreisen nach Wien und Italien, »vor allen Dingen aber war sein Lieblingsgedanke Griechenland, um die klassischen Gegenden und die noch übrig gebliebenen Denkmahle dieses in seiner Art einzigen Volks näher kennen zu lernen« (S. B. Klose; GBL 315).

24. November	Johann Gottfried L. begeht in Kamenz seinen 70. Geburtstag »bei guten Gemüts und Leibes Kräften«, wie er fünf Tage später L schreibt, hinzufügend: »Wie sehr lieb und höchst angenhm würde mir sein, wenn ich in meinem angehenden hohen Alter sehen sollte, daß Dein Glück das Wohl Deines Geschwisters beförderte!« (WuB XI/1, 399.)
30. November	L äußert sich in einem Antwortbrief über die hohen familiären Erwartungen an ihn und bilanziert seine gegenwärtige Situation (WuB XI/1, 399–401): »Ich will mit Vergnügen alles mit ihnen [den Geschwistern] teilen [...]. Ich bin weder im Standen ihnen zu ihrem Fortkommen einigen Rat zu erteilen, noch an ihrer Versorgung und ihrem Unterkommen zu arbeiten. [...] Es ist Zeit, daß ich wieder in mein Gleis komme. Alles was ich durch meine itzige Lebens Art intendiert habe, das habe ich erreicht; ich habe meine Gesundheit so ziemlich wiederhergestellt; ich habe ausgeruhet, und mir von dem wenigen, was ich ersparen können, eine treffliche Bibliothek angeschafft, die ich mir nicht umsonst angeschafft haben will.«

Jahreswende	L schickt seinem Bruder Karl Gotthelf acht Dukaten und lädt ihn auf Ostern zu sich ein. In sein Exemplar von Winckelmanns »Geschichte der Kunst des Alterthums« (Ende 1763 in Dresden mit der Jahresangabe 1764 erschienen) trägt er zahlreiche, vielfach im Kontext zur Arbeit am »Laokoon« stehende Bemerkungen ein (LM XV, 7–24).
1764 *4. Januar*	Begräbnis des Bruders Gottfried Benjamin L. in Kamenz. »Ich habe seinen Tod empfunden, als man nur immer einen solchen Zufall empfinden kann […]. Die einzige wahre Pflicht, die mir der Tod meines Bruders auflegen kann, ist diese, daß ich mein übriges Geschwister desto inniger liebe, und die Zuneigung, die ich gegen den Toten nicht mehr zeigen kann, auf die Lebendigen übertrage.« (An Johann Gottfried L., 9.2.1764; WuB XI/1, 402.)
16. April	Johann Gottfried L. lädt »als ein mehr denn 70jähriger Vater« auf den Sommer dringlich nach Kamenz ein. »Es sind nunmehro acht Jahre gewesen, da wir Dich [im Februar/März 1756] auf zwei Tage bei uns gehabt.« (WuB XI/1, 406.)
Frühjahr	In einem Gartenhäuschen auf dem Bürgerwerder, das dem Ziergärtner Göldner gehört, schreibt L an »Minna von Barnhelm« unter günstigen Umständen. »Ich war […] in einem train [Zug] zu arbeiten, in dem ich selten gewesen bin.« (20.8.1764 an Ramler; WuB XI/1, 417.)
24. Mai	Auf der Hochzeit von Esther Charlotte und Johann Christian Brandes.
13. Juni	Brief an den Vater über »Ungewißheit und Unentschloßenheit« (WuB XI/1, 408–409): »Meine Verwirrung wird durch den Zufall, daß der G. v. T. [General von Tauen(t)zien] gefährlich krank liegt, noch größer. Es mag aber diese Krankheit ausschlagen wie sie will, so ist die totale Veränderung meiner itzigen Situation immer gewiß. […] Ich bin über die Helfte meines Lebens, und ich wüßte nicht, was mich nötigen könnte, mich auf den kürzern Rest desselben noch zum Sklaven zu machen. […] Ich brauche nur noch einige Zeit, mich aus allen Rechnungen und Verwirrungen, in die ich verwickelt gewesen, herauszusetzen, und alsdann verlasse ich Breslau ganz gewiß.«
Juni/Juli	Eine fiebrige Erkrankung, begleitet von Schwindelanfällen, unterbricht die Arbeit an »Minna von Barnhelm«.
Juli	Hilferuf von Johann Gottfried L., dessen ohnehin schwierige finanzielle Lage sich durch Intrigen noch verschlechtert hat (WuB XI/1, 411): »Ist es dahero nur einige Möglichkeit, so leihe mir auf zwei Jahre 150 Tlr. in Conventionsmäßigen Gelde. Meine Biblioth. gebe ich dir zum Unterpfand.« Beginn eines Briefwechsels und Schriftentausches mit C. G. Heyne.
um 27. Juli	Johannes Theophilus L. kommt zu einem mehrwöchigen Besuch seines Bruders nach Breslau.

September	Längere amtliche (?) Reise.
12. Oktober	Brief an Johann Gottfried L. (WuB XI/1, 419–420): »Nun verreise ich morgen wiederum, und werde schwerlich unter 4 Wochen wieder zurückkommen. […] Es ist nunmehr fest beschloßen, daß, sobald ich von dieser Reise wieder zurückkomme, ich sodann meinen Abschied nehme. […] Diese Veränderung ist die Ursache warum ich [Bruder] Carln nicht zu mir kommen lassen kann.«
nach 12. Oktober	L erhält den nach Abzug der Unkosten verbliebenen Rest der von C. G. Winckler eingeklagten Gelder. »Von dem ganzen Winklerschen Processe sind mir kaum 300 Rtlr. übrig geblieben; und das ist, außer meiner Bibliothek und meinen Sachen, mein einziger und letzter Notpfennig […].« (An Johann Gottfried L., 10.1.1765; WuB XI/1, 423.)
12. November	Letzter überlieferter Amtsbrief.
vor 1765	L wird in Breslau von Unbekannt porträtiert und schickt das Bildnis Mitte 1765 an seine Eltern. Es ist verschollen und nur in einem Kupferstich der Brüder Schleuen bekannt (RH, S. 13–14).
1765 10. Januar	Dem Vater teilt L mit, er habe einen Teil der Schulden seines Bruders Karl Gotthelf bezahlt, könne ihn aber wegen seines bevorstehenden Weggangs von Breslau nicht zu sich nehmen.
17. März	Weitere briefliche Mitteilungen an den Vater: über die Absicht, Breslau Mitte April zu verlassen und nach einem Zwischenaufenthalt in und bei Frankfurt an der Oder nach Berlin zu gehen. Von dort aus sei ein längerer Aufenthalt in Dresden vorgesehen, der zu mehreren Besuchen in Kamenz genutzt werden solle. Anscheinend erhofft L sich eine Anstellung bei den Dresdener Kunstsammlungen, die er jedoch nicht bekommt.
20. April	Abschied von J. C. Arlet mit einem Stammbucheintrag (GBL 359).
um 22. April	L verlässt Breslau und reist über Frankfurt an der Oder zu seinen Eltern.

KAMENZ

um 1. Mai	Mehrtägiger Besuch im Elternhaus (GBL 360), bei dem L für eine spätere Nachsendung einige Bücher hinterlegt oder aus der Bibliothek des Vaters aussucht (zufolge dessen Brief vom 19. Juli 1765). Es ist das letzte Zusammensein mit dem Vater, der 1770 stirbt.

LEIPZIG (7. BIS UM 17. MAI 1765)

Während der Leipziger Ostermesse trifft L sich mit Nicolai, C. F. Voß, Weiße und anderen.

vor 11. Mai — Weiße (sicher auch Nicolai) erfährt von L.s »Laokoon«-Projekt, in dem Fehler aus Winckelmanns »Geschichte der Kunst des Alterthums« angesprochen werden sollen (GBL 362 und 365).

16. Mai — Stammbucheintrag für Carl Matthaei. Kurz danach reist L mit Voß nach Berlin ab.

BERLIN (ETWA 17./18. MAI 1765 BIS UM 17. JUNI 1766)

L findet »durch die Nachlässigkeit und Untreue« eines von Breslau vorausgeschickten Lohnbedienten seine Sachen in größter Unordnung vor und hat »dadurch [...] viel verdrießliche Abhaltungen« (an Johann Gottfried L., 4.7.; WuB XI/1, 431); außerdem sind Veruntreuungen vorgefallen (GBL 368). Einzug bei den Brüdern Schleuen, Königsgraben 10. Weiterarbeit an dem Lustspiel »Minna von Barnhelm«, zu dem Ramler aktweise kritische Notizen vorlegt (GBL 415).

um 25. Mai — Patenschaft für Charlotte Wilhelmine Brandes, die L zu Ehren später Minna genannt wird.

ab Juni — Gespräche mit Mendelssohn und Nicolai über »Laokoon« (GBL 372). Die früheren regelmäßigen Begegnungen mit beiden Freunden werden fortgesetzt. An der von Nicolai begründeten umfassenden Rezensionszeitschrift »Allgemeine deutsche Bibliothek« beteiligt sich L allerdings nicht.

27. Juni und 4. Juli — Abschluss der »Briefe, die Neueste Litteratur betreffend« mit Brief 332: L.s achtungsvolle Kritik der zweibändigen »Versuche über den Charakter und die Werke der besten italienischen Dichter« (Braunschweig 1763–1764) von J. N. Meinhard.

4. Juli — Brief an den Vater. »Mein Vorsatz nach Dresden [und von da nach Kamenz] zu kommen, bleibet noch fest. Nur dürfte es nunmehr einige Monate später geschehen. Ich muß meine Bibliothek zuvor hier in Ordnung haben, auch vorher noch etwas drucken lassen [wohl den »Laokoon«], ohne welchem meine Reise vergebens sein würde.« (WuB XI/1, 431.) Der Bruder Karl Gotthelf erhält 50 Reichstaler für seine bevorstehende Übersiedlung nach Berlin.

19. Juli — Johann Gottfried L. kündigt an (WuB XI/1, 432): »In 14 Tagen wird er [Karl Gotthelf] mit einer bequemen Gelegenheit von hier abreisen [...].« L nimmt ihn bei sich auf.

25. Juli	Kabinettsordre Friedrichs II. zur Neubesetzung der im Februar vakant gewordenen Bibliothekarsstelle an der Königlichen Bibliothek Berlin. Er lehnt den inoffiziellen Vorschlag seines Vertrauten C. G. von Guichard, die Stelle an L zu vergeben, strikt ab.
erste Hälfte September	Besuch vom Bruder Johannes Theophilus, der Geld zur Schuldentilgung mit nach Hause bringen soll, das L aber erst für Weihnachten in Aussicht stellen kann. Begegnungen mit J. N. Meinhard, der sich eine Zeitlang in Berlin aufhält (GBL 374).
5. September	Gleim fragt in einem Brief an Meinhard nach L.s »Liebesverständniß mit der Frau * *« (GBL 374b; ihre Identität hat sich bislang nicht feststellen lassen).
1766 25. Februar	Auf der Feier von Ramlers Geburtstag, die bei dem Ehepaar Stiller stattfindet (GBL 392).
vor 20. März	Gottlob Samuel L. besucht seine Brüder Gotthold und Karl.
20. März	L rät seinem Vater von einem Prozess gegen die ihn bedrängenden Widersacher ab und kündigt eine Reise zur Leipziger Ostermesse und vielleicht weiter nach Dresden an. Jedoch wird L, vermutlich durch die Schlussarbeiten am »Laokoon«, in Berlin festgehalten.
19. April	Nicolai teilt Gleim mit, »Laokoon« werde »wohl erst zu Ende der Meße fertig« (LiS 338, dort mit der verdruckten Datumsangabe 29. April).
Ende April	Bei C. F. Voß in Berlin erscheint »Laokoon: oder über die Grenzen der Mahlerey und Poesie. Erster Theil«.
9. Mai	Christian Adolph Klotz, der seinen frühen Ruhm zu festigen bestrebt ist, sucht brieflich L.s Freundschaft und berichtet von »viel Vergnügen« bei der Lektüre des »Laokoon« (WuB XI/1, 443). L, der sich mit seinem Buch ein neues Wirkungsfeld zu erschließen hofft, antwortet am 9. Juni sehr entgegenkommend.
13. Mai	An Gleim (WuB XI/1, 444–445): »Ich bin so eitel, auch Ihnen meinen Laokoon zu übersenden; ob ich gleich voraus sehe, daß Sie alle Ihre Freundschaft gegen mich werden nötig haben, um diesen Mischmasch von Pedanterie und Grillen zu lesen und nur nicht ganz verwerflich zu finden. [...] Ich denke künftigen Monat eine Reise nach Pyrmont zu tun, und meinen Weg über Halberstadt zu nehmen.«
26. Mai	Winckelmann, seit 1755 in Rom, erbittet sich von seinem Dresdener Verleger G. C. Walther den »Laokoon« (LiS 341), dessen Verfasser er nicht kennt und zunächst abschätzig ansieht.

Nachdem er das Buch in der ersten Augusthälfte gelesen hat, ändert sich seine Meinung (LiS 357–359), jedoch bleiben Un- und Hochmut bestehen (LiS 371) und eine öffentliche Auseinandersetzung mit L.s Argumenten erfolgt nicht.

9. Juni   Antwort an Klotz (WuB XI/1, 448–449): »[…] Ihr bloßer Name [hat] jederzeit meine ganze Aufmerksamkeit an sich gezogen. […] Ich verspreche meinem Laokoon wenig Leser, und ich weiß es, daß er noch wenigere gültige Richter haben kann. […] Ich reise in einigen Tagen nach Pyrmont, und denke wenigstens meinen Rückweg über Halle zu nehmen. Ich bitte um Erlaubnis, Ihnen meine Aufwartung machen zu dürfen.« L ändert jedoch seine Reiseroute, und so kommt der Besuch nicht zustande.

um 12. Juni   Abreise nach Pyrmont als Begleiter des etwa 16-jährigen Leopold Schönberg von Brenkenhoff, mit dem L sich nach seiner Rückkehr von Breslau so eng befreundet hatte, dass der Jüngling zeitweilig bei ihm und Karl Gotthelf L. logierte (siehe Brief an Karl vom 22.12.1766).

HALBERSTADT

um 13. Juni   Mehrtägiger Besuch bei Gleim.

BRAUNSCHWEIG

um 15. Juni   Begegnungen mit J. A. Ebert, Kammerherrn von Kuntzsch und Zachariä, die später in L.s Wolfenbütteler Zeit zu seinem engeren Freundeskreis gehört haben. Wie Ebert berichtet (GBL 396), »wurde durch ein ungemein glückliches Ungefähr die französische Uebersetzung seiner *Miß Sara* von unsern Comödianten aufgeführt, bei deren Vorstellung auch der Uebersetzer, unser Prinz [Friedrich August] Wilhelm [von Braunschweig und Lüneburg], zugegen war«.

PYRMONT (UM 17. JUNI BIS UM 17. JULI)

18. Juni   In einem Brief an Abbt spricht Friedrich Ernst Wilhelm Graf zu Schaumburg-Lippe von seiner Absicht, L.s Bekanntschaft machen zu wollen (GBL 399).

Juni/Juli   Begegnungen mit Justus Möser (GBL 401). Eines der Gesprächsthemen ist die Etymologie des Begriffs Freimaurerei, die dann in »Ernst und Falk« (1778/80) erörtert wird.

9. Juli   Möser teilt Abbt mit (GBL 401b): »Herr Lessing geht ab heute über 8 Tage […].« Eine Zusammenkunft mit Abbt hat sich nicht ergeben (siehe GBL 401c).

GÖTTINGEN

um 20. Juli bis Anfang August — Möglicherweise hält L in der Universitätsstadt Ausschau nach einer ihm gemäßen Anstellung. Wiedersehen mit A. G. Kästner und vermutlich auch mit C. G. Heyne. Bekanntschaft einiger Professoren, darunter J. D. Michaelis, den L zu einer kommentierten Bibel-Übersetzung anregt (GBL 404). Mit dem Historiker Carl Wundt Gespräche wohl über »Laokoon« (GBL 405).

KASSEL

Anfang August — Besichtigung des Antiken- und Münzkabinetts sowie des Carolinums.

HALBERSTADT

um 10. August — Nochmals Aufenthalt bei Gleim, der L Geld und Bücher borgt. Offenbar bekundet L Interesse an einer Professur oder sonstigen Stelle in Kassel und Gleim verspricht, sich für ihn zu verwenden (GBL 406). Mutmaßlich zu diesem Zeitpunkt entsteht ein L-Porträt, gemalt von Georg Oswald May, das zwischen 1769 und 1778 in Gleims Besitz gelangt (RH, S. 12).

BERLIN (MITTE AUGUST BIS UM 12. DEZEMBER)

16. August — Stammbucheintrag für Johann Georg Eck (GBL 407).

September — Begegnungen mit Carl Renatus Hausen, einem Universitätskollegen und Vertrauten von Klotz (GBL 408).

September/Oktober — Krankheit und zwei Reisen schaffen L »Verdruß« und »Beschäftigungen« (an Gleim, 31.10.; WuB XI/1, 453), die Suche nach einer neuen Tätigkeit an einem anderen Ort als Berlin treibt ihn um.

11. Oktober — Klotz schickt seine sachlich unbedeutende Rezension des »Laokoon« (in: Acta Litteraria. Vol. 3, Pars 3. Altenburg 1766, S. 283–320) und kündigt für Ostern eine Reise nach Berlin an, »um mir das Vergnügen, Sie zu umarmen, zu verschaffen« (WuB XI/1, 451–452). L reagiert darauf nicht.

24. Oktober — Ein Konsortium von zwölf Hamburger Bürgern gründet unter dem Vorsitz Abel Seylers ein »Deutsches Nationaltheater«, mit Johann Friedrich Löwen als künstlerischem Direktor. Es wird die Schauspieltruppe Conrad Ernst Ackermanns verpflichtet und das von ihm neu erbaute Schauspielhaus am Gänsemarkt gemietet.

4. November	Löwen informiert Nicolai über die Theatergründung und teilt mit, der Briefüberbringer, Moses Wessely, werde »zugleich die Bitte der Interessenten des hiesigen Theaters, und die meinige unterstützen« (LiS 370). Diese Bitte scheint sich darauf bezogen zu haben, L für das Nationaltheater zu gewinnen, denn einen Monat später reiste er nach Hamburg.
vor Dezember	L beginnt ein dreiaktiges Lustspiel »Der Schlaftrunk« zu schreiben, dessen Titel und Sujet durch Ramler angeregt worden sein soll (GBL 412). Im August 1767 werden die vorliegenden Auftritte in Hamburg gedruckt.
Dezember	In Riga erscheint, mit der Jahresangabe 1767, Herders anonymes Buch »Ueber die neuere Deutsche Litteratur. Erste Sammlung von Fragmenten. Eine Beilage zu den Briefen, die neueste Litteratur betreffend«.
12. Dezember	Gottsched stirbt in Leipzig.
um 12. Dezember	L reist nach Hamburg.

HAMBURG (UM 14. DEZEMBER 1766 BIS UM 16. JANUAR 1767)

16. Dezember	Die »Staats- und Gelehrte Zeitung Des Hamburgischen unpartheyischen Correspondenten« meldet L.s Ankunft und deutet deren Hintergrund an (GBL 417a): »Welch ein Glück würde es für unser Theater seyn, wenn dieser vortreffliche Schriftsteller und Kenner der Schauspielkunst sich der Verbesserung desselben annehmen wollte.«
nach 16. Dezember	L lernt J. J. C. Bode kennen und verabredet, bei einer zu gründenden Verlagsdruckerei »gemeinschaftliche Sache mit ihm zu machen« (an Gleim, 1.2.1767; WuB XI/1, 458).
22. Dezember	L schreibt dem Bruder Karl Gotthelf, einen Brief von ihm »nicht eher erhalten« zu haben, »als nachdem ich bereits zehn Tage in Hamburg gewesen«, und fügt hinzu: »Ich kann Dir nur erst so viel melden, daß die bewußte Sache, derentwegen ich hauptsächlich hier bin, einen sehr guten Gang nimmt, und daß es nur auf mich ankömmt, sie mit den vorteilhaftesten Bedingungen zu schließen«. (WuB XI/1, 454.)
1767 3. Januar	Die »Hamburgischen Addreß-Comtoir-Nachrichten« bringen eine anonyme Verkaufsanzeige L.s, in der er »eine vollständige Sammlung vom *Journal des Scavans*« und »vom *Mercure de France* [...] um einen billigen Preis« anbietet. Damit beginnt der Verkauf seiner vor allem in Breslau erworbenen großen Bibliothek, der sich drei Jahre hinzieht. Die beiden französischen Zeitschriften, insgesamt rund 500 Bände umfassend, wurden zusammen mit anderen Büchern auf einer letzten Auktion, am 14. Mai 1770 in Hamburg, von der Wolfenbütteler Bibliothek erstanden (LBE 744 und 747).

14. Januar	Es wird mit den »Entrepreneuers« des Theaters »eine Art von Abkommen getroffen, welches mir auf einige Jahre ein ruhiges und angenehmes Leben verspricht« (an Gleim, 1.2.1767; WuB XI/1, 458): Für ein Jahresgehalt von 800 Talern soll L als Dramaturg und Berater fungieren und ab Ostern zwei Jahre lang ein theatralisches Wochenblatt verfassen. Dieser Vertrag ist nur in einem späteren Auszug überliefert (GBL 423).

BERLIN (UM 16. JANUAR BIS ANFANG APRIL 1767)

ab Mitte Januar	Nach der Rückkehr wirbt L einige Berliner Schauspieler für das Nationaltheater (GBL 425 bis 426) und erzählt von dem geplanten Druckereiunternehmen Nicolai, der offenbar vor übersteigerten Erwartungen warnt (GBL 424b–c). »Minna von Barnhelm« wird beeendet. Ein Plan, die »Theatralische Bibliothek« durch den Bruder Karl Gotthelf fortsetzen zu lassen, wird aufgegeben, als L erfährt, dass die Zeitschrift sich schlecht verkauft (GBL 429b).
1. Februar	Brief an Gleim (GBL 457–459): »Ich hoffe, es soll mir nicht schwer fallen, Berlin zu vergessen. [...] Wenn sie mir in Hamburg nur nichts nehmen, so geben sie mir eben soviel, als sie mir hier gegeben haben. [...] Ich will meine theatralischen Werke, welche längst auf die letzte Hand gewartet haben, daselbst vollenden, und aufführen lassen. [...] Mein Laokoon ist nun wieder die Nebenarbeit. [...] Meine Bibliothek wird springen; ich behalte von 6000 Stück nichts, als was ich zu meinen vorhabenden Arbeiten unumgänglich brauche.« L hat Schulden, unter anderem 500 Taler bei C. F. Voß, außerdem braucht er Geld für das Hamburger Druckereiunternehmen mit Bode.
Februar/März	L gelangt über erste Vorbereitungen der Auktion nicht hinaus, die unter Aufsicht des Bruder Karl Gotthelf dann erst zwischen Juni und Oktober 1768 stattfindet und 1769 in Hamburg fortgesetzt wird.
um 5. April	Eiliger Aufbruch nach Hamburg, ohne den Bruder »noch einmal zu sprechen« (an Karl Gotthelf, 21. 4.; WuB XI/1, 463).

HAMBURG (UM 6. APRIL 1767 BIS MITTE APRIL 1770)

L mietet sich zunächst bei Johann Friedrich Schmidt, auf dem Brook, nahe dem Binnenhafen, ein. Sein anfänglicher Freundeskreis wird durch die Theaterkontakte bestimmt. Engere Beziehungen bestehen oder ergeben sich zu A. S. Bubbers, H. C. D. Ekhof, J. F. Löwen, F. L. Schröder und A. Seyler, ferner zu J. G. Alberti, C. P. E. Bach, Basedow, J. J. C. Bode, Friedrich Meyer, J. S. Müller und M. Wessely sowie zu den Familien Büsch, Knorre, König, Reimarus, Schuback und Schwalb.

um 19. April	Zur Leipziger Ostermesse erscheinen in Berlin bei C. F. Voß »Lustspiele von Gotthold Ephraim Lessing. Erster Theil. Der junge Gelehrte. Die Juden. Der Misogyn.« und »Zweyter

Theil. Der Freygeist. Der Schatz. Minna von Barnhelm, oder das Soldatenglück«. Von der »Minna« kam gleichzeitig ein Einzeldruck in zwei Drucken heraus, der 1770 eine Zweitauflage in vier verschiedenen, unterschiedlich korrigierten Abzügen erlebt hat. Eine Zweitauflage der »Lustspiele« ist ebenfalls 1770 erschienen.

um 19. April bis August	Als Mitbesitzer der Druckerei Bodes führt L die Geschäfte während einer Abwesenheit seines Kompagnons.
22. April	»Ankündigung« der ab 8. Mai erscheinenden »Hamburgischen Dramaturgie« als einer kritischen Chronologie des Nationaltheaters und dessen Eröffnung mit J. F. von Cronegks Tragödienfragment »Olint und Sophronia« sowie mit einem Prolog und einem Epilog, vielleicht von Löwen verfasst. L schreibt darüber in der »Hamburgischen Dramaturgie«, Stück 1–7.
23. April	Zweite Theatervorstellung, Wiederholung vom Vorabend.
24. April	Aufführung der Verskomödie »Melanide« von La Chaussée; HDr, St. 8.
27. April	»Julie, oder Wettstreit der Pflicht und Liebe«, Schauspiel von Heufeld, und L.s Plautus-Adaption »Der Schatz«; HDr, St. 8–9.
28. April	»Das unvermutete Hindernis« und »Die neue Agnese«, Lustspiele von Destouches und Löwen; HDr, St. 10.
29. April	»Semiramis«, Trauerspiel von Voltaire; HDr, St. 10–12 und 27.
30. April	»Der verheiratete Philosoph«, Lustspiel von Destouches; HDr, St. 12 und 51.
Mai 1767/ November 1768	Mutmaßlicher Entstehungszeitraum einer als Bühnenmanuskript angelegten »Hamburger Ausarbeitung« der dreiaktigen »Emilia Galotti« aus der Leipziger Zeit (an Karl Gotthelf L., 10.2.1772; WuB XI/2, 352). Diese beiden Vorfassungen sind nicht überliefert.
1. Mai	»Das Kaffeehaus, oder die Schottländerin«, Lustspiel von Voltaire; HDr, St. 12.
5. Mai	»Der poetische Dorfjunker« und »Die stumme Schönheit«, Lustspiele von Destouches und J. E. Schlegel; HDr, St. 13.
6. Mai	»Miß Sara Sampson«; HDr, St. 13–14.

7. Mai	»Der Spieler«, Verskomödie von Regnard; HDr, St. 14.
8. Mai	Die ersten drei Stücke der »Hamburgischen Dramaturgie« erscheinen. Am 12. Mai folgen St. 4 und 5, dann bis 18. August (St. 31) jeweils Dienstag und Freitag ein weiteres Stück. Hernach wegen zweier Raubdrucke unregelmäßige Erscheinungsweise bis Ostern 1769. Gedruckt in Bodes und L.s Hamburger Druckerei, verlegt in Kommission bei J. H. Cramer in Bremen. L begleitet die bis 4. Dezember dauernde erste Spielzeit des Nationaltheaters in der »Hamburgischen Dramaturgie« nur bis zum 28. Juli.
11. Mai	»Die kokette Mutter«, Lustspiel von Quinault, und die anonyme altfranzösische Farce »Der Advokat Patelin«; HDr, St. 14.
12. Mai	L.s »Freygeist« und das Schäferspiel »Der Schatz« von Pfeffel; HDr, St. 14.
13. Mai	»Zaïre«, Trauerspiel von Voltaire; HDr, St. 15–16.
14. Mai	»Sidney«, Versdrama von Gresset, und »Ist er von Familie?« (eigentlich: »Die Familie«), Lustspiel von L'Affichard; HDr, St. 17.
15. Mai	»Das Gespenst mit der Trommel«, Lustspiel von Destouches; HDr, St. 17.
19. Mai	»Demokrit«, Poße von Regnard; HDr, St. 17.
20. Mai	»Die falschen Vertraulichkeiten«, Lustspiel von Marivaux; HDr, St. 18.
21. Mai	»Zelmire«, Trauerspiel von Belloy; HDr, St. 18–19.
vor 22. Mai	Karl Gotthelf L. berichtet in einem verlorenen Brief über Veruntreuungen und Betrügereien von L.s Berliner Aufwärter, einem Soldaten Reich oder Reyhe. Dieser macht obendrein über seinen Regimentskommandeur (ungerechtfertigte) Lohnnachforderungen geltend (LiS 410).
22. Mai	»Cenie«, Schauspiel von Graffigny; HDr, St. 20 und 53. Erste ernüchterte Zwischenbilanz über das Nationaltheater in einem Brief an Karl Gotthelf L. (WuB XI/1, 467): »Mit unserm Theater (das im Vertrauen!) gehen eine Menge Dinge vor, die mir nicht anstehn. Es ist Uneinigkeit unter den Entrepreneurs, und keiner weiß, wer Koch oder Kellner ist.«
25. Mai	»Amalia« und »Der Finanzpachter«, Lustspiele von C. F. Weiße und Saint-Foix; HDr, St. 20.

29. Mai	»Die Mütterschule«, Lustspiel von La Chaussée; HDr, St. 21.
1. Juni	»Nanine«, Verskomödie von Voltaire; HDr, St. 21.
2. Juni	Die anonyme Farce »Der Advokat Patelin« (Wiederholung) und das Nachspiel »Die kranke Frau« von Gellert; HDr, St. 22.
3. Juni	»Melanide« (Wiederholung) und »Der Mann nach der Uhr«, Lustspiele von La Chaussee und Hippel; HDr, St. 22.
4. Juni	»Der Graf Essex«, Trauerspiel von T. Corneille; HDr, St. 22–25 und 54 (daran anschließend, bis St. 68, über zwei weitere »Essex«-Tragödien). Mit dem 25. Stück beendet L die Kritik darstellerischer Leistungen, weil sich einige Schauspielerinnen beschweren und sogar gegen ihn intrigieren.
10. Juni	»Die Hausfranzösin, oder die Mammsell«, Lustspiel von Luise Gottsched; HDr, St. 26.
12. Juni	»Nanine« von Voltaire (Wiederholung) und das Lustspiel »Der Bauer mit der Erbschaft« von Marivaux; HDr, St. 28.
15./23. Juni	Begegnungen mit Klopstock, der sich zeitweilig in Hamburg aufhält (GBL 440).
29. Juni	»Der Zerstreute« und »Das Rätsel, oder Was den Damen am meisten gefällt«, Lustspiele von Regnard und Löwen; HDr, St. 28–29.
1. Juli	»Rodogune«, Trauerspiel von P. Corneille; HDr, St. 29–32.
vor 3. Juli	Bekanntschaft mit H. P. Sturz und Gespräche über sein Trauerspiel »Julie«, das im Oktober am Nationaltheater aufgeführt wird (GBL 442).
3. Juli	»Soliman der Zweite«, Lustspiel von Favart; HDr, St. 33–36.
7. Juli	»Merope«, Trauerspiel von Voltaire; HDr, St. 36–50. Von nun an tritt an die Stelle der ursprünglichen chronologisch-kritischen Absicht der »Hamburgischen Dramaturgie« eine umfassende Darlegung von L.s eigener Dramen- und insbesondere Trauerspielkonzeption.

9. Juli	»Der Triumph der guten Frauen«, Lustspiel von J. E. Schlegel; HDr, St. 52.
13. Juli	»Die Frauenschule«, Verskomödie von Molière; HDr, St. 53.
17. Juli	»Die Brüder, oder die Früchte der Erziehung« und »Das Orakel«, Lustspiele von Romanus und Saint-Foix; HDr, St. 70–73 (über Terenz und Voltaire).
20. Juli	»Miß Sara Sampson« (Wiederholung).
21. Juli	Voltaires »Nanine« (Wiederholung) und »Der unvermutete Ausgang«, Lustspiel von Marivaux; HDr, St. 73.
22. Juli	»Richard der Dritte«, Trauerspiel von C. F. Weiße, und »Herzog Michel«, Lustspiel von J. C. Krüger; HDr, St. 73–83 (ausgehend von Weiße über Shakespeare und Aristoteles).
23. Juli	»Die Frau, die recht hat«, Verskomödie von Voltaire, und L'Affichards »Ist er von Familie« (Wiederholung); HDr, St. 83.
24. Juli	Gressets »Sidney« (Wiederholung) und die Verskomödie »Der sehende Blinde« von Le Grand; HDr, St. 83.
27. Juli	»Der Hausvater« von Diderot in L.s Übersetzung; HDr, St. 84–95 (über Diderot, Hurd, Aristoteles).
28. Juli	»Die Brüder« von Romanus (Wiederholung); HDr, St. 96–100 (über Genieproblem, Sittendarstellung in Komödien, Terenz).
4. August	L gesteht Nicolai eine große Enttäuschung über den Verlauf der Nationaltheaterunternehmung (WuB XI/1, 468 und 470): »Aber ich bin verdrüßlich, ärgerlich; mehr als ich es in meinem Leben gewesen bin […]. Hier ist sie [»Minna von Barnhelm«] auf Ansuchen des H. von Hecht zu spielen verboten, und dieser sagt, daß er den Befehl dazu von Berlin erhalten.« Erst am 4. September fragt der preußische Ministerresident von Hecht wegen des Lustspiels in Berlin an (LiS 412; Antwort: LiS 416). Die Hamburger Uraufführung verzögert sich bis zum 30. September.
14. August/ 21. September	In einer Aufstellung zur Berliner Auktion vermerkt L die Preise, unter denen der Bruder Karl Gotthelf die Bücher nicht verkaufen lassen soll. Der nicht überlieferte Katalog wird im April oder Mai des folgenden Jahres gedruckt.

ab 21. August	Kleine Beiträge für die »Kayserlich-privilegirte Hamburgische Neue Zeitung«.
August	L lässt in seiner Druckerei die ersten drei Bogen, etwa die Hälfte seines (unvollendet gebliebenen) Lustspiels »Der Schlaftrunk« drucken.
ab August	Nach Bodes Rückkehr Gespräche über Freimaurerei. Bode widerrät L, Freimaurer werden zu wollen (GBL 441). Gemeinsamer Plan einer Literaturzeitschrift »Deutsches Museum«, der unverwirklicht bleibt. Beiträge von Klopstock und Gerstenberg werden gedruckt, jedoch separat publiziert.
11. September	Der Hamburger Senat lehnt ein Gesuch L.s und Löwens, die Uraufführung der »Minna von Barnhelm« zu gestatten ab, weil noch keine offizielle Stellungnahme aus Berlin vorliegt (GBL 447).
21. September	L an den Bruder Karl Gotthelf (WuB XI/1, 477): »N. S. Ich bin Willens, meinen D. Faust noch diesen Winter hier spielen zu lassen. Wenigstens arbeite ich aus allen Kräften daran. [...] Eben lässt mir der Resident von Hecht sagen, daß die Minna nun endlich gespielt werden dürfe.«
23. September	Nachdem eine Einverständniserklärung aus Berlin (LiS 416) eingetroffen ist, wird die Aufführung erlaubt (GBL 450).
30. September	»Minna von Barnhelm« wird, vermutlich unter Löwens Regie, uraufgeführt. Die Hauptrollen spielen Ekhof (Tellheim), F. S. Hensel (Minna), T. Schultz (Franziska) und Ackermann (Wachtmeister Werner). Wiederholungen bis Jahresende: 1. und 12. Oktober, 3. und 20. November.
September/ November	Wiedersehen mit J. A. Ebert, der seine Geburtsstadt Hamburg besucht. Vielleicht bekundet L schon zu diesem Zeitpunkt Interesse für das Amt eines Wolfenbütteler Bibliothekars, das Ebert ihm zwei Jahre später vermittelt.
November	L zieht in die Hamburger Neustadt um. Besuch von und erste Begegnungen mit H. C. Boie (GBL 453).
4. Dezember	Ende der ersten Spielzeit des Nationaltheaters, das wegen mangelnder Publikumsresonanz schon seit einigen Monaten in finanzielle Schwierigkeiten geraten ist. Das Ensemble begibt sich auf ein viermonatiges Gastspiel nach Hannover.

21. Dezember	Glückwunsch zum bevorstehenden 50-jährigen Amtsjubiläum von Johann Gottfried L. am 1. Januar 1768. »Sobald die Elbe wieder fahrbar ist will ich unfehlbar eine kleine Provision Zucker und Wein über Dresden an Sie übermachen.« (WuB XI/1, 489.)
1767/1768	Bode übersetzt, teilweise mit Ratschlägen L.s, »A sentimental journey« von Sterne (die Übersetzung, »Yoricks empfindsame Reise«, erscheint zur Michaelismesse 1768). L arbeitet an dem einaktigen Lustspiel »Die Matrone von Ephesus«, das Fragment bleibt.
1768	Kleine Beiträge für die »Kayserlich-privilegirte Hamburgische Neue Zeitung« und für die »Staats- und Gelehrte Zeitung Des Hamburgischen unpartheyischen Correspondenten«.
Januar	Stück 1–52 der »Hamburgischen Dramaturgie« werden zu einem Band zusammengefasst.
8. Januar	Anfrage von Johannes Theophilus L. (WuB XI/1, 493): »Du hast mit einem Freunde Namens Bode, eine Druckerei angelegt. Brauchst Du keinen Korrektor, oder sonst eine Person, die ich leicht vorstellen könnnte?« Es ist L nicht möglich gewesen, seinen Bruder in Hamburg unterzubringen.
22. Januar	L bittet J. H. Meil um Titelvignetten für die »Hamburgische Dramaturgie«.
2. Februar	L bekundet Nicolai Empörung über den Ton in der neugegründeten »Deutschen Bibliothek« von Klotz und teilt mit (WuB XI/1, 496): »Ich muß um mich greifen, um die Materie zu meiner Dramaturgie so lange zu dehnen, bis die Gesellschaft wieder nach Hamburg kömmt. Sie wissen ja wohl, daß sie jetzt in Hannover ist, wo sie mit vielem Beifalle spielt. An ihrer Statt haben wir französische Komödie und französische Operette. Morgen fängt auch eine Opera buffa hier an. Unter den Franzosen sind ein Paar gute Leute.«
24. Februar	Nicolai übersendet den von ihm verlegten »Phädon« Mendelssohns und bemerkt zu Klotz (WuB XI/1, 502): »Es freut mich schon im Voraus, zu vermuten, daß Sie heute oder morgen einen Tanz mit ihm wagen wollen. Er sticht auch *Sie* beständig an, so wie *mich* und die [Allgemeine] *deutsche Bibl*[iothek].«
25. Februar	Ausführlicher Brief an Gerstenberg mit gegründeter Zustimmung und Kritik über dessen Trauerspiel »Ugolino«, das noch im selben Jahr von Bode und L herausgebracht wird.
29. Februar	Ein von Bode und L beantragtes kaiserliches Privilegium mitsamt Zensurfreiheit für die »Hamburgische Dramaturgie« wird in Wien abgelehnt (GBL 466).

1. März H. S. Reimarus, der Verfasser des Manuskripts »Apologie oder Schutzschrift für die vernünftigen Verehrer Gottes«, aus dem L 1774 bis 1778 die »Fragmente eines Ungenannten« publiziert, stirbt. Ob L die Abschriften noch vom Autor selbst oder erst später von dessen Kindern erhalten hat, ist ungeklärt. Auf jeden Fall hat L Einblick in den Nachlass erhalten (siehe GBL 468).

20. März L kann seinem Vater nicht mit dringend erbetenen 100 Talern aushelfen (WuB XI/1, 508): »Aber zu Johannis will ich Rat schaffen [...]. Alles was ich noch gehabt, steckt in der Entreprise [Druckerei], [...] zu der ich noch dazu fremdes Geld aufnehmen müssen, das mich sehr drückt.«

26. April L erwägt in einem Brief an den Bruder Karl Gotthelf die Möglichkeit, noch »diese Woche« zur Ostermesse nach Leipzig zu reisen und fügt über seine Lage hinzu (WuB XI/1, 514–515): »Gott sei Dank, bald kommt die Zeit wieder, daß ich keinen Pfennig in der Welt mein nennen kann, als den, den ich erst verdienen soll. [...] Nimm meinen brüderlichen Rat, und gieb den Vorsatz ja auf, vom Schreiben zu leben. [...] Für mich ist es zu spät, einen andern [Weg] einzuschlagen.«

LEIPZIG (UM 29. APRIL BIS MITTE MAI)

Begegnungen vor allem mit Nicolai und C. F. Voß, bei denen insbesondere über das Hamburger Druckerei- und Verlagsunternehmen sowie über die geplante Zeitschrift »Deutsches Museum« gesprochen wird. Gegenüber Nicolai macht L Andeutungen, dass Klopstock sein Drama »Hermanns Schlacht« mit einer Widmung an Kaiser Joseph II. drucken lassen wolle, um dessen beabsichtigte Gründung einer Deutschen Akademie in Wien zu stimulieren (GBL 473; das Projekt ist so nicht realisiert worden).

Ferner Begegnungen mit Leipziger Theaterleuten. »Ich habe jetzt auch Kochs Theater gesehen. [...] Ich habe die Minna da spielen sehen. Der einzige Brückner hat seine Rolle, den Tellheim, besser gemacht, als hier [in Hamburg] Eckhof; die übrigen alle sind unendlich weit unter den hiesigen Akteurs.« (An Karl Gotthelf L., 9.6.; WuB XI/1, 522).

Michael Huber disputiert mit L und Nicolai über die »Hamburgische Dramaturgie« (GBL 476). Der junge Goethe weicht, wie er in »Dichtung und Wahrheit« (8. Buch) berichtet, einem Zusammentreffen mit L aus, »wahrscheinlich weil wir uns zu gut dünkten, von ferne zu stehen, und keinen Anspruch machen konnten, in ein näheres Verhältnis mit ihm zu gelangen«.

Mai Letztes Wiedersehen mit Gellert, das Unterschiede in der Lebenshaltung hervortreten lässt (GBL 477). Dem Ehepaar Brandes verspricht L, es an das Hamburger Theater zu holen (GBL 479). Bekanntschaft mit Gleims und Klotz' vertrautem Freund J. G. Jacobi.

vor 4. Mai Gespräche mit C. F. Weiße, in denen L Gerstenbergs »Ugolino« rühmt (GBL 475).

HAMBURG (MITTE MAI 1768 BIS ETWA 20. NOVEMBER 1769)

um 10. Mai — L gibt den mit Nicolai abgesprochenen Entschluss auf, über Halle nach Hamburg zurückzureisen. An Nicolai, 9. Juni (WuB XI/1, 519): »Seit Ihrer Abreise hörte und las ich noch Verschiedenes von dem bewußten Manne [Klotz], so daß mir alle Lust verging, mich mit ihm mündlich zu besprechen.«

13. Mai — Beginn der zweiten, bis 25. November dauernden Hamburger Spielzeit des Nationaltheaters, mit folgenden L-Aufführungen: »Der Misogyn« (17.5., 14.6., 2.8.), »Minna von Barnhelm« (19.5., 20.6., 14.7., 1.8., 16.9., 23.11.), »Der Schatz« (20.5.), »Der Hausvater« (2.6., 9. und 24.8., 26.10.), »Der Freygeist« (16.8., 20.10.), »Miß Sara Sampson« (12.9.). Von Juni 1768 bis August 1769 gehört das mit L befreundete und durch seine Vermittlung engagierte Ehepaar Brandes zum Ensemble.

9. Juni — L kündigt Nicolai eine zwiefache Reaktion an auf Klotz' ausfällige Schrift »Ueber den Nutzen und Gebrauch der alten geschnitenen Steine und ihrer Abdrücke« (Altenburg 1768) und auf eine weitere anmaßliche Publikation. Er plant kritische Artikel in Hamburger Zeitungen und eine Abhandlung »Ueber die Ahnenbilder der alten Römer« (unvollendet, posthum veröffentlicht). »Sein Ding von den geschnittenen Steinen ist die elendeste und unverschämteste Compilation aus Lippert und Winkelmann, die er öfters gar nicht verstanden hat; und alles was er von dem Seinigen dazu getan, ist jämmerlich.« (WuB XI/1, 520.)

20. und 22. Juni — Die »Kayserlich-privilegirte Hamburgische Neue Zeitung« und dann die »Staats- und Gelehrte Zeitung Des Hamburgischen unpartheyischen Correspondenten« bringen eine in Brieform gehaltene scharfe Entgegnung an Klotz. Bis zum 20. August erscheinen in der »Neuen Zeitung« fünf weitere Briefe. Aus ihnen gehen die »Briefe, antiquarischen Inhalts« hervor.

Juli — Löwen beendet seine Tätigkeit am Nationaltheater. Sein Nachfolger als künstlerischer Direktor wird Ekhof.

5. Juli — Nicolai wird mitgeteilt, dass bereits 25 der »Antiquarischen Briefe« vorliegen. »Wie ich aus den Zeitungen [»Hamburgische Neue Zeitung«, 4.7.] sehe, so bestätigt sich die Nachricht von Winkelmanns Tode [Opfer eines Raubmords am 8. Juni in Triest]. Das ist seit kurzem der zweite Schriftsteller, dem ich mit Vergnügen ein Paar Jahre von meinem Leben geschenkt hätte.« (WuB XI/1, 526–527. Der andere Autor ist Sterne, gestorben am 18. März.)

vor August — L lernt Matthias Claudius kennen und befreundet sich mit ihm.

um 1. August — Besuch von Karl Gotthelf L.

1. August	An Nicolai (WuB XI/1, 529): »Ich bin in voller Arbeit wider Klotzen. [...] Ich will, daß Sie diese Briefe auch verlegen sollen. [...] Den Druck wollen wir Ihnen [in der Hamburger Druckerei] so billig machen, als möglich. Mein Honorarium hingegen möchte ich gern so hoch angesetzt wissen, als möglich. Denn für wenig oder nichts kann ich mich nicht mit einem solchen Dummkopf zanken.«
vor 27. August	Mehrtägiger Landaufenthalt in der Umgebung Hamburgs.
August bis September	Druck der »Antiquarischen Briefe«. Danach löst L sich aus dem Druckerei- und Verlagsunternehmen, das Bode allein fortsetzt. Gleichzeitig nimmt er sich vor, im Februar 1769 zu einem längeren Aufenthalt nach Rom zu reisen und vorher noch Klopstocks Freundeskreis in Kopenhagen zu besuchen. »Hier kann ich des Jahres nicht für 800 Rtlr. leben; aber in Rom für 300 Rtlr. So viel kann ich ungefähr noch mit hinbringen, um ein Jahr da zu leben [...].« (An Nicolai, 28.9.; WuB XI/1, 540–541.) »Ich denke nicht, daß mir es in Rom länger gefallen wird, als es mir noch an einem Orte in der Welt gefallen hat.« (An Nicolai, 6.11.; S. 561) Wegen vordringlicher Publikationen im Klotz-Streit und aus akuter Finanznot wird die Reise immer wieder verschoben, durch die Übernahme des Wolfenbütteler Bibliothekariats dann zunächst ganz unmöglich; erst 1775 kommt L unvermutet nach Italien.
24. September	Empfehlungsbrief an Gleim für Engelbert König, »welches mein und des H. Zachariä speciellerFreund ist« (WuB XI/1, 538). An Karl Gotthelf L. (S. 539): »Meine Briefe wider Klotzen sind fertig, und morgen schicke ich sie nach Leipzig ab [...].«
um 29. September	Zur Leipziger Michaelismesse erscheint bei Nicolai in Berlin »Briefe, antiquarischen Inhalts. Erster Theil«. Der »Zweyte Theil« folgt im August 1769. Beide Bände erregen größtes Aufsehen, vorwiegend wegen ihres ungewöhnlichen kritischen Stils, und vernichten Klotz' wissenschaftliches Ansehen.
um 7. Oktober	Besuch von C. H. von Heinecken, »und von ihm hörte ich zuerst, daß es mit Klotzens Berufung nach Dresden nichts sein könnte« (an Nicolai, 21.10.; WuB XI/1, 557).
um 10. Oktober	Bekanntschaft mit J. J. Eschenburg, der seine Geburtsstadt Hamburg und auf Empfehlung Eberts L besucht und ab 1770 einer seiner vertrautesten Freunde wird.
17. Oktober	C. G. Heyne zollt L Anerkennung für die »Briefe, antiquarischen Inhalts. Erster Theil«: »ein Geschenk für unsre Deutschen, das ihnen aus mehr als Einem Grunde schätzbar und nützlich sein kann« (WuB XI/1, 549).
18. Oktober	Ebert erhält von L ein Exemplar von Gerstenbergs inzwischen ausgedrucktem Trauerspiel »Ugolino«. Nicolai teilt mit, Herder sei der anonyme Verfasser des angezeigten Buches »Kri-

	tische Wälder. Oder Betrachtungen, die Wissenschaft und Kunst des Schönen betreffend, nach Maasgabe neuerer Schriften. Erstes Wäldchen. Herrn Leßings Laokoon gewidmet« (Riga 1769).
19. Oktober	Taufe von L.s Patensohn Friedrich Wilhelm König in der Hamburger Kirche St. Nicolai (GBL 496/1).
vor 28. Oktober	L.s Bibliothek wird in Berlin mit nur mäßigem Absatz versteigert. Er entschließt sich zu einer weiteren Auktion in Hamburg, die auch die dorthin mitgenommenen Bücher umfassen soll.
um 5. November	Besuch von J. A. Eberhard, der von Mendelssohn erzählt. Diesem schreibt L darauf aus Hamburg erstmals am 5. November.
25. November	Mit dem Ende der zweiten Hamburger Spielzeit endet auch das erste deutsche Nationaltheater. Das Ensemble spielt bis Ostern 1769 in Hannover, dann wird das Schauspielhaus am Gänsemarkt wieder von Ackermann übernommen, mit einem veränderten Ensemble.
Dezember	L beendet seine Mitarbeit im Nationaltheater.
2. Dezember	Bode an Gerstenberg (GBL 502): »Lessing […] arbeitet schon am zweyten Theile der antiquarischen Briefe.«
1769 Januar	In einem anonymen Brief verweist Herder auf seine demnächst erscheinende Schrift »Kritische Wälder« und bemerkt dazu (WuB XI/1, 586): »Es wäre mir also ungemein empfindlich, wenn mein untermischter Widerspruch Ihnen mißfällig werden, oder wenn Sie gar mich unter den Haufen derer setzen wollten, die, wie z. E. Ihr neuester Gegner [Klotz] so gern Andern Kriegsräte und Ritter werden wollen.«
9. Januar	Karl Gotthelf L. erklärt seines Bruders Reiseabsichten dem Vater, den falsche Zeitungsmeldungen beunruhigt haben, L ginge als päpstlicher Bibliothekar nach Rom (was eine Konversion voraussetzen würde): »Er geht nach Italien, um die Alterthümer daselbst zu studiren […], um sich Kenntnisse zu erwerben, die er in Teutschland nicht haben kann.« (LiS 514.)
22. Januar	L.s 40. Geburtstag.
24. Januar	Erste Begegnung mit J. M. Goeze (GBL 516).

26. Januar	Auktionsanzeige von L (GBL 519).
27. Januar	Brief von Ebert (WuB XI/1, 591): »Ihren ersten Brief, den Sie im vorigen Sommer an mich geschrieben, und einige von Ihren Briefen an Kl.[otz] […] habe ich dem Erbpr.[inzen Carl Wilhelm Ferdinand von Braunschweig und Lüneburg] vorgelesen. Sie gefielen ihm so sehr, daß er dadurch noch begieriger ward, Sie kennen zu lernen […].«
1. bis 3./4. Februar	Auktion der Berliner Restbestände und weiterer Teile von L.s Bibliothek. Der Reinerlös beträgt rund 3 800 Mark Hamburger Währung (GBL 520). Die verbliebenen Bände werden im Mai 1770 verauktioniert.
8. Februar	J. J. Reiske nimmt Briefkontakt mit L auf. »Ich danke Ihnen also, großer Lessing, […] für die Mühwaltung, die Sie sich genommen haben, die [von Klotz angetane] Schmach so vieler braven Leute zu rächen, und wünsche Ihnen viel Glück zu Ihrem Siege.« (WuB XI/1, 593–594.)
14. März	Nicolai wird von L informiert, er sei »in voller Arbeit an den antiquarischen Briefen«, deren Druck begonnen habe (WuB XI/1, 599).
um 26. März	Zur Leipziger Ostermesse erscheint bei J. H. Cramer in Bremen der zweite Band der »Hamburgischen Dramaturgie«.
März/April	Über Bode ergehen Angebote an L, für 3 000 Gulden jährlich als Berater und Dramenautor ans Wiener Theater zu kommen (GBL 523 und 525). »Wenn ich also wenigstens meinen italiänischen Plan mit diesen Vorschlägen auf eine oder die andere Art nicht verbinden kann, so dürfte ich sie wohl gänzlich von mir weisen.« (An Nicolai, 13.4.; WuB XI/1, 604.)
vor 7. April	Besuch von C. C. L. Hirschfeld (GBL 526).
13. April	An Nicolai (WuB XI/1, 603): »Da so viele Narren itzt über den Laokoon herfallen, so bin ich nicht übel Willens […] ihn zu vollenden.«
26. Mai	An Nicolai (WuB XI/1, 608): »Mit der Recension meines Laokoon in dem letzten Stücke Ihrer [Allgemeinen deutschen] Bibliothek, kann ich sehr wohl zufrieden sein. Ich denke, daß ich den Namen des Recensenten [Garve] schon weiß. […] Wenn er die Fortsetzung meines Buches wird gelesen haben, soll er wohl finden, daß mich seine Einwürfe nicht treffen.« Folgen Gedanken zu dieser Fortsetzung und ein Hinweis auf einen dritten Teil.
6. Juli	Brief an Karl Gotthelf L. mit kritischen Bemerkungen über einige Stücke von ihm und folgender Schlussbemerkung (WuB XI/1, 616–617): »Das Herz blutet mir, wenn ich an unsere

Eltern denke. Aber Gott ist mein Zeuge, daß es nicht an meinem Willen liegt, Ihnen ganz zu helfen. Ich bin in diesem Augenblicke so arm, als gewiß keiner von unserer ganzen Familie ist.«

August/ September	L benutzt die Bibliothek der Familie Reimarus.
10. August	Nicolai wird mitgeteilt (WuB XI/1, 619): »Eine gewisse Zwischenarbeit [die Abhandlung »Wie die Alten den Tod gebildet«], die mir auf einmal in den Kopf gekommen ist, ist Schuld, daß der dritte Teil der [antiquarischen] Briefe nicht beinahe schon fertig ist.« Jedoch sind zu diesem Teil nur einige Notizen und eine Disposition überliefert.
14./15. August	Die Druckbogen der »Briefe, antiquarischen Inhalts. Zweyter Theil« werden durch Bode an Nicolai geschickt, der Schluss folgt jedoch erst Ende August. Somit kann Nicolai das Buch erst im September ausgeben.
25. August	Nicolai gegenüber äußert L vehemente Zweifel an der viel gepriesenen Berliner Denk- und Schreibfreiheit, Preußen sei »bis auf den heutigen Tag das sklavischste Land in Europa« (WuB XI/1, 623). Aus demselben Brief ergibt sich, dass L, vielleicht schon seit längerem, wieder bei J. F. Schmidt wohnt.
um 29. September	Zur Leipziger Michaelismesse erscheint bei C. F. Voß in Berlin »Wie die Alten den Tod gebildet: eine Untersuchung«, ferner in Hamburg und Bremen bei J. H. Cramer L.s und Bodes anonyme Übersetzung »Briefe über die Tanzkunst und über die Ballette, vom Herrn Noverre«.
vor 11. Oktober	Durch Ebert und auf dessen Betreiben hin offeriert Carl Wilhelm Ferdinand Erbprinz von Braunschweig und Lüneburg die Bibliothekarsstelle in Wolfenbüttel. L nimmt das Angebot sogleich an.
11. Oktober	An Ebert (WuB XI/1, 629): »Es ist auf alle Weise meine Schuldigkeit, nach Braunschweig zu kommen, um dem Erbprinzen in Person für die Gnade zu danken, die er für mich haben will […].«
vor November	Eine theologische Kontroverse zwischen J. G. Alberti und Goeze bringt L auf den Gedanken, darüber eine satirische Predigt in Yoricks, das heißt Sternes, Manier zu schreiben (»Eine Predigt über zwei Texte«). Er beginnt damit nach der Rückkehr von Braunschweig.
15. November	An Ebert (WuB XI/1, 649): »Sonnabend aber, oder Mondtag, den 18^{tn} oder 20^{tn} dieses, reise ich ganz gewiß ab […]. Und zwar reise ich über Zelle, wo sich Seiler [A. Seyler] gegenwärtig befindet, mit dem ich noch eines und das andere abzutun habe.«

22. November   Stammbucheintrag für Unbekannt (Handschrift im Lessing-Museum Kamenz, Signatur: 2797 II Ha).

BRAUNSCHWEIG (UM 24. NOVEMBER BIS UM 19. DEZEMBER)

L logiert bei dem Goldschmiedemeister Johann Tüb(e)ner (nicht Dübner, wie Ebert am 3.11. schreibt), in enger Nachbarschaft des Kammerherrn von Kuntzsch, mit dem er sich rasch befreundet.

ab 23./24. November   Durch Ebert wird L in einen Braunschweiger Freundeskreis eingeführt, der nach dem Amtsantritt auch sein engerer Bezugskreis wird: Eschenburg, Gärtner, C. A. Schmid, Zachariä und die Familie Gräfe.
Audienzen beim Erbprinzen Carl Wilhelm Ferdinand und Herzog Carl. »Ich [...] habe das Anerbieten des Erbprinzen, von dem Herzoge genehmiget, angenommen, mit der mir von beiden getanen Versicherung, daß sie meiner Reise nach Italien nicht allein nicht zuwider sein, sondern selbige vielmehr befördern wollen, sobald ich nur vors erste ihren eignen Vorrat an Büchern, Manuscripten, Gemälden und Altertümern kennen gelernt, um zu wissen, was ich Ihnen zu Vermehrung desselben mitbringen könne.« (An Nicolai, 2.1.1770; WuB XI/1, 654–655.)
Bei Zachariä begegnet L dem Klotzianer G. H. A. Koch (GBL 537).

15. Dezember   Herzog Carl erlässt ein Reskript an den Geheimen Rat von Praun, dass L zum Nachfolger des Wolfenbütteler Bibliothekars Hugo ernannt sei (siehe GBL 569a). Ferner ergeht ein Besoldungsdekret, 600 Taler jährlich, für L an die Fürstliche Kammerkasse (GBL 540), das ihm Gehaltszahlung vom ersten Quartal 1770 an sichert. Außerdem erhält er die übliche freie Amtswohnung und Holzlieferung. Die Besonderheit der Berufung besteht darin, »daß die Stelle des Bibliothekars, welche gar nicht leer war, für mich eigentlich leer gemacht ward« (an Johann Gottfried L., 27.7.1770; WuB XI/2, 31).

um 18. Dezember   Abschiedsaudienz beim Erbprinzen.

19. Dezember   Die »Gnädigst privilegirte Neue Braunschweigische Zeitung« meldet L.s Berufung nach Wolfenbüttel (GBL 543). Drei bzw. vier Tage später steht die Nachricht in den beiden großen Hamburger Zeitungen.

20. Dezember   Engelbert König stirbt auf einer Geschäftsreise in Venedig und wird am Folgetag dort beigesetzt. Zwei Jahre später verloben sich seine Witwe und L, und am 8. Oktober 1776 heiraten sie.

HAMBURG (UM 21. DEZEMBER 1769 BIS UM 18. APRIL 1770)

28. Dezember An Ebert (WuB XI/1, 651–652): »Schon bin ich acht Tage wieder hier [...]. Indes ist Ihre freundschaftliche Rolle noch nicht aus. Bis ich ganz bei Ihnen bin, ziehen Sie ja keinen Augenblick die Hand von ihrem Werke.« L ist besorgt, beim Erbprinzen keinen recht günstigen Eindruck hinterlassen zu haben.

Jahreswende L beginnt »Eine Predigt über zwei Texte« und lässt den Anfang der Vorrede bei Bode für einige wenige Freunde drucken. Der Druck ist verschollen.

1770
4. Januar An Karl Gotthelf L. (WuB XI/1, 656–657): »Ich stecke hier in Schulden bis über die Ohren, und sehe schlechterdings noch nicht ab, wie ich mit Ehren weg kommen will. [...] Ich muß alles zu Gelde machen, und Bücher kann ich nun am ersten entbehren.«

5. Januar L unterbreitet C. F. Voß den Gedanken, eine neue Ausgabe seiner Schriften zu veranstalten. Ihr erster und zu L.s Lebzeiten einziger Band erscheint 1771.

7. Januar Ebert zerstreut L.s Bedenken, am Braunschweiger Hof vielleicht missfallen zu haben. Der Erbprinz ließe ihm sagen, »Sie hätten hier alle Erwartungen erfüllt; er setzte noch für sich hinzu, daß er aufrichtig sagen müßte, Sie hätten die seinige übertroffen« (WuB XI/1, 662). Außerdem habe er die Reise- und Aufenthaltskosten erstattet. »Ihre Zimmer in dem Schlosse zu Wolfenbüttel, (wo sonst unsre Prinzen gewohnt haben,) sind schon zurecht gemacht [...].« (S. 663.)

um 28. Februar bis um 13. März L macht die persönliche Bekanntschaft Herders, der sich ungefähr zwei Wochen in Hamburg aufhält. Beide kommen mehrfach zusammen und führen breitgefächerte Gespräche (GBL 556).

13. März An Ebert (WuB XI/1, 676): »Gott weiß, daß ich mich herzlich sehne, vors erste in Ruhe zu kommen [...]. Machen Sie also ja [...], daß ich nicht allzulange in Braunschweig aufgehalten werde.«

25. März L als Pate, begleitet von Eva König, bei der Taufe von Charlotta Henrietta Schmidt (GBL 558/1).

15. April An Ebert (WuB XI/1, 684): »Ich könnte allenfalls die Attesta dreier Medicorum mitbringen, daß ich mich länger als vierzehn Tage mit einem Flußfieber geschleppt habe, das ich noch nicht ganz los bin. Demohngeachtet soll mich nun länger nichts abhalten, übermorgen meine Reise anzutreten [...].«

um 18. April	Abreise nach Braunschweig über Celle, wo L mit A. Seyler zusammentrifft und im Schauspielhaus mit J. G. Jacobi (GBL 563).

BRAUNSCHWEIG

21. April bis 7. Mai	L logiert wieder im Haus des Goldschmieds Tüb(e)ner, neben dem Kammerherrn von Kuntzsch. Dieser gehört zum Kern des Freundeskreises Ebert, Eschenburg, C. A. Schmid und Zachariä, Professoren an der Braunschweiger höheren Bildungsanstalt »Collegium Carolinum«. Zu ihnen hält L fortan regelmäßigen persönlichen und brieflichen Kontakt. Weitere wichtige Bezugspartner sind J. H. Angott (ab 1776), A. Daveson (ab 1776/77), J. G. Höfer, J. F. W. Jerusalem, J. A. Leisewitz (ab 1776) und F. C. B. Warnstedt (ab 1775).
25. April	Besuch von J. B. Michaelis auf der Durchreise nach Hamburg, wohin L ihn vermittelt hat (GBL 564).
28. April	Quittung über die erste Quartalsbesoldung (GBL 565).
4. Mai	Inspektionsfahrt nach Wolfenbüttel, um die Bibliothek zu besichtigen. Erste Bekanntschaft mit dem Bibliothekssekretär Cichin, der L führt.

WOLFENBÜTTEL

6.(?) Mai	L bezieht in der zweiten Etage des kaum mehr genutzten Wolfenbütteler Schlosses (bis 1754 Residenzschloss) mehrere Zimmer, die er bis zu seiner Verheiratung 1776 bewohnt.
7. Mai	Amtseinführung im großen Saal der Bibliothek durch G. S. A. von Praun und J. H. Meyne in Gegenwart des Amtsvorgängers C. J. B. Hugo (GBL 569a). Nachdem L den braunschweigischen Erbhuldigungs-Eid und Diensteid (GBL 569b+c) geleistet hat, wird er offiziell den beiden Bibliotheksmitarbeitern Cichin und Helms vorgestellt.
9. Mai	Bekanntschaft mit E. D. von Liebhaber (GBL 571) eröffnet L.s Wolfenbütteler Freundeskreis, zu dem nach und nach hinzutreten: Ehepaar Döring und Häseler, J. F. Heusinger, C. W. Jerusalem (bis 1771), F. A. Knittel, E. T. Langer (1773 und 1780), C. Leiste und J. F. J. Topp (nach 1772).
14. bis 16. Mai	Zweite Buchauktion L.s in Hamburg (Abrechnung: GBL 572). Wohl schon vor seinem Amtsantritt veranlasst, werden für die Wolfenbütteler Bibliothek zwei umfangreiche Zeitschriftenreihen und verschiedene Bücher ersteigert (LBE 734–751).

17. Mai	An Nicolai (WuB XI/2, 11–12): »Ich habe die Bibliothek übernommen, und die ersten vierzehn Tage, meiner bloßen Neugierde gewidmet, gehen auch zu Ende. [...] Ich habe alle Gründe zu hoffen, daß ich hier recht glücklich leben werde.« Vielleicht schon während dieser beiden Wochen entdeckt L ein unbekanntes Manuskript des französischen Frühscholastikers Berengarius von Tours in einer mittellateinischen Abschrift, woraus noch im selben Jahr seine erste Wolfenbütteler Buchpublikation hervorgeht.
Juni	Bei einer Begegnung im Weghaus Klein Stöckheim, zwischen Wolfenbüttel und Braunschweig, erzählt L seinem neuen Freund Liebhaber über das (nicht realisierte) Vorhaben, eine Geschichte Luthers und der Reformation zu schreiben (GBL 573).
um 10. Juni	Mutmaßlicher Besuch von Otto Heinrich Knorre und anderen Hamburger Freunden (GBL 574/1).
10. Juni	Erster überlieferter Brief an Eva König.
12. Juni	Beginn einer Gastspielsaison Ackermanns im Wolfenbütteler Schloss.
23. Juni	Nicolai schreibt unter anderem (WuB XI/2, 24): »[...] daß ich von dem ersten Teile Ihrer antiquarischen Briefe eine neue Auflage auf Michaelis werde machen müssen [...]. Mit dem zweiten Teile bin ich freilich nicht so glücklich.«
26. Juni	Leopold Prinz von Braunschweig und Lüneburg und F. C. B. Warnstedt besuchen die Bibliothek; am selben Tag quittiert L über den Jahresetat der Bibliothek von 200 Talern (GBL 575 und 576).
4. Juli	Letzter Brief von Johann Gottfried L., der sechs Wochen später stirbt.
19. bis 23. Juli	Eva König und ihr Bruder J. D. Hahn besuchen L in Braunschweig. Etwas länger hält sich um diese Zeit Gleim, der den Maler Calau mitbringt, in Braunschweig und Wolfenbüttel auf. Es entstehen Skizzen zu Porträtgemälden von Eva König und L (RH, S. 17–19). Die Bilder scheinen bald fertig geworden zu sein, denn L schreibt seiner Freundin am 8. September (WuB XI/2, 46): »Herr C. hat sein Bestes getan. Ich bin so ziemlich mit ihm zufrieden [...].«
19. und 23. Juli	J. D. Hahn und Gleim tragen sich ins Besucherbuch der Bibliothek ein (GBL 579a und 580a), ein Eintrag Calaus datiert vom 28. August (GBL 584a).

27. Juli	Letzter Brief an den Vater, Zufriedenheit ausstrahlend. »Ich kann meine Bücher, die ich aus Not verkaufen müssen, nun sehr wohl vergessen. [...] Eigentliche Amtsgeschäfte habe ich dabei keine andere, als die ich mir selbst machen will.« (WuB XI/2, 32.)
um 8. August	Besuch von J. G. Büsch und J. H. To der Horst aus Hamburg (GBL 581).
12. bis 14. August	Eva König macht auf einer Reise nach Wien, wo sie durch ihren verstorbenen Mann eine Seiden- und eine Tapetenfabrik geerbt hat, Station in Braunschweig und logiert im Gasthof Rose (GBL 582).
19. August	Besuch von C. Mayer und G. Stahl in Wolfenbüttel (GBL 583).
22. August	Johann Gottfried L. stirbt in Kamenz an einem Schlagfluß (Gehirnschlag). Die Todesnachricht gibt Johannes Theophilus L. zwei Tage später. Der Begräbniseintrag der St. Marien-Kirche vom 26. August lautet: »26. V. dato Titl. H. M.[agister] Johann Gottfried Leßing treuverdienter Pastor Primarius u: Senior hiesiges Ministerii, ein Jubelpriester, nachdem er den 21. Nachts um 2 Uhr an einem Stock u. Schlag-Fluß im 77. Jahr, seines ruhmvollen Alters seeli. gestorben, u: 53. Jahre der hiesigen Gemeine treulich gedienet, ist derselbe mit Proceßion den 11. post Trin[it]atis, Nachmittags um 3. Uhr, mit der gantzen Schule, auf dem Pfarr Kirchhof begraben. Demselben sind 4. Tage vorher von 11.–12. Uhr 3. Puls, und beym Begräbnis 4. Puls, zusammen 16. Puls gelauten worden. / (In der Kirche wurde er unter großen Leuchter gesetzt, auch von den 4. großen Handwerkern durch 16. Träger getragen auch Sonnabends Nachmittags um 3. Uhr, von dem Chore, vor der Thüre 4. Lieder, als Ich hab meine Sache Gott gep. ey mein Hertz sei verzagt, p. Meinem Jesum las ich nicht p. was Gott thut das ist wohlgethan, p. gesungen.)« (Gotthold Ephraim Lessing und seine Eltern in ihren Beziehungen zu Kamenz. Aus Kirchenbüchern, Urkunden und Akten zusammengestellt von Stadtarchivar Dr. Gerhard Stephan. Kamenz 1929, S. 14.)
8. September	An Johannes Theophilus L. (WuB XI/2, 47–48): »Was mich einiger Maßen tröstet, ist, daß er nach seinem Wunsche gestorben. Laß uns, mein lieber Bruder, eben so rechtschaffen leben, als er gelebt hat [...]. Es kann nicht anders sein, es müssen sich Schulden finden. Ich nehme sie alle auf mich, und will sie alle ehrlich bezahlen; nur muß man mir Zeit lassen«.
Mitte September	Auseinandersetzung mit dem Wolfenbütteler Zensor F. A. Knittel wegen »Berengarius Turonensis«. Aus der Meinungsverschiedenheit erwächst eine Freundschaft.
um 29. September	Zur Leipziger Michaelismesse erscheint in Braunschweig »Berengarius Turonensis: oder Ankündigung eines wichtigen Werkes desselben«.
30. September	Eva König berichtet von ihrer Ankunft in Wien am 28. September.

Anfang Oktober	Bekanntschaft mit J. A. Leisewitz in Wolfenbüttel (GBL 587), der ab 1775 zu L.s engerem Braunschweiger Freundeskreis gehört.
13. Oktober	Herzog Carl dankt für das Buch »Berengarius Turonensis« (WuB XI/2, 71): »[…] so ist mir solches […] um so angenehmer gewesen, weil ich daraus mit vielem Vergnügen ersehen, daß Er es weder an Fleiß noch Bemühung fehlen läßt, die Ihm anvertraute Bibliotheck berühmter zu machen.«
vor 22. Oktober	L berichtet, vermutlich im Hinblick auf die spätere Publikation der »Fragmente eines Ungenannten«, dem Erbprinzen Carl Wilhelm Ferdinand von der »Apologie« des H. S. Reimarus.
um 22. Oktober	Auf Einladung des Erbprinzen Besuch Mendelssohns in Braunschweig (GBL 593). L zeigt ihm die Wolfenbütteler Bibliothek und vertraut ihm eine Abschrift der »Apologie« an, ohne den Namen des Autors (des »Ungenannten«) preiszugeben.
29. Oktober	An Karl Gotthelf L. (WuB XI/2, 84): »Herrn Voß versichere, daß ich bereits in voller Arbeit an dem ersten Teile meiner vermischten Schriften bin […].« In einem Brief an Ramler erwähnt L das bereits ältere Projekt eines Deutschen Wörterbuches (S. 83): »Sie müssen mir schon erlauben, daß ich es noch immer unser Wörterbuch nenne. Denn wenn ich wüßte, daß ich es nicht mit Ihrer Hülfe zu Stande bringen sollte: wahrlich, so ließe ich auch diese Arbeit liegen […].« Sie ist nicht vollendet worden.
Oktober (?)	Auf einer Buchauktion in Braunschweig ersteigert L selbst oder durch einen Beauftragten einige Bände für die Wolfenbütteler Bibliothek (LBE 752–758).
3. November	L übernimmt eine Bürgschaft für Cichin (GBL 596).
11. November	An Karl Gotthelf L. (WuB XI/2, 89): »Da ich mit meinem ordentlichen Gehalte nur eben auskommen kann; so habe ich schlechterdings kein andres Mittel, mich nach und nach aus meinen Schulden zu setzen, als zu schreiben. […] und diese Notwendigkeit hat, natürlicher Weise, sogar Einfluß auf die Materie, wovon ich schreibe. Was eine besondere Heiterkeit des Geistes, was eine besondere Anstrengung erfordert; was ich mehr aus mir selbst ziehen muß, als aus Büchern: damit kann ich mich jetzt nicht abgeben.«
nach 27. November	An Herzog Carl von Braunschweig und Lüneburg (WuB XI/2, 102): »Ich ergreife hiebei die Gelegenheit Ew. Durchlaucht untertänigst zu melden, daß ich vor itzt beschäftiget bin aus den hiesigen fürstlichen Kupfersammlungen vorerstens die Handzeichnungen auszusuchen und zusammenzulegen.«

29. November	Mendelssohn äußert sich kritisch über die »Apologie« von H. S. Reimarus. »Indessen ist das Manuscript in aller Betrachtung sehr wichtig [...].« (WuB XI/2, 100.)
15. Dezember	Ebert teilt unter anderem mit, Bode habe für seine neue Zeitschriftengründung »Der Wandsbecker Bothe« Beiträge von L erbeten. Als Vorabdruck aus den »Vermischten Schriften« gibt L einige Sinngedichte.
16. Dezember	L bittet Ramler um kritische Durchsicht und Verbesserung seiner Sinngedichte für den ersten Band der »Vermischten Schriften« (WuB XI/2, 124): »Ihnen kann so etwas nicht viel Mühe kosten, denn Sie haben noch alle poetische Farben auf der Palette, und ich weiß kaum mehr, was poetische Farben sind.«
Jahreswende	L im Braunschweiger Freundeskreis, auch Gespräch(e) mit J. F. W. Jerusalem (GBL 598). Dem Erbprinzen übergibt er die Vorrede zur »Apologie« von Reimarus.
1771 etwa 4. Januar	Rückkehr nach Wolfenbüttel.
4. Januar bis 3. April	»Der Wandsbecker Bothe« bringt insgesamt neun Sinngedichte von L.
5. Januar	Herzog Carl beauftragt L, am Folgetag Gustaf Kronprinz und Friedrich Adolf Prinz von Schweden durch die Bibliothek zu führen (GBL 614).
7. Januar	L übersendet seiner Mutter 25 Taler und verspricht ihr künftige regelmäßige Unterstützung.
8. Januar	An Karl Gotthelf L. (WuB XI/2, 142): »Über acht Tage will ich den Rest zu den Sinngedichten schicken, und sodann die Abhandlungen.« Gemeint sind die »Zerstreuten Anmerkungen über das Epigramm«.
9. Januar	Antwort auf Mendelssohns Kritik am »Ungenannten« (H. S. Reimarus).
um 12. Januar	Besuch von C. C. W. Dohm mit einem Empfehlungsschreiben von Gleim.
12. Februar	Rückkehr von einem Braunschweiger Aufenthalt (wo L nunmehr sein »Absteigequartier« im Gasthaus »Stern« hat, denn »Zimmer und alles ist da besser« als in der »Rose«; 5.3. an Eva König; WuB XI/2, 169). Brief von Nicolai (WuB XI/2, 158): »Unser Freund Moses ist vorigen

	Donnerstag zum ordentlichen Mitgliede der Academie (doch ohne Gehalt) erwählet worden.« Die übliche königliche Bestätigung der Wahl ist in diesem Fall nicht erfolgt.
16. Februar	An Nicolai (WuB XI/2, 163): »Die kleinen Schriften sollen nun mit aller Gewalt wieder gedruckt werden [...]. Viel lieber hätte ich an dem zweyten Teile des Berengarius gearbeitet. Denn [...] es ist doch dasjenige Buch von allen meinen Büchern, bei dessen Niederschreibung ich das meiste Vergnügen gehabt habe, und mir die Zeit am wenigsten lang geworden ist.«
18. Februar	Eva König kehrt aus Wien nach Hause zurück.
5. März	An Eva König, unter anderem mit der Mitteilung, »daß ich die Hoffnung aufgegeben, Ihnen entgegen zu kommen« (WuB XI/2, 169).
6. März	Auf einer Buchauktion in Hamburg lässt L einige Bände für die Wolfenbütteler Bibliothek ersteigern (LBE 759–767).
April	Zur Leipziger Ostermesse erscheinen in der braunschweigischen Waisenbuchhandlung im zweiten Band der von Zachariä herausgegebenen Reihe »Auserlesene Stücke der besten Deutschen Dichter« Gedichte, die L in Breslau gesammelt hat; als Einzelpublikation unter dem Titel »Gedichte von Andreas Scultetus: aufgefunden von Gotthold Ephraim Lessing«.
9. April	Mendelssohn übersendet eine Neuausgabe seiner »Philosophischen Schriften«.
12. April	Reiske schickt den L gewidmeten dritten Band seiner Edition »Oratores graeci« (Griechische Redner).
15. April	Die »Gnädigst privilegirte Neue Braunschweigische Zeitung« bringt L.s Aufsatz »Ueber die sogenannte Agrippine, unter den Alterthümern zu Dresden«.
19. April	Von Eva König aus Frankfurt am Main (WuB XI/2, 182): »Morgen reise ich von hier, und habe also künftigen Mittwoch oder Donnerstag [am 24. oder 25.4.] das Vergnügen, Sie in Wolfenbüttel zu besuchen. [...] Sie reisen doch wohl mit mir nach Hamburg?« Bedingt durch eine »fatale Hypochondrie« (an L, 4.5.; S. 187) ist der Aufenthalt nur kurz; Ankunft in Hamburg: 28. April. L kann die Freundin erst im September besuchen.
20. April	Herzog Carl dankt für ihm gar nicht bekannt gewesene Zeichnungen und Kupferstiche, die L den Winter über in der Bibliothek zusammengesucht hat.

um 22./23. Mai	Besuch von H. C. Boie in Braunschweig (GBL 622).
24./25. Mai	Audienz bei Anna Amalia Herzogin von Sachsen-Weimar-Eisenach, die zu Pfingsten ihre väterliche Residenz besucht. »Nicht wahr, Sie müssen lachen, wenn Sie mich und Cour machen zugleich denken? Ich gehe auch dazu, als ob ich dazu geprügelt würde.« (An Eva König, 23.5.; WuB XI/2, 201.)
3. Juni	Anna Amalia besichtigt mit ihren Söhnen Carl August und Friedrich Ferdinand Constantin die Wolfenbütteler Bibliothek (GBL 625).
vor 6. Juni	J. L. Benzler sendet L eine Erstausgabe der Sinngedichte Logaus.
um 14. Juni	Besuch von J. G. Büsch, J. A. Dimpfel und H. Rücker aus Hamburg (GBL 627).
26. Juni	Auf einer Buchauktion in Wolfenbüttel ersteigert L selbst oder durch einen Beauftragten einen Band für die Bibliothek (LBE 768).
Juni/Juli	Konzentrations- und Schreibschwierigkeiten sowie Atembeschwerden unterbrechen die Arbeit am ersten Band der »Vermischten Schriften«. »Eben [...] fällt mir ein, ob meine jetzigen Umstände auch wohl Hypochonder sein sollten? Aber das habe ich ja niemals gehabt [...].« (An Eva König, 29.7.; WuB XI/2, 228.)
7. Juli	L überschickt seiner Mutter 50 Taler und bemerkt zu einem von ihm dringend verlangten Nekrolog auf den Vater (WuB XI/2, 221): »Ich habe mir es fest vorgenommen, etwas aufzusetzen: aber es soll etwas sein, was man weiter als in Camenz, und länger als ein Halbjahr nach dem Begräbnisse lieset. Dazu aber brauche ich Zeit und Gesundheit, woran es mir leider itzt fehlet.«
17. Juli	J. J. Reiske, der die arabischen Handschriften in der Wolfenbütteler Bibliothek sichten und bibliographieren will, kündigt sein Kommen für den 6. August an (WuB XI/2, 225): »Braunschweig, Helmstädt, und Göttingen, wollte ich auch mit besuchen. [...] Meine Frau [...] hauptsächlich ist an dieser Reise schuld. Sie freuet sich darauf, wie ein Kind auf den heiligen Christ.« L muss seine vorgesehene Reise nach Hamburg verschieben.
6./9. bis 21. August	Besuch vom Ehepaar Reiske (GBL 630). Ernestine Christine Reiske fasst eine Neigung zu L, die sie ihm nach dem Tod ihres Mannes (1774) nicht mehr verhehlt.
21. August	In Braunschweig wohnt L, ein leidenschaftlicher Lottospieler, der ersten Ziehung einer neuen Lotterie bei.

22. August	Audienz bei Ferdinand Herzog von Braunschweig und Lüneburg, auf Schloss Vechelde.
23. bis 24. August	In Helmstedt, vermutlich in Bibliotheksangelegenheiten.
30. August	Begegnung mit und Stammbucheintrag für J. L. Grimm (GBL 633). Übersendung des restlichen Manuskripts für den ersten Band der »Vermischten Schriften« an Karl Gotthelf L. Eva König wird mitgeteilt (WuB XI/2, 238): »Ich reise also erst morgen von hier [Braunschweig] ab […] und bin künftigen Dienstag bei Ihnen.«

HAMBURG

3. bis 16. September	»Ich will in meinem alten schwarzen Adler wieder absteigen, wo ich niemanden belästige, und wo ich um so viel mehr Herr von meiner Zeit und meinen Besuchen bleibe.« (An Eva König, 12.5.; WuB XI/2, 194.)
nach 3. September	Insgeheim verlobt sich L während des Aufenthaltes mit Eva König; er besucht alte Bekannte und Freunde, wie die Familien Bode, Büsch, Knorre, Reimarus und andere. Der Freimaurer G. J. Freiherr von Rosenberg knüpft Kontakte zu L, um ihn für die Hamburger Loge »Zu den drei Rosen« zu gewinnen (GBL 636 und 637).
16./17. September	L reist mit dem Ehepaar Knorre nach Berlin.

BERLIN

19./20. bis 30. September	L logiert bei seinem Bruder Karl Gotthelf in der Breiten Straße, im späteren Voßischen Haus. Er beendet die Arbeit am ersten Band der »Vermischten Schriften« mit einem kurzen »Vorbericht«, in dem er die neue Ausgabe seiner Jugendwerke einzig auf die Geschäftigkeit der Nachdrucker zurückführt. Gleichzeitig verabredet er mit C. F. Voß einen Druck der Reimarus-Manuskripte, der jedoch an der Zensur scheitert (GBL 641), und einen Band Trauerspiele, für den er »Emilia Galotti« umarbeiten und abschließen will. Nicolai gegenüber bekundet er die Absicht, den Roman »The life and opinions of John Buncle, Esq.« (2 Bände, London 1756–1766) von Thomas Amory übersetzen zu wollen, und zu Ramler spricht er von einer Versifizierung seiner besten Prosafabeln (GBL 642 und 643; beide Vorhaben sind unausgeführt geblieben). Im Haus J. G. Sulzers entsteht ein von seinem Schwiegersohn Anton Graff gemaltes Porträt L.s, das vielleicht ein Verlobungsgeschenk an Eva König gewesen und in mehreren Repliken überliefert ist (RH, S. 19–24).
28. September	Auf einer Abendgesellschaft bei Nicolai macht L die Bekanntschaft J. G. Zimmermanns (GBL 650).

um 29. September	Zur Leipziger Michaelismesse erscheint bei C. F. Voß »Gotthold Ephraim Lessings vermischte Schriften. Erster Theil«. Weitere Teile folgen erst posthum.
29. September	Kondolenzbrief an Eva König zum Tod ihrer Mutter Eva Catharina Hahn. »Wie gerne wäre ich eher wieder bei Ihnen gewesen [...]. Aber es gefällt dem V.[etter, Knorre] hier, und er will mit Gewalt eine Lottoziehung hier abwarten. Diese geschieht morgen, und gestern sind wir bereits acht Tage hier gewesen.« (WuB XI/2, 244.)
30. September	Abreise von Berlin, über Potsdam, wieder in Begleitung des Ehepaars Knorre.

HAMBURG

etwa 2./3. bis 26. Oktober	Logis im »Schwarzen Adler«.
14. Oktober	Freiherr von Rosenberg nimmt in seinem Haus, und in Anwesenheit von (Otto Heinrich?) Knorre, L in die Hamburger Loge »Zu den drei Rosen« auf, und zwar mit Überspringung des Lehrlings- und Gesellengrades gleich im Meistergrad. Brieflich erklärt Rosenberg (GBL 654a): »So gern ich gewünscht hätte, seine Aufnahme öffentlich zu veranstalten, so war es mir doch ohnmöglich zu bewerkstelligen, weilen er besonders Uhrsachen hatte, es annoch in Ansehung der Braunschweigischen Herrschaft eine Zeit hin geheim zu halten.«
15. Oktober	Rosenberg übergibt L seinen Maurerbrief (GBL 656), vielleicht in Anwesenheit der Mitunterzeichner Sudthausen, Detenhoff und Bubbers. Bei dieser Gelegenheit soll L angekündigt haben, in Wolfenbüttel eine Loge zu installieren. Dies ist nicht geschehen. – Brief von Karl Gotthelf L. (WuB XI/2, 249–250): »Nun habe ich den ersten Teil Deiner vermischten Schriften mit Bedacht wieder durchgelesen, und leider zu meiner eigenen Beschämung viele Druckfehler, außer denen, die Du mir in Deinen Briefen angezeigt, gefunden. [...] Sulzer hat mir sein Lexikon [»Allgemeine Theorie der Schönen Künste«, Band 1, Leipzig 1771] für Dich geschickt, und Du sollst es mit erster Gelegenheit bekommen.«
26. Oktober	Vom »Schwarzen Adler« aus nimmt L einen »Fuhrmann für die letzte Stunde«, um von den engsten Freunden »Abschied zu nehmen« (an Eva König, 31.10.; WuB XI/2, 255).

BRAUNSCHWEIG UND WOLFENBÜTTEL

28. Oktober	Frühmorgens wetterbedingte verspätete Ankunft in Braunschweig. – Im Auftrag des Herzogs Carl wird auf einer Braunschweiger Buchauktion ein Band für die Wolfenbütteler Bibliothek ersteigert (LBE 769).

28. bis 29. Oktober	Von Eva König (WuB XI/2, 252): »Warum haben Sie doch unsern Bitten nicht Gehör gegeben, und sind wenigstens nur bis Mittewoch [30.10.] noch hier geblieben? So hätten Sie vermutlich den abscheulichen Sturm, in dem Sie vorige Nacht die Elbe passieren mußten, nicht auszuhalten gehabt.«
31. Oktober	An Eva König (WuB XI/2, 254–255): »Ich bin glücklich und gesund, obschon erst am Dienstage früh, in Braunschweig angekommen. [...] Ich bleibe bis Morgen noch hier [...]. Ich sage Ihnen von unsern eigentlichen Angelegenheiten nichts; und werde Ihnen auch in meinen folgenden Briefen nur wenig davon sagen. Sie glauben nicht, wie viel ich auf ein einziges Wort von Ihnen baue, und wie überzeugt ich bin, daß so ein einziges Wort bei Ihnen auf immer gilt.« Und an Karl Gotthelf L. (S. 255–256): »Denn ich befinde mich seit gestern [!] wieder in Braunschweig, und denke morgen oder übermorgen vollends nach Wolfenbüttel zu gehn, um wieder einmal einen recht ruhigen und fleißigen Winter zu verleben. Gesund genug fühle ich mich dazu, und zu dem übrigen, was dazu nötig ist, wird wohl auch Rat werden.«
1./2. November	Heimkehr nach Wolfenbüttel. Danach Beginn einer völligen Umarbeitung des Trauerspiels »Emilia Galotti«.
9. November	Brief von Karl Gotthelf L. (WuB XI/2, 262): »Sulzer will sich durch mich bei Dir erkundigen, ob Du wohl Lust hättest, unter den vorteilhaftesten Bedingungen nach Wien zu gehen.« Die Erkundigung geschieht im Auftrag Gottfried Freiherrn van Swietens (siehe LiS 640 und 641).
13. November	Der Theaterprinzipal Conrad Ernst Ackermann stirbt in Hamburg.
14. November	L überschickt dem Bruder Karl Gotthelf für den zweiten Teil der »Vermischten Schriften« Oden und Verserzählungen, mit der Bitte, sie wiederum durch Ramler revidieren zu lassen. Nach Wien wolle er nur gehen, wenn es sich nicht um Theaterangelegenheiten handele und weil er irgendwann eine Veränderung benötige. »Ob ich schon mit meiner gegenwärtigen Situation eigentlich nicht Ursache habe, unzufrieden zu sein, auch wirklich nicht bin; so sehe ich doch voraus, daß meine Beruhigung dabei in die Länge nicht dauern kann.« (WuB XI/2, 262–263.)
20. und 25. November	Eva König rät L zur Annahme einer ihm zusagenden Wiener Anstellung.
Ende November	Döbbelin, den L nicht besonders schätzt, kommt mit seiner Schauspieltruppe zur Wintersaison nach Braunschweig und führt gleich anfangs einige Stücke von L auf. »Und doch würde ich mir den Weg um ihn auch noch nicht gemacht haben, wenn er mich, nebst seiner Frau, nicht ausdrücklich selbst abgeholet hätte. Nun [seit dem 6. Dezember] habe ich ihn dreimal spielen sehen, und bin wieder hier.« (An Eva König, 11.12.; WuB XI/2, 284.) Vermutlich hat L mit ihm schon zu diesem Zeitpunkt über die vorgesehene Braunschweiger Uraufführung der »Emilia Galotti« gesprochen.

Dezember	Aus Wien verlautet, dass Kaiser Joseph II. eine Akademie der Wissenschaften gründen will, und in deutschen Zeitungen wird zu L.s Ernüchterung bereits von einer Berufung Riedels, des eifrigsten Waffenträgers von Klotz, berichtet. Eva König erhält von ihren geerbten Wiener Fabriken ungünstige Nachrichten, so dass ihr eine zweite Reise immer unausweichlicher erscheint.
1. Dezember	Übersendung einer korrigierten Druckvorlage der »Miß Sara Sampson« an C. F. Voß für den Sammelband »Trauerspiele«.
6. Dezember	Von C. F. Voß erbittet L zur Schuldentilgung 600 Reichstaler, und zwar nicht als Vorschuss, sondern als Wechselverschreibung.
9. Dezember	Auf einer Buchauktion in Wolfenbüttel ersteigert L selbst oder durch einen Beauftragten zwei Bände für die Bibliothek (LBE 770–771).
24. Dezember	L dankt Voß für angekündigte 400 Reichstaler und informiert (WuB XI/2, 305): »Mit meinem neuen Stücke [»Emilia Galotti«] hätte ich vor, es auf den Geburtstag unsrer Herzogin, welches der 10te März ist, von Döbblinen hier zum erstenmale aufführen zu lassen. Nicht Döbblinen zu gefallen, wie Sie wohl denken können: sondern der Herzogin, die mich, so oft sie mich noch gesehen, um eine neue Tragödie gequält hat. [...] Auch bin ich über diese neue Tragödie fast wieder in den Geschmack des Dramatischen gekommen, und wenn die Lust anhält [...] so verspreche ich Ihnen auf den Sommer einen ganzen neuen Band zu den Lustspielen.« Es ist wohl an die Fertigstellung begonnener Stücke wie »Der Schlaftrunk« und »Die Matrone von Ephesus« gedacht, die jedoch nicht erfolgt ist.
25. Dezember	L verbringt den Weihnachtsfeiertag mit Zachariä im Weghaus Klein Stöckheim.
31. Dezember	Klotz stirbt in Halle. L an Karl Gotthelf L. (WuB XI/2, 312): »Es tut mir leid, daß ich Dir in Deinem Vorhaben, etwas aus dem Englischen zu übersetzen, weder raten noch helfen kann. [...] Mit meiner Tragödie geht es so ziemlich gut, und künftige Woche will ich Dir die ersten drei Acte [zur Korrekturdurchsicht] übersenden. [...] Mache nur, daß sogleich daran kann gedruckt werden.«
1772 1. Januar	Zur höfischen Neujahrsaudienz in Braunschweig. L bleibt dort drei Wochen, weil er auf nähere Nachrichten aus Wien wartet und zudem erkrankt.
7. und 14. Januar	Eva König teilt ihren Entschluss mit, nach Wien zu reisen, und rät L, sich nicht ohne vorher ausgehandelte Konditionen dorthin zu begeben.

16. Januar	An Eva König (WuB XI/2, 327): »Ich bin zu meinem großen Verdrusse noch in Braunschweig, und seit einigen Tagen an einer verzweifelten Kolik fast bettlägrig gewesen, die ich mir durch Erkältung zugezogen.«
um 20. Januar	L schickt die ersten drei Akte der »Emilia Galotti« nach Berlin.
25. Januar	An C. F. Voß (WuB XI/2, 334–335): »Die erste Hälfte meiner neuen Tragödie, werden Sie nun wohl in Händen haben. […] Je näher ich gegen das Ende komme, je unzufriedner bin ich selbst damit. […] Ob ich sie vor dem Drucke hier noch spielen lasse, wird darauf ankommen. Döbblin könnte sie zwar notdürftig besetzen: aber ich kann wohl sagen, daß seine ewige und unendliche Windbeutelei mich gar nicht geneigt macht, ihm irgend einen Gefallen zu erweisen.«
um 30. Januar bis Anfang März	L hält sich in Braunschweig auf, wo er Eva König erwartet und »Emilia Galotti« beendet.
1. und 3. Februar	Karl Gotthelf L. äußert sich begeistert über »Emilia Galotti«, macht aber auch einige Einwendungen über die Titelgestalt.
6. Februar	An Eva König (WuB XI/2, 348): »Mit meiner Gesundheit ist es ganz wieder bei dem Alten. […] Daß jedermann über die [Braunschweiger] Messe hier klagt, das versteht sich von selbst. Gleichwohl ist die ganze Welt vorgestern auf der Redoute gewesen; nur ich nicht.«
10. Februar	Dem Bruder Karl Gotthelf erläutert L die Konzeption der Gestalt Emilia Galotti.
vor 13. Februar	L unterbreitet Herzog Carl von Braunschweig und Lüneburg in einem (nicht überlieferten) Gesuch das Publikationsprojekt »Zur Geschichte und Litteratur. Aus den Schätzen der Herzoglichen Bibliothek zu Wolfenbüttel« und erbittet dafür Zensurfreiheit. Dieses Vorhaben spricht dafür, dass L keine Hoffnungen mehr auf Wien setzt.
13. Februar	Der Herzog bewilligt Druck und Zensurfreiheit (GBL 673).
17. Februar	Eva König und ihr Schwager und Teilhaber Friedrich Wilhelm brechen in Hamburg zur Reise nach Wien auf.
19. bis 21. Februar	Die beiden Reisenden sind in Braunschweig und logieren im Gasthof »Stern«. Ein Wiedersehen der Verlobten gibt es dann erst am 31. März 1775 in Wien.

um 1. März	L erfragt des Herzogs Einverständnis hinsichtlich der Aufführung der »Emilia Galotti« zum Geburtstag der Herzogin Philippine Charlotte. Die nicht überlieferte Antwort ist zustimmend gewesen und hat vielleicht den Premierentag mitbestimmt.
1. März	L schickt seinem Bruder Karl Gotthelf den Schluss der »Emilia Galotti«. – Gleim wünscht sich eine Vorrede zu seinen »Liedern für das Volk« (Halberstadt 1772). L hat der Bitte nur indirekt entsprochen, indem er Gleim am 22. März Gedanken zu einem solchen Vorwort mitteilt.
vor 12. März	Bei C. F. Voß in Berlin erscheint ein Einzeldruck der »Emilia Galotti«, ein ungekennzeichneter zweiter Abdruck folgt im Juli.
12. März	Karl Gotthelf L. entschuldigt sich bei seinem Bruder für übersehene Druckfehler und berichtet ausführlich von Mendelssohns Reaktion auf das Trauerspiel.
vor 13. März	L nimmt Einfluss auf die Rollenverteilung und Proben zur »Emilia Galotti« (GBL 676).
13. März	Uraufführung der »Emilia Galotti« im Braunschweiger Theater am Hagenmarkt durch die Döbbelinsche Truppe, mit einem versifizierten Vorspiel »Diana im Hayne bey dem Feste der Musen« und einem abschließenden Ballett »Philemon und Baucis oder Die belohnte Tugend«. Die Hauptrollen spielen: Catharina Döbbelin (Emilia), Carl Döbbelin (Odoardo), Hohl (Claudia), M. G. Lambrecht (Prinz), F. W. Schütz (Marinelli), G. L. Hempel (Graf Appiani), T. Schultz (Gräfin Orsina). L bleibt der Premiere fern, ebenso allen weiteren Vorstellungen: am 16.3., 6.4., 18.5., 1.6., 14.8., 28.9. und 25.11 sowie am 3. und 19.2.1773. Eine Aufführung sieht er erstmals im Wiener Burgtheater, am 19. April 1775.
14. März	Briefeloge von Ebert an »Shakespear-Lessing«, mit der Mitteilung, der Erbprinz Carl Wilhelm Ferdinand »ist gestern incognito da gewesen, und hat immer nachgelesen« (WuB XI/2, 378).
15. März	Eva König erhält ein Exemplar der am Vortag bei L eingetroffenen Bände des Einzeldrucks von »Emilia Galotti«, mit der Bitte, es in Wien an den Freiherrn von Gebler weiterzureichen.
16. März	Ebert bekommt zwei Exemplare, von denen eins für den Erbprinzen bestimmt ist. »Ich unterstehe mich nicht, ihm ein Paar Worte dazu zu schreiben. Wie angenehm mir sein geringster Beifall sein würde, versteht sich von selbst.« (WuB XI/2, 381.)
27. März	Eva König und ihr Schwager treffen in Wien ein. L.s Verlobte kann wegen immer neuer Probleme mit den ererbten beiden Fabriken erst nach drei Jahren heimkehren.

| April/August | Ähnlich wie im Juni/Juli des Vorjahres hat L wieder Konzentrations- und Schreibprobleme, die seine Arbeit am ersten Band der Sammlung »Zur Geschichte und Litteratur. Aus den Schätzen der Herzoglichen Bibliothek zu Wolfenbüttel« verzögern. |

| um 6. April | Besuch von J. G. Jacobi in Braunschweig und vielleicht auch in Wolfenbüttel, bei dem L in einer Gesellschaft Wielands »Geschichte des Agathon« (Frankfurt und Leipzig 1766–1767) unter sittlichem Aspekt kritisiert (GBL 679). Gleim an L, 13.4. (WuB XI/2, 400): »Unser Jacobi wird hoffentlich Sie angetroffen haben! Wär' es möglich gewesen, [...] so hätt' ich ihn begleitet, denn ich hörte [...], daß Emilia Galotti [am 6. April] aufgeführt werden sollte.« (Hiernach lässt sich die Datierung »April/Mai« in GBL präzisieren.) |

| 7. und 11. April | Nicolai und Karl Gotthelf L. berichten von Berliner Aufführungen der »Emilia Galotti« durch J. H. G. Koch. |

| 9. April | L übersendet seiner Mutter 50 Reichstaler. |

| 10. April | An Eva König schreibt L unter anderem (WuB XI/2, 396): »Hier hat D.[öbbelin] eine Art von sehr vorteilhaftem festen Engagement vom Hofe erhalten, warum sich der selige Ackermann umsonst bemühte. Wir gönnen es ihm alle gar nicht; und hätten es Ackermanns weit lieber gegönnt. Mein neues Stück hat er dreimal gespielt; aber ich habe es kein einzigesmal gesehen, und will es auch so bald nicht sehen. Unterdessen versichern mich alle, daß die Aufführung ganz wider Vermuten gut ausgefallen, und daß diese Truppe noch kein Stück so gut aufgeführt habe. Ich bin begierig zu hören, was man in Wien davon urteilt [...].« |

| um 19. April | Zur Leipziger Ostermesse erscheint bei C. F. Voß in Berlin der Band »Trauerspiele von Gotthold Ephraim Lessing. Miß Sara Sampson. Philotas. Emilia Galotti«. |

| 22. April | In einem Brief an Nicolai zeigt sich L nach wie vor an einer Fortsetzung der »Antiquarischen Briefe« interessiert. |

| 1. Mai | An Eva König (WuB XI/2, 411): »Ach ich stecke itzt in Arbeit bis über die Ohren, und quäle und püffle mich den ganzen Tag. Ich möchte nemlich, was ich in der Bibliothek angefangen habe, – und das ist nichts Geringers, als hundert tausend Bücher in eine völlig andre Ordnung bringen – gern diesen Sommer zu Stande haben; um vorkommenden Falls so geschwind hier abbrechen zu können, als möglich.« Diese Umstellung oder Neuordnung betrifft die Nova Supplementa, die nach dem Tod (1666) des Bibliotheksgründers, des Herzogs August II., hinzugekommenen Bücher. Eine so umfangreiche Umgestaltung lässt sich allerdings nicht in kurzer Zeit durchführen, und so hat sich denn das Unternehmen, freilich mit Unterbrechungen, über Jahre hingezogen und ist auch während L.s Amtszeit nicht abgeschlossen worden. |

2. Mai	Für einen zweiten Druck der Einzelausgabe von »Emilia Galotti«, der im Juli erscheint, schickt L seinem Bruder Karl Gotthelf ein Druckfehlerverzeichnis und empfiehlt ihm (WuB XI/2, 414): »[...] überlaß jetzt die ganze Arbeit lieber einem gedungenen Corrector. Dir möchte alles zu bekannt sein, und dann glaubt man oft zu lesen, was man nicht liest. Es ist genug, wenn Du Dir die letzte Revision geben läßt.«
15. Mai	Besuch von C. F. Cramer (GBL 683).
27. Mai	L hat seinen Diener »wegen hundert lüderlichen und infamen Streichen«, darunter vielleicht auch die Veruntreuung von Briefen, »zum Teufel jagen müssen« (an Eva König; WuB XI/2, 428).
26. Juni	L überreicht im Auftrag des Autors dem Herzog Carl von Braunschweig und Lüneburg ein Exemplar »Theatralische Werke. Erster Band« (Prag und Dresden 1772) des Freiherrn von Gebler, der Eva König in Wien nützlich ist.
15. Juli	Eva König schreibt aus Wien unter anderem (WuB XI/2, 442): »Ihr neues Stück ist vorige Woche drei Tage nach einander aufgeführt worden, und zwar mit außerordentlichem und allgemeinem Beifall. Der Kaiser [Joseph II.] hat es zweimal gesehen, und es gegen G.[ebler] sehr gelobt. Das muß ich aber auch gestehen, hat er gesagt, daß ich in meinem Leben in keiner Tragödie so viel habe lachen hören; zuweilen bei Stellen, wo, meiner Meinung nach, eher hätte sollen geweinet, als gelacht werden. / Die Vorstellung ist sehr mittelmäßig ausgefallen.«
24. Juli	Karl Gotthelf L. übersendet den korrigierten zweiten Druck der »Emilia Galotti«.
29. Juli	An Eva König (WuB XI/2, 447–448): »Gestern hat mich, raten Sie wer? aus Hamburg besucht. Doktor Matsen [...]. Ebert reiset mit Matsen in einigen Tagen zurück nach Hamburg, und er hat mir sehr angelegen, von ihrer Gesellschaft zu sein. Aber was soll ich in Hamburg? Sie, meine Liebe, noch lebhafter vermissen?«
Ende August	Besuch von Abel Seyler (GBL 690).
2. September	Mit ziemlicher Verspätung beantwortet L einen überschwänglichen (verschollenen) Brief Wielands über »Emilia Galotti« (WuB XI/2, 453): »Sie glauben nur, daß wir Freunde werden könnten? Ich habe nie anders gewußt, als daß wir es längst sind. Eine Kleinigkeit fehlt: uns gesehen zu haben.« Es kommt jedoch weder zu einem größeren Briefwechsel noch zu einer persönlichen Begegnung.

19. September	Besuch von J. G. Zimmermann und mit ihm zur Tafel vermutlich bei Maria Antonia von Branconi (GBL 692).
30. September	Von Gleim (WuB XI/2, 456): »Diesen Nachmittag Ein Uhr ist unser [J. B.] Michaelis, nachdem Er an der Schwindsucht, und einem Lungengeschwür bei nah ein Vierteljahr sehr krank gewesen, in die Ewigkeit gegangen. Ihnen, mein liebster Leßing, meld' ichs noch heute, denn sie waren sein Beförderer, sie kannten sein Genie, und stimmen in meine Klagen!«
um 23. Oktober	Cichin erweist nach eigener Aussage L »große Dienste« (GBL 694), anscheinend bei einem Finanzproblem.
25. Oktober	Nach mehrfacher Bitte Eva Königs schreibt L dem Freiherrn von Gebler einen Dankesbrief für einige Buchgeschenke.
26. Oktober	An Eva König (WuB XI/2, 463): »Ich werde in der Einsamkeit, in der ich hier leben muß, von Tag zu Tag dümmer und schlimmer. [...] Denn was hilft es mir, daß ich hier und in Braunschweig diesen und jenen besuchen kann? Besuche sind kein Umgang [...].« Den erhofft L sich nun wieder in Wien oder in Italien. »Ich habe neuerlich, durch den Grafen K. [vielleicht C. G. von Kaunitz-Rietberg], welcher mich hier in Wolfenbüttel besuchte, sehr dringende Veranlassungen bekommen, diese Reise nach Wien doch ja einmal zu tun [...].«
28. Oktober	An Karl Gotthelf L. (WuB XI/2, 466): »Ich habe gearbeitet, mehr als ich sonst zu arbeiten gewohnt bin. Aber lauter Dinge, die, ohne mich zu rühmen, auch wohl ein größerer Stümper eben so gut hätte machen können. Ehestens will ich Dir den *ersten Band von Beiträgen zur Geschichte und Litteratur, aus den Schätzen der herzogl. Bibliothek zu Wolfenbüttel etc.* schicken, womit ich so lange ununterbrochen fortzufahren gedenke, bis ich Lust und Kräfte wieder bekomme, etwas Gescheiteres zu arbeiten.«
30. Oktober	C. W. Jerusalem begeht Selbstmord in Wetzlar. Zuletzt noch hat er in »Emilia Galotti« gelesen. J. G. C. Kestner berichtet darüber an Goethe (LiS 721), der die Szene, wie viele andere Details aus Jerusalems Leben, im »Werther«-Roman (1774) verarbeitet. Hinterlassene Schriften von Jerusalem ediert L 1776.
27. bis 28. November	Auf der Rückreise von Wien nach Hamburg sucht F. W. König L auf, der darüber am 3. Dezember Eva König berichtet.
Dezember	Auf einer Buchauktion in Berlin lässt L einige Bände für die Wolfenbütteler Bibliothek ersteigern (LBE 772–790).

5. Dezember	Dem Bruder Karl Gotthelf erklärt L seine Unlust am Stückeschreiben, das »weder Geld, noch Ehre, noch Vergnügen« bringe, so dass ihm die Motivation fehle, »wenigstens zwölf« angefangene oder konzipierte Lust- und Trauerspiele auszuarbeiten (WuB XI/2, 484).
7. Dezember	L rät Eschenburg zur Annahme des ihm vom Erbprinzen Carl Wilhelm Ferdinand gemachten Antrages, dessen natürlichen Sohn Carl Graf von Forstenburg zu erziehen.
12. Dezember	Reiske informiert über eine Buchauktion in Leipzig, jedoch lässt L nichts ersteigern. »In dem übersandten Catalogo sticht mir manches in die Augen, das ich gar zu gerne für mich oder für die Bibliothek haben möchte, wenn mir nicht auf alle Weise die Hände gebunden wären.« (An Reiske, 22.1.1773; WuB XI/2, 508.)
1773 1. Januar	Zur Neujahrsaudienz am Braunschweiger Hof.
6. Januar	Auf der Hochzeit von Zachariä und H. S. E. Wegener, im Weghaus Klein Stöckheim. »Es hielt schwer, ehe ich lustig werden konnte. Aber endlich riß mich das Beispiel fort; und ich ward es, weil es alle waren.« (An Eva König, 8.1.; WuB XI/2, 495.)
12. und 13. und 22. Januar	Ebert, C. A. Schmid, C. G. Heyne und Reiske erhalten den soeben in Braunschweig erschienenen Band »Zur Geschichte und Litteratur. Aus den Schätzen der Herzoglichen Bibliothek zu Wolfenbüttel. Erster Beytrag«, mit Aufsätzen »Ueber die sogenannten Fabeln aus den Zeiten der Minnesinger. Erste Entdeckung«, »Leibnitz von den ewigen Strafen« und anderem.
vor 14. Januar	L bestärkt J. F. Häseler, sich um eine freie Superintendur in Schöningen zu bewerben, und bittet Eschenburg am 14. Januar brieflich um Fürsprache beim Erbprinzen.
19. Januar	Ebert berichtet von der Reaktion des Erbprinzen auf den »Leibnitz«-Aufsatz (WuB XI/2, 504): »Er [...] war darüber mit mir einig, daß schwerlich jemals ein solcher tragischer Dichter, ein so witziger Kopf, ein so scharfsinniger Philosoph, und ein solcher Litterator mit einander in Einer Person verbunden gewesen wären.«
28. Januar	Heyne bekundet seine Freude, »unser Bibliothekar-Handwerk, das durch so viele mittelmäßige Köpfe so weit herunter gebracht ist, durch Sie in einen solchen Glanz gesetzt zu sehen« (WuB XI/2, 515).
Anfang Februar	Der Erbprinz bescheidet L nach Braunschweig und bietet ihm das frei gewordene Amt des Hofhistoriographen als zusätzliches Tätigkeitsgebiet an. »Ich nahm seinen Antrag vorläufig an, ohne ihm jedoch zu verschweigen, daß ich allerdings, ohne eine bessere Aussicht, nicht

	mehr sehr lange allhier dürfte ausgehalten haben.« (An Eva König, 15.2.; WuB XI/2, 534.) Dann wird L zwei Monate lang hingehalten, so dass er auf Fluchtgedanken gerät, und erhält das Amt schließlich nicht.
Anfang März	Mit Empfehlungsbriefen von Nicolai und Gleim trifft F. Cacault in Wolfenbüttel ein, wo er, in engem Kontakt mit L, bis Mitte Juni bleibt und seine Studien zur deutschen Kultur und Literatur fortsetzt (GBL 713). Er veröffentlicht 1785 eine Übersetzung der »Hamburgischen Dramaturgie«.
18. April	An Karl Gotthelf L. (WuB XI/2, 538–539): »Ich bin in meinem Leben schon in sehr elenden Umständen gewesen, aber doch noch nie in solchen, wo ich im eigentlichen Verstande um Brot geschrieben hätte [... da] ich auf länger als anderthalb Jahre mein ganzes Salarium vor einiger Zeit aufnehmen müssen, um nicht verklagt zu werden.«
14. April	Eva König, deren Wiener Erbschaftsangelegenheit nach wie vor ungeklärt ist, bittet L, »Wolfenbüttel oder vielmehr die Stelle, die Sie daselbst begleiten, nicht eher [zu] verlassen, bis Sie einer andern versichert sind« (WuB XI/2, 541).
17. April	Bei aller Neigung zu seinem Lieblingsbruder kann Karl Gotthelf L. nicht verhehlen, wie fern er hohen Ansprüchen steht (WuB XI/2, 543): »Allein Eins muß ich Dich fragen: warum ziehst Du aus Deinen Schriften nicht mehr Vorteil? Ich ließe sie auflegen, so oft der Buchhändler Lust hätte; und wären sie mir gleich nicht so, wie ich sie haben wollte, so könnten sie doch der Welt nützlich sein. Man merkt nur zu sehr, daß die paar guten Schriftsteller in Deutschland sich von ihrem kleinen lesenden Publicum zu weit entfernen. Vielleicht ist nur die Höhe, auf welcher sie stehen, die Ursache des Kaltsinns gegen sie.«
26. April	Nicolai übersendet den ersten Band seines Romans »Das Leben und die Meinungen des Herrn Magister Sebaldus Nothanker«, in dem Religionsprobleme aus der (von L oft kritisierten) Sicht der Neologie, der antiorthodoxen Aufklärungstheologie, diskutiert werden.
18. Mai	Hochzeit von J. A. Ebert und Louise Gräfe. Die Anwesenheit L.s lässt sich nur mutmaßen.
27. Mai	Kammerherr von Kuntzsch heiratet in Hamburg Albertine von Düring.
18. Juni	Auf der Reise nach Pyrmont treffen Mendelssohn und Z. V. Ephraim in Braunschweig ein. Mendelssohn bittet L zu sich und bleibt bis 20. Juni in Braunschweig (GBL 715).
um 20. Juni	L begrüßt und beglückwünscht das Ehepaar von Kuntzsch in Braunschweig.

14. Juli	Karl Gotthelf L. erhält Hinweise zu einer geplanten Tragödie über Masaniello, einen Dramenstoff, der auch L selbst bereits (etwa um 1755) beschäftigt hat.
18. Juli	An Nicolai (WuB XI/2, 568): »Ihr Nothanker hat mir viel Vergnügen gemacht. Daß ich Ihnen aber meinen Dank dafür so lange schuldig geblieben, kömmt daher, weil er das letzte *Buch-Vergnügen* war, das ich seitdem genossen. [...] Ich weiß nicht ob ich wache, oder ob ich träume.«
August	Als einziger Wolfenbütteler subskribiert L auf Klopstocks angezeigte neue Schrift »Die deutsche Gelehrtenrepublik« (GBL 734; LiS 757), die 1774 in Hamburg mit einem umfangreichen Subskribentenverzeichnis erscheint.
14. August	Herder fragt für seine Studien über Volkspoesie nach Volksliedern in der Wolfenbütteler Bibliothek.
17. und 20. August	Aus der Kupferstichsammlung des Herzoglichen Naturalienkabinetts Braunschweig werden für L einige hundert Blatt zur Durchsicht zusammengestellt und ihm übergeben (Auflistung: HZE, S. 193–195).
1. September	Besuch des Wiener Grafen Migazzi zu Wall und Sonnenthurn (GBL 721).
20. September	Auf einer Buchauktion in Wolfenbüttel ersteigert L selbst oder durch einen Beauftragten einen Band für die Bibliothek (LBE 791).
um 29. September	Zur Leipziger Michaelismesse erscheint in Braunschweig »Zur Geschichte und Litteratur. Aus den Schätzen der Herzoglichen Bibliothek zu Wolfenbüttel. Zweyter Beytrag«, mit sieben Aufsätzen, darunter »Des Andreas Wissowatius Einwürfe wider die Dreyeinigkeit«.
ab September	Erster längerer Aufenthalt von E.T. Langer in Wolfenbüttel, mit dem L bald näheren Umgang hat (GBL 722).
vor Oktober	Bodmer schreibt ein parodistisches Pendant zu »Emilia Galotti« (LiS 759), das er fünf Jahre zurückhält und dann unter dem Titel »Odoardo Galotti, Vater der Emilia« (Augsburg 1778) anonym erscheinen lässt.
4. Oktober	Eva König bittet L, weitere Briefkontakte mit dem Freiherrn von Gebler zu halten, »weil er mir in Kurzem sehr nützlich wird sein können« (WuB XI/2, 587).

vor 5. Oktober	Besuch von Gleim (GBL 724).
9. Oktober	Heyne überschickt ein Exemplar seiner Pindar-Ausgabe für die Bibliothek (LBE 870) und lädt L für das kommende Frühjahr nach Göttingen ein, »wo ich und Prof. Dietz uns ein großes Fest machen wollten; und hierauf begleitete ich Sie nach Wolfenbüttel« (WuB XI/2, 589). L sagt zu (30.10), doch die Begegnung ist nicht zustande gekommen.
16. Oktober	Eschenburg teilt Nicolai mit, L »arbeitet itzt mit allem Eifer an seinem [Deutschen] Wörterbuche, u. hat den Winter dazu bestimmt, für dasselbe zu sammeln« (GBL 726). Nicolai erzählt davon Karl Gotthelf L. (siehe dessen Brief vom 20. November).
21. Oktober	Brief von Karl Gotthelf L. mit literarischen Neuigkeiten (WuB XI/2. 590 und 592): »Hast Du das Schauspiel Götz von Berlichingen gelesen? Vermutlich. Ich beneide den Verfasser [Goethe], dessen Name mir entfallen ist. Zeigen, daß man eben so viel Fehler, wo nicht mehrere, und fast eben so viel Vortrefflichkeiten als Shakespear, in ein Schauspiel zusammenhäufen kann, will etwas sagen! [...] Moses [Mendelssohn] fragt Dich, was Du eigentlich von den Oeuvres posthumes des Helvetius hältst? Ich habe ihm den ersten Teil zu lesen geben müssen, und er hat sich so wenig daraus erbaut, als ich. [...] Noch von einem andern Französischen Philosophen, Herrn Diderot! Er ist durch Leipzig nach Petersburg gegangen, und hat [...] den Atheismus gepredigt.«
30. Oktober	Besuch von Gerstenbergs und Klopstocks Freund G. F. E. Schönborn (GBL 727).
5. November	L erbittet Herzog Carls Fürsprache zur Ausleihe einiger Manuskripte aus der Bibliothek Gotha, wohin der Herzog gleich am nächsten Tag schreibt (GBL 729).
1. Dezember	An Eva König (WuB XI/2, 598): »Die einzige gute Nachricht kann ich Ihnen schreiben, daß ich sehr gesund bin. Ich glaube, der Ärger hält mich gesund.« Gemeint ist die Verstimmung über die noch immer unentschiedene Vergabe des Hofhistoriographenamtes.
23. Dezember	Eva König beruhigt den Verlobten (WuB XI/2, 606): »Daß der Bewußte [der Erbprinz] schon bei dem Antrage, Sie zu hintergehen gesucht haben sollte, kann ich nicht glauben [...]. Und wenn es wahr ist, [...] daß das Haus so sehr derangieret ist, daß es bald zu einer D.C.. [Debit-Commission: reichsgerichtliche Schuldenermittlung] kommen könnte, so wundere ich mich nicht, wenn Angelegenheiten von der Art vergessen werden.« Die Finanzlage des Herzogtums Braunschweig-Lüneburg ist tatsächlich sehr prekär gewesen.
Winter 1773/1774	L ist depressiv und unproduktiv. »Hier ist es aus; hier kann ich nichts mehr tun. Du wirst diese Messe auch nichts von mir lesen [...].« (An Karl Gotthelf L., 30.4.1774; WuB XI/2, 641.)

1774	Im Verlaufe des Jahres macht L die Bekanntschaft J. F. Schinks und bestärkt ihn in seinen dramatischen Versuchen.
um 1. Januar	Aufenthalt in Braunschweig; vermutlich bei der höfischen Neujahrsaudienz.
um 11. Januar	Besuch von G. F. W. Großmann.
23. Januar	Bittgesuch um Gehaltsvorauszahlung für drei Monate (WuB XI/2, 611), dem Herzog Carl noch am selben Tag zustimmt (GBL 737).
26. Januar	Verfügung zur Auszahlung (GBL 738).
um 1. Februar	L liest Goethes »Götz von Berlichingen«.
1. Februar	Mendelssohn äußert sich zu »Des Andreas Wissowatius Einwürfe wider die Dreyeinigkeit«.
22. Februar	Dem Bruder Karl Gotthelf umreißt L sein Verhältnis zu Orthodoxie und Neologie (WuB XI/2, 615): »Ich sollte es der Welt mißgönnen, daß man sie mehr aufzuklären suche? [...] Und was ist sie anders, unsere neumodische Theologie, gegen die Orthodoxie, als Mistjauche gegen unreines Wasser? [...] Flickwerk von Stümpern und Halbphilosophen ist das Religionssystem, welches man jetzt an die Stelle des alten setzen will; und mit weit mehr Einfluß auf Vernunft und Philosophie, als sich das alte anmaßt.«
26. März	Eva König kann noch immer keinen entscheidenden Fortschritt ihrer Wiener Angelegenheiten vermelden. Sie verweist L auf die Heidelberger Universität, an die verschiedene Professoren ohne Ansehen der Religion berufen worden seien.
8. April	L.s Antwort darauf, die ein viermonatiges Stillschweigen beendet, ist weder ablehnend noch hoffnungsvoll (WuB XI/2, 634–635): »Denn hier ist es länger nicht auszuhalten. [...] Von dem Erbprinzen [Carl Wilhelm Ferdinand von Braunschweig und Lüneburg], wie ich ihn nunmehr kenne, wenn er heute oder morgen zur Regierung kommen sollte, kann ich mir gewiß versprechen, daß er die ganze Bibliothek mit samt dem Bibliothekar lieber verkaufen wird, so bald sich nur ein Käufer dazu findet. [...] Wissen Sie indes unter der Hand etwas dabei [für eine Berufung nach Heidelberg] zu tun: so haben Sie alle Vollmacht [...].«
9. April	Das Ehepaar Kuntzsch verlässt auf längere Zeit Braunschweig. »Ich verliere an ihm [dem Kammerherrn] den einzigen Freund, gegen den ich mich wenigstens auslassen konnte.« (An Eva König, 8.4.; S. 635.)

um 15. April	Besuch von J. J. W. Heinse, J. G. Jacobi und J. A. Leisewitz (GBL 741).
18. April	Brief von S. B. Klose (WuB XI/2, 636): »Daß man bei uns [in Breslau] nach Ihnen sich sehnt können Sie leicht glauben […].«
22. April	Karl Gotthelf L. berichtet von erfolgreichen Aufführungen des »Götz von Berlichingen« mit Ausstattung nach Entwürfen J. W. Meils.
30. April	L antwortet (WuB XI/2, 642): »Daß Götz von Berlichingen großen Beifall in Berlin gefunden, ist, fürchte ich, weder zur Ehre des Verfassers, noch zur Ehre Berlins. Meil hat ohne Zweifel den größten Teil daran. Denn eine Stadt, die kahlen Tönen nachläuft, kann auch hübschen Kleidern nachlaufen.« L.s Verhältnis zum Sturm und Drang ist stets ein zwiespältiges geblieben.
Mai	Bekanntschaft mit J. F. Reichardt bei Zachariä (GBL 742).
1. Mai	Antwort auf Mendelssohns Brief (vom 1. Februar) über »Des Andreas Wissowatius Einwürfe wider die Dreyeinigkeit«.
28. Mai	Notruf von Dorothea Salome L., der Mutter mit 100 Talern bedrängteste Verhältnisse zu mildern und früheren Hilfeversprechungen nachzukommen.
31. Mai	Eschenburg in der Wolfenbütteler Bibliothek.
ab Juni	Im Zeitraum bis etwa Mitte 1775 entsteht der Fragment gebliebene Aufsatz »Leben und leben lassen. Ein Projekt für Schriftsteller und Buchhändler« (siehe: Buchhandel und Literatur. Festschrift Göpfert. Wiesbaden 1982, S. 66), den L im Januar 1780 Lichtenberg zur Publikation anbietet.
24. Juni	L quittiert über den Jahresetat der Bibliothek von 200 Talern (GBL 746).
29. Juli	Justina Salome L. setzt ihren Sohn stärker denn je unter Druck (WuB XI/2, 659–660): »Ach wolte Gott Theophilus hätte so eine Station wie du er hätte gewis gehalten was du versprochen hast«, das heißt die vom Vater hinterlassenen Schulden zu tilgen.
30. Juli	Stammbucheintrag für E. T. Langer (GBL 749).

um 31. Juli	J. von Hermann überbringt einen Brief Eva Königs (GBL 750). Mendelssohn macht auf einer Reise nach Pyrmont in Braunschweig oder Wolfenbüttel Station.
12. August	L übersendet Herzog Carl den soeben in Braunschweig erschienenen Band »Vom Alter der Oelmalerey aus dem Theophilus Presbyter«, mit der Bitte, diesem Teildruck eines unbekannten Manuskripts aus der Wolfenbütteler Bibliothek späterhin einen vollständigen Druck folgen lassen zu dürfen (erfolgt 1781 im sechsten und letzten Beitrag »Zur Geschichte und Litteratur«).
14. August	J. J. Reiske stirbt in Leipzig.
27. August	C. G. Heyne schickt einen Nachtrag zu seiner Pindar-Edition und berichtet von Reiskes Tod.
1. September	Besuch von J. G. Büsch aus Hamburg (GBL 751).
5. September	Begegnung mit und Stammbucheintrag für P. H. Giseke (GBL 752).
24. September	An Eschenburg (WuB XI/2, 664): »Ich möchte aus [G. H. A.] Kochs Büchern, die auf den Montag [26.9.] in Braunschweig verauctioniert werden sollen, gern einige für die Bibliothek haben. [...] Haben Sie doch also die Güte für mich darauf zu bieten, oder bieten zu lassen.« (Nachweis der Bände: LBE 727 und 830; dort ohne Zuweisung zu der von L genannten Auktion.)
um 29. September	Zur Leipziger Michaelismesse erscheint in Braunschweig »Zur Geschichte und Litteratur. Aus den Schätzen der Herzoglichen Bibliothek zu Wolfenbüttel. Dritter Beytrag«, darin unter anderem der Aufsatz »Von Adam Neusern, einige authentische Nachrichten« und ein Kapitel aus H. S. Reimarus' »Apologie«: »Von Duldung der Deisten. Fragment eines Ungenannten«. Weitere Fragmente folgen 1777 im »Vierten Beytrag« und lösen dann den so genannten Fragmentenstreit aus.
14. Oktober	Ernestine Reiske schickt alle wissenschaftlichen Manuskripte und mit Notizen versehenen Bücher ihres verstorbenen Mannes an L. Ein Beischreiben ist nicht überliefert, auch keine Antwort.
21. Oktober	An Eschenburg (WuB XI/2, 665): »Ich bin eine Zeit her so krank, so verdrießlich, so beschäftiget gewesen, daß ich es ganz vergessen, Ihnen zu antworten.« L äußert sich über den Heiligen Gral und die mittelalterliche Gralsliteratur.

22. Oktober	Von C. F. Voß gemahnt, stellt L ihm nochmals die Fertigstellung des zweiten Bandes der »Vermischten Schriften« in Aussicht und bietet sich als Herausgeber eines weiteren Kapitels des »Ungenannten« an.
26. Oktober	An Eschenburg, nach Lektüre des von ihm erhaltenen »Werther«-Romans, bei der L offenkundig die Titelfigur mit C.W. Jerusalem sehr direkt gleichsetzt und deshalb fordert (WuB XI/2, 667): »Ein Paar Winke hinterher, wie Werther zu einem so abenteuerlichen Charakter gekommen; wie ein andrer Jüngling, dem die Natur eine ähnliche Anlage gegeben, sich dafür zu bewahren habe. Denn ein solcher dürfte die poetische Schönheit leicht für die moralische nehmen, und glauben, daß der *gut* gewesen sein müsse, der unsere Teilnehmung so stark beschäftigt. Und das war er doch wahrlich nicht; ja, wenn unsers J**s Geist völlig in dieser Lage gewesen wäre, so müßte ich ihn fast – verachten.«
um 5. bis 8. November	Viertägiger Aufenthalt von H. Graffman. L führt ihn in die Bibliothek ein und begleitet ihn nach Braunschweig zu einem Besuch von Ebert, Eschenburg und J. F. W. Jerusalem (GBL 755 bis 756).
11. November	Unter anhaltenden Depressionen verliert L immer mehr von seinen einstigen Interessen und steht kurz vor der Resignation, wie er seinem Bruder Karl Gotthelf bekennt (WuB XI/2, 671): »Ich sehe meinen Untergang hier vor Augen, und ergebe mich endlich drein. [...] sonst liefe ich wirklich Gefahr, über das theatralische Unwesen (denn wahrlich fängt es nun an in dieses auszuarten) ärgerlich zu werden, und mit Göthen, trotz seinem Genie, worauf er so pocht, anzubinden.«
12. November	Ähnlich an Ramler (WuB XI/2, 672–673): »Mit mir ist es aus; und jeder dichterische Funken, deren ich ohnedies nicht viel hatte, ist in mir erloschen. [...] Möchte es doch Ihr recht ernstlicher Vorsatz sein, mich zu besuchen.« Ramler ist nicht nach Wolfenbüttel oder Braunschweig gekommen; ein Wiedersehen erfolgt am 25. Februar 1775 in Berlin.
26. November	L erinnert Eschenburg an ein Versprechen, ihm C. F. von Blankenburgs »Versuch über den Roman« (Leipzig und Liegnitz 1774) zu leihen.
8. Dezember	An Johannes Theophilus L. (WuB XI/2, 678): »Ich befinde mich seit zwei Jahren in den allerverwirrtesten kümmerlichsten Umständen, und versinke immer tiefer. Was soll ich also der Mutter antworten? [...] Sei ohne Sorgen für mich. Ich kann für mich allerlei Umstände aushalten: nur Verdacht, Geringschätzung und Haß von denen nicht, für die ich gern in einer besseren Lage alles tun wollte. Sichre mich, in Ansehung unserer Mutter, nur hiervor, und du hast mir den größten Dienst getan, den mir itzt nur ein Mensch leisten kann.«
vor 16. Dezember	L informiert Herzog Carl über eine im Weghaus Klein Stöckheim befindliche Zeichnung und erbittet sie für die Bibliothek (Brief nicht überliefert).

16. Dezember	Herzog Carl verfügt die Überlassung des Bildes, wovon L vier Tage später durch die Fürstliche Kammer benachrichtigt wird (GBL 760a+b).
24. Dezember	L quittiert den Erhalt seiner Besoldung für das Weihnachtsquartal, 150 Taler (GBL 761).
26. bis 29. Dezember	Briefliche Beratung mit Eschenburg über eine Edition nachgelassener Aufsätze von C.W. Jerusalem, bei der es Rücksichten auf den Vater des Toten zu nehmen gilt.
28. Dezember	Nach Abwendung eines drohenden Prozesses und gefährlicher Krankheitssymptome berichtet Eva König, der L seit fast neun Monaten nicht mehr geschrieben hat, von einem wesentlichen Teilerfolg in Wien, dass sie »endlich der größten Bürde, der Seidenfabrik«, ledig sei, »und zwar zu bessern Bedingungen« als je geglaubt. »Käme ich von der Spalierfabrike [Tapetenfabrik] eben so, so könnte ich von Glück sagen.« (WuB XI/2, 682–683.)
1775 1. Januar	L kommt – vermutlich zur höfischen Neujahrsaudienz – nach Braunschweig und bleibt dort etwa zwei Wochen, in denen er die Modalitäten für eine längere Reise nach Leipzig, Dresden und Berlin klärt, auch hinsichtlich eines weiteren Verdienstvorschusses.
nach 1. Januar	J. F. W. Jerusalem billigt, in einem verlorenen Brief, die Herausgabe nachgelassener Schriften seines Sohnes. L stellt diesen Band »Philosophische Aufsätze von Karl Wilhelm Jerusalem« vor seiner Abreise bis auf eine Vorrede fertig, die er zunächst noch unterwegs schreiben zu können hofft (siehe GBL 772f), doch erst ein Jahr später, nach der Rückkehr von Italien, verfasst hat.
9. Januar	Bei Eschenburg (GBL 762).
10. Januar	An Eva König (WuB XI/2, 688–689): »Diese drei Jahre [in Wien] waren ein garstiger Traum für Sie [...]. Sie wollen es selbst nicht, meine Liebe, daß ich es Ihnen mit Worten viel beteuern soll, wie sehr ich mich freuen werde, Sie wieder zu sehen. Wenn ich anders noch weiß, was sich freuen heißt!«
14. Januar	Dem Bruder Karl Gotthelf L wird die vorgesehene Reise angekündigt.
17. Januar	Nicolai schickt seine Parodie »Freuden des jungen Werthers, Leiden und Freuden Werthers des Mannes« (Berlin 1775) und berichtet von einem Aufenthalt in Dresden.
18. und 19. Januar	Reskripte des Herzogs Carl zur Vorschusszahlung, erst irrtümlich von 150 und dann richtig von 300 Talern, an L (GBL 764 und 765).

3. Februar	Übergabe der Bibliotheksgeschäfte an Cichin (GBL 767) und Aufbruch nach Braunschweig.
3. bis 7./8. Februar	In Braunschweig. Abschiedsaudienz bei Herzog Carl und Abschied von den engeren Freunden.
7./8. bis 10. Februar	Nochmals in Wolfenbüttel, um eine Angelegenheit für den Kammerherrn von Kuntzsch zu regeln (GBL 770 und 771).
8. Februar	Dank an Wieland für einen (nicht überlieferten) Brief (WuB XI/2, 693): »Recht gut, daß es Ihnen von Zeit zu Zeit ein Dritter sagt, wie sehr ich Sie verehre. Ganz gewiß fehlt zur vertrautesten Freundschaft unter uns, nichts als persönlicher Umgang.« Beiträge für Wielands Zeitschrift »Der Teutsche Merkur« lehnt L höflich ab. Einen angekündigten ausführlicheren Brief aus Berlin hat er nicht geschrieben.
10. Februar	Abreise nach Leipzig.

LEIPZIG

16. bis 24. Februar	»Meine Reise von Wolfenbüttel bis Leipzig war die unangenehmste, die man sich nur immer denken kann. Mehr als sechsmal bin ich umgeschmissen worden, und mehr als zehnmal stecken geblieben; endlich bin ich den Donnerstag [16.2.] Abends in Leipzig angekommen; anstatt daß ich des Dienstags früh hätte ankommen sollen.« (An Kammerherrn von Kuntzsch, 16.3.; WuB XI/2, 703.) In mehreren Gesprächen mit C. F. Weiße äußert sich L kritisch über den Sturm und Drang, insbesondere über Goethe und J. M. R. Lenz (GBL 772). Er besucht Ernestine Reiske (GBL 773), die wohl nicht nur von ihren Absichten als Nachlassverwalterin ihres Mannes spricht und einige Bücher für die Bibliothek verkauft (LBE 375–377), sondern ihm möglicherweise auch eine Liebeserklärung macht. (Bald nach L.s Abreise hat es Gerüchte gegeben, er werde »Reiskens Witwe« heiraten; LiS 787.) Weitere Gesprächspartner sind Adelung, C. F. Cramer und Platner (GBL 774–776).
20. Februar	L sieht eine Aufführung der »Miß Sara Sampson« durch die Ilgenersche Schauspielergesellschaft (GBL 778).
21. Februar	Besuch eines Konzerts von J. A. Hiller (GBL 779).
vor 24. Februar	Abschied von Weiße, letzte Begegnung der beiden Freunde.

BERLIN

25. Februar
bis 14. März
L logiert bei seinem Bruder Karl Gotthelf in der Alten Leipziger Straße 1.

25. Februar
Gleich nach der Ankunft in Berlin begibt sich L zur Feier des 50. Geburtstages von Ramler (GBL 781).

ab
26. Februar
Gespräche mit Mendelssohn und Nicolai über Orthodoxie und Neologie, »Emilia Galotti« und geplante, jedoch ungeschrieben gebliebene »Wertherische Briefe« (GBL 785). L bekommt eine Stellung beim Berliner Theater angeboten und wird nach neuen Stücken bedrängt (GBL 782). Er soll der jugendlichen »Werther«-Schwärmerin Sara Meyer gegen ihre Eltern und Mendelssohn beigestanden haben (GBL 786).

Einladung zu Friedrich August Prinz von Braunschweig und Lüneburg (nicht zu Prinz Friedrich von Preußen), über die L an Herzog Carl berichtet (zitiert im Brief an Kuntzsch, 17. bis 25. März).

um
28. Februar
Der österreichische Gesandte Freiherr van Swieten lässt L zu sich bitten, »sobald er wußte, daß ich in Berlin war, und sein Zureden, nebst meiner eignen gegenwärtigen so hundsvöttschen Lage, (die Sie wohl kennen) haben mich endlich bewogen, wenigstens das Terrain dort [in Wien] zu sondieren«, ausgestattet mit Empfehlungsschreiben (an Freiherrn von Kuntzsch, 17.–25. 3.; WuB XI/2, 704).

7. März
L informiert Eva König über den durch van Swieten bewirkten Entschluss (WuB XI/2, 696): »Wenn Sie nur noch vier Wochen in Wien bleiben: so habe ich das Vergnügen, Sie in Wien zu sehen. Oder vielmehr: ich bitte Sie, [...] auch noch diese kurze Zeit daselbst verweilen [zu] wollen.«

9. März
Dank an Bode für seine Übersetzung »Tristram Schandis Leben und Meinungen« (von Sterne, 9 Bände, Hamburg 1774), die L »so sehr [...] zufrieden« gemacht hat, wie er »mit einem deutschen Tristram nimmermehr zu sein hoffen durfte« (WuB XI/2, 698); das durch Bode übermittelte Anerbieten, Dramen für das Hamburger Theater zu schreiben, lehnt L ab.

14. März
Abschiedsbesuch bei Ramler, der einen Brief an den Freiherrn von Gebler mitgibt (GBL 789).

MEISSEN

15./16. März
Auf der Durchreise besucht L seinen alten Lehrer J. A. Klimm (GBL 790).

DRESDEN

16. bis 26. März

L werden Aussichten auf verschiedene Anstellungen eröffnet. Er besucht die Dresdener Kunstsammlungen und spricht ihnen zugehörige oder nahestehende Personen wie P. D. Lippert und J. F. Wacker (GBL 794 und 795), wohl auch C. L. von Hagedorn und C. H. von Heinekken. Von Dresden aus soll eine Kiste mit Büchern und Manuskripten (zum zweiten Teil der »Vermischten Schriften«, zum »D. Faust« und anderen Dramen) ab- und unterwegs verloren gegangen sein.

17. März

Eva König wiederholt ihre bereits zwei Tage zuvor geäußerte Bitte, den Aufenthalt in Dresden zu verkürzen, weil sie gleich nach Ostern (16. April) in Hamburg sein müsse.

24. März

An Eva König (WuB XI/2, 707): »Ich danke Ihnen, daß Sie mich also noch in Wien erwarten wollen. Und wenn ich doch nun fliegen könnte! Aber so kann ich auf keine Weise eher, als übermorgen früh (den 26ten) von hier nach Prag abgehen. In Prag will ich nur einen einzigen Mann [vermutlich Ignaz Edlen von Born] sprechen, und brauche mich also über einen Tag nicht daselbst aufzuhalten.« L plant einen höchstens zweiwöchigen Aufenthalt in Wien.

25. März

Abschluss eines am 17. März begonnenen Briefes an den Freiherrn von Kuntzsch. »In Wolfenbüttel müßte ich schlechterdings im Schlamme ersticken, und keinem Menschen ist eigentlich daran gelegen, ob ich länger dableibe, oder nicht. Auch in Berlin, auch in Dresden hat man mir Vorschläge die Menge gemacht; und wenn es mir in Wien doch nicht gefallen sollte, so steht es nur bei mir, die einen oder die anderen zu ergreifen, bei deren keinen ich mich nichts weniger als verschlimmern würde.« (WuB XI/2, 704) Beigelegt wird ein Schreiben an Herzog Carl mit der Bitte, den gewährten Urlaub wegen der unverhofften Wien-Reise zu verlängern.

WIEN (31. MÄRZ BIS 25. APRIL)

31. März

Nach der Ankunft in Wien trifft L sich sofort mit Eva König; es ist das erste Wiedersehen der Verlobten nach reichlich drei Jahren.

1. April

Erste persönliche Begegnung mit dem Freiherrn von Gebler (GBL 798), der L zu verschiedenen Wiener Persönlichkeiten hinführt oder begleitet und in einem Brief an Nicolai bilanziert (GBL 808d): »Nie ist noch ein *deutscher* Gelehrter hier mit solcher Distinction aufgenommen worden, als unser vortreflicher gemeinschaftlicher Freund [...].«

nach 1. April

Eva König macht L mit einigen Personen ihres engeren Wiener Bezugskreises bekannt, darunter ihr Arzt Anton van Haen.

um 5. April	Audienz bei Kaiserin Maria Theresia und Kaiser Joseph II. Danach Einladungen zu Staatskanzler Graf Kaunitz-Rietberg, Fürst Liechtenstein, Gräfin Thun-Hohenstein und in andere Adelshäuser (GBL 800–802).
7. April	Besuch bei J. H. F. Müller und wenig später mit ihm Ausflug nach Klosterneuburg, wo L die Spur eines mittelalterlichen Marienlebens entdeckt, die zur Auffindung des Manuskripts führt (GBL 804 und 805).
14. April	Maximilian Julius Leopold Prinz von Braunschweig, der in Begleitung des Obersten Friedrich Carl Bogislaus Warnstedt am 3. April zu einer Bildungsreise nach Venedig aufgebrochen ist und zugleich eine Offiziersstelle in österreichischen Diensten sucht, trifft in Wien ein und wird zwei Tage später am kaiserlichen Hof empfangen. Mehrfach lädt er L zu sich ein. »Weil er mir nun sehr anlag, ihn dahin [nach Italien] zu begleiten, mit der Versicherung, bei seinem Vater [Herzog Carl] alles gut zu machen, so habe ich es endlich getan, in Betrachtung, daß meine Umstände dadurch nicht schlimmer werden können, und ich auf diese Weise (gesetzt, daß wir auch nicht weiter reisen, als Venedig) dennoch wenigstens einen Vorschmack von Italien bekomme.« (An Karl Gotthelf L., 7.5.; WuB XI/2, 715.) Allerdings hat die Reise dann doch weiter geführt und länger gedauert, so dass sich die ersehnte Verbindung mit Eva König ein weiteres Mal verzögert.
17. April	L besucht eine Aufführung von F. W. Gotters Trauerspiel »Merope« im Burgtheater (GBL 807).
19. April	»Emilia Galotti« im Burgtheater, die erste Aufführung seines Trauerspiels, der L selbst beiwohnt. Er wird vom begeisterten Publikum auf die Bühne gerufen (GBL 808b+d).
20. April	Aufführung von Diderots »Hausvater« in L.s Übersetzung, Burgtheater.
21./24. April (?)	»Minna von Barnhelm« im Burgtheater.
21. bis 22. April	Ausflug mit Prinz Leopold und Oberst Warnstedt nach Preßburg.
23. April	Abschiedsaudienz für Prinz Leopold bei Maria Theresia, die auch L empfangen haben soll (GBL 811c).
24./25. April	Abschied von Eva König. Die Verlobten sehen sich erst Anfang August 1776 in Hamburg wieder.
25. April	Aufbruch von Wien, Reise bis Kemmelbach.

26. April	Von Kemmelbach bis Vöcklabruck.
27. April	Von Vöcklabruck bis Salzburg.

SALZBURG

28. April	Zur Tafel bei Erzbischof Graf Colloredo. Ausflug nach Hallein, vermutlich Besichtigung der dortigen Salzbergwerke.
29. April	Weiterreise bis St. Johann. – Brief von Eva König mit der Nachricht, dass sie demnächst über Heidelberg nach Hause zurückkehren werde. »Gott mag es Ihrem Pr.[inzen] L.[eopold] verzeihn, daß er mich um Ihre Gesellschaft gebracht hat, ich verzeihe es ihm nimmermehr.« (WuB XI/2, 712.)
30. April	Von St. Johann bis Innsbruck.

INNSBRUCK

1. Mai	Abends im Schauspielhaus.
2. Mai	Weiterreise bis Brixen.
3. Mai	Von Brixen bis S. Michele all'Adige.
4. Mai	Von S. Michele all'Adige bis Torbole.
5. Mai	Von Torbole bis Brescia, mit Überquerung des Gardasees.

BRESCIA

6. Mai	Besuch einer Galerie, wahrscheinlich der Bildergalerie im Palazzo Avogadri, die als bedeutendste der Stadt gilt, außerdem der Gemäldesammlung des Grafen Faustino Lecchi (LIR I, 214).

7. Mai	Von Brescia bis Mailand, wahrscheinlich in Begleitung des Grafen Lecchi (siehe LIR I, 216). Nach der Ankunft Brief an Karl Gotthold L. (WuB XI/2, 715): »[...] sehr gefällt mir noch alles, was ich in dieser Gegend höre und sehe.«

MAILAND

7. bis 17. Mai	Logis im Hotel »I tre Re«. Besichtigung des Doms, Besuch im Teatro Regio Ducale (das dann im Februar 1776 ausbrennt) und Ausflug zu den mit Park- und Schlossanlagen versehenen Borromäischen Inseln im Lago Maggiore (LIR 216–218).
8. Mai	An Eva König (WuB XI/2, 716): »[...] ich befinde mich noch recht wohl, außer daß meine Augen von der Sonne und dem Staube, die wir so häufig unterwegens gehabt, sehr gelitten haben. [...] Nutzen werde ich nur sehr wenig von meiner Reise haben, da ich überall mit dem Prinzen gebeten werde, und so alle meine Zeit mit Besuchen und am Tische vergeht. Heute haben wir bei dem Erzherzoge [Ferdinand von Österreich] gespeiset.«
9. Mai	Zur Tafel bei Francesco III. Maria Duca di Modena.
10. Mai	Bei Carl Joseph Graf Firmian, Kunst- und Büchersammler (GBL 818).
16. Mai	Begegnung mit Carlo Trivulzio Conte di Melzo (GBL 820).
17. Mai	Weiterreise bis Cremona.
18. Mai	Von Cremona bis Mantua. Dort Logis im Hotel »Ancora verde«.

MANTUA

19. Mai	Besichtigung von Kunstwerken, darunter vermutlich die Fresken von Giulio Romano im Palazzo del Te. Begegnung mit Giovanni Conte d'Arco. Abends Schauspiel, entweder im Ducale Teatro Vecchio oder im Ducale Teatro Nuovo (LIR I, 219).
20. Mai	Weiterreise bis Verona.

VERONA

21. Mai   Besichtigung des antiken Amphitheaters, der Sammlungen im Palazzo Muselli, der Musikakademie Societas Philarmonicorum und anderer Sehenswürdigkeiten (LIR I, 220).

22. Mai   Weiterreise bis Vicenza.

23. Mai   Von Vicenza zunächst nach Padua und dort wohl Besichtigung der Basilica Sant'Antonio (LIR I, 221). Auf dem Wasserweg weiter bis Venedig.

VENEDIG

23. Mai bis 4. Juni   Logis in der Casa di Pietro Danna, im Bezirk San Giovanni Crysostomo (GBL 821/1). Die Stadt ist wegen der bevorstehenden Staatsfestlichkeiten zum Himmelfahrtstag überfüllt.
»Einer von meinen ersten Gängen hier in Venedig ist nach St. Christoforo gewesen, um zu sehn, wo unser Freund [Engelbert König] ruht, und seinem Andenken auf seinem Grabe, eine aufrichtige Träne zu schenken.« (An Eva König, 2.6.; WuB XI/2, 719.)

24. Mai   Beginn der Festlichkeiten, Präsentation des Domschatzes von San Marco. Abends in der Oper.

25. Mai   Feierlichkeiten am Himmelfahrtstag aus Anlass der traditionellen Sposalizio (symbolische Vermählung des Dogen mit dem Meer), in Anwesenheit des Kaisers Joseph II. und seines Bruders Peter Leopold Großherzog von Toskana.

26. Mai   Besichtigung des Arsenals, des Werftgeländes mit seinen Werkstätten.

27. Mai   Regatta auf dem Canale Grande zu Ehren des Kaisers.

29. Mai   Abends in einem der Theater.

31. Mai   Nach längerem Unwohlsein unterzieht L sich einem Aderlass.

1. Juni   Besuch eines Konzerts im Conservatorio dei Mendicanti, einem nur aus jungen Mädchen bestehenden Chor und Orchester.

2. Juni	An Eva König (WuB XI/2, 718–720): »Wir [...] gehen noch erst nach Florenz: so daß [...] wir schwerlich eher als in der Mitte des Julius wieder in Wien sein können. [...] Und das hat man nun davon, wenn man sich mit Prinzen abgiebt! [...] von der Reise selbst habe ich weder viel Vergnügen, noch viel Nutzen.« Sie hat schließlich bis Mitte Dezember gedauert.
4. Juni	Weiterreise per Schiff nach Ferrara.
5. Juni	Von Ferrara bis Cento. Besichtigung der Kirchen mit Hauptwerken von Guercino. – Eva König schreibt aus Heidelberg (WuB XI/2, 721 und 723): »Den 7. Mai bin ich von Wien abgereist, in Gesellschaft eines Buchhändlers aus Geldern, und bin mit ihm den 13ten glücklich in Heydelberg angelangt. [...] Mein hiesiger Bruder [J. G. Hahn] wünscht nichts sehnlicher, als Sie kennen zu lernen.«
6. Juni	Von Cento bis Bologna.

BOLOGNA

6. bis 16. Juni	Logis in der Locanda del Pellegrino, einem renommierten Hotel.
9. Juni	Zu Tisch bei Kardinal Antonio Branciforte Colonna (GBL 823).
um 10. Juni	Von Prisco Egidio Conti geführter Besuch des Istituto delle Scienze im Palazzo Poggi, bestehend aus einer Academia delle Scienze und einer Academia di Belle Arti, mit Bibliothek, Museen, Laboratorien und Observatorium. Präsident des Instituts ist zu dieser Zeit Franceso Maria Zanotti, der 1760 zusammen mit L in die Berliner Königliche Akademie aufgenommen worden ist. Vielleicht haben beide miteinander gesprochen. Begegnung mit dem am Institut angestellten Mechaniker Giuseppe Bruni. Besichtigung verschiedener Kapellen, Palais und einiger der insgesamt 53 Seidenmühlen der Stadt.
14. Juni	Domenico Piò führt durch die Skulpturensammlung des Instituts. Besichtigung der Sternwarte.
15. Juni	Begegnung mit Luigi Marchese Angelelli. Auftritt der Sängerin und Violinistin Maria Laura Lombardini-Sirmen.
16. Juni	Weiterreise nach Florenz.

FLORENZ

16. Juni bis 10. Juli	Begegnungen und Gespräche mit Johann Bernoulli (GBL 830).
18. Juni	In einem der drei Theater der Stadt.
19. Juni	Empfang bei Peter Leopold Großherzog und Marie Louise Großherzogin von Toskana (GBL 831).
20. Juni	Zur Tafel bei Bartolomeo Corsini Principe di Sisimano. Begegnung mit Anton Graf Thurn-Valsassina.
20. bis 22. Juni	Abends jeweils im Theater.
21. Juni	Zur Tafel bei Earl Cowper (GBL 831).
23. bis 30. Juni	Abends im Theater.
25. Juni	Begegnung mit Johann Carl Anton Graf Goëss.
26. Juni	Besichtigung des Palazzo Pitti, der großherzoglichen Residenz. Fortgesetzt am 6. Juli.
1. bis 9. Juli	Abends im Theater.
2. Juli	Prinz Lepold kauft von dem Bildhauer Francis Harwood »Marmor Proben« (LIR I, 231). Vielleicht ist auch L mit dem Künstler zusammen gekommen. – Eva König schreibt aus Heidelberg (WuB XI/2, 724): »So bald ich mit meinem Geschwister aus einander gesetzt bin [in der Erbschaftsangelegenheit nach dem Tode der Mutter], welches im August [...] geschehen wird, so muß ich auch einen sichern Entschluß fassen, wo ich meinen Wohnplatz nehmen will. [...] Eben deswegen, und noch so vieler Dinge wegen, wünschte ich Sie zu sprechen, bevor ich nach Hamburg gehe.«
5. Juli	Ausflug zum Lustschloss Pratolino. Am Nachmitag Besichtigung des Palazzo degli Uffizi, mit den Kunstsammlungen der Medici, darunter die Venus von Medici. Mutmaßliche Begegnung mit dem Galeriedirektor Giuseppe Pelli-Bencivegni (GBL 835).
6. Juli	Nochmals im Palazzo Pitti.

9. Juli	Begegnung mit dem Maler J. P. Hackert.
10. Juli	Vor der Weiterreise nach Pisa (jedenfalls nicht erst am 12. Juli wie LM XVIII, 142 und WuB XI/2, 726 angegeben) schreibt L an Eva König, von der er ohne Nachricht ist, weil durch Nachlässigkeiten Sendungen von und an L in Wien liegen bleiben.

PISA

10. bis 13. Juli	Besichtigung des Doms und anderer Kirchen, des Friedhofs und der Thermalbäder bei San Giuliano.
13. Juli	Weiterreise nach Livorno.

LIVORNO

13. bis 17. Juli	»Die Stadt war sowohl in materieller als auch in ideeller Hinsicht ein Freihafen; dank der Religionsfreiheit waren Griechen, Engländer, Armenier und vor allem Juden nach Livorno zurückgekehrt. [...] Die Druckerei der *Enciclopedia*, die jüdische Talmud- und Thora-Schule, die Kirchen der griechisch-unierten und armenischen sowie der griechisch-orthodoxen Glaubensgemeinschaft waren sehenswerte Orte in Livorno und zugleich Beispiele für eine in jeder Zeit und jedem Land seltene tolerante Koexistenz verschiedener Auffassungen und Religionen.« (LIR I, 238.) Nachgewiesen sind Begegnungen mit dem Rabbiner Abraham Isaak Castello (GBL 837) und eine Besichtigung der Synagoge.
17. bis 18. Juli	Seefahrt nach Bastia, auf Korsika.

BASTIA UND CORTE (18. BIS 26. JULI)

20. Juli	Begegnung mit dem Gesandten Conte de Marboeuf (GBL 838).
20./21. bis 25. Juli	Aufenthalt in Corte, dem Zentrum der Insel.
24. Juli	Zur Tafel beim Militärattaché F. G. von Falckenhayn.
25. Juli	Rückkehr nach Bastia.

26. bis 29. Juli	Seereise nach Genua.

GENUA (29. JULI BIS 2. AUGUST)

30. Juli	Besichtigung von Kirchen und Palästen sowie einer neuen Straße von Sampierdarena nach Campomarone (LIR I, 240). Zur Tafel bei dem Gesandten de Boyé (GBL 840). Abends in einem der Theater.
31. Juli	Zweiter Theaterbesuch.
2. August	Weiterreise nach Novi Ligure.
3. August	Von Novi Ligure bis Alessandria. – Eva König schreibt aus Frankfurt am Main (WuB XI/2, 727): »Morgen früh reise ich direkte nach Hamburg […].«
4. August	Von Alessandria bis Turin.

TURIN

4. August bis 9. September	»Als wir nach Turin kamen, war das Schicksal des Prinzen [Versorgung mit einer Offiziersstelle] noch nicht entschieden« (an Eva König, 26.12.; WuB XI/2, 734), deshalb setzt er seine Reise fort. L macht zahlreiche Bekanntschaften (NIR; LM XVI, 262): » *den 27. August.* / Die Gelehrten die ich hier persönlich kennen lernen sind 1. Carlo *Denina* [GBL 843]. 2. Giuseppe *Vernazza* [GBL 843a]. 3. il Pad. Casto Innocente *Ansaldi*. 4. Giuseppe Maria *Boccardi*. 5. Dott.[ore] *Dana* ausserordentl. Prof. der Botanik. 6. Dott. *Cigna* ausserord. Prof. der Anatomie. 7. den Graf. Botton di *Castellamonte*. 8. *Paciaudi*. 9. *Berta* Bibl. 10. den Cheval.[iere] *Tarino* Aufseher des Musei. 11. den Abt *Mazzucchi* ebendaselbst. 12. den Marq. *de Brezé*. 13. den Adv. Jacopo *Durandi*. 14. den Graf. Fr. Ant. *Lanfranchi*. 15. den Chev. *Didier*. 16. den Abt de *Lagnasque*. 17. den Commendat. *Geloso*. 18. *Cunda*, zweyter Bibliothekar. 19. Gr. *Valberga*, zeitiger Rector der Universität.«
5. August	Abends in einem der drei Theater der Stadt.
5./10. August	Empfang bei Vittorio Amadeo III. König von Sardinien (GBL 841).
9. August	Besichtigung des Schlosses und des Zeughauses sowie der Tabakmanufaktur bei Ziano (LIR I, 245–246).

10. August	Ausflug zu den Schlössern Veneria Reale e Stupinigi.
13. bis 28. August	Prinz Leopold und Oberst Warnstedt reisen nach Genf. L bleibt in Turin. Es »ist mit größter Sicherheit anzunehmen, daß es [...] Vernazza war, der Lessing zu den künstlerisch bedeutenden Orten Turins führte. Außerdem hat er Lessing, der in dieser Zeit den Wünschen Leopolds nicht gehorchen mußte, möglicherweise auch in den literarischen Konversationszirkel eingeführt, der sich regelmäßig im Palazzo Barolo traf und in dem sich gerade die moderneren [...] Literaten zusammengefunden hatten, um sich für eine Erneuerung der piemontesischen Kultur einzusetzen. Gleichfalls könnte Lessing an den Konversationen im Palazzo Carignano teilgenommen haben, wo sich im Salon der Fürstin Giuseppina di Lorena [...] die Intellektuellen trafen, deren Interessen vorrangig europäisch ausgerichtet waren.« (LIR I, 252.)
23. August	L legt ein Notizbuch (NIR) an, teilweise tagebuchartig, vorwiegend aber mit Notizen zu Wissenschaften und Künsten. Es reicht bis zum Aufenthalt in Neapel.
26. August	»Das Museum der Alterthümer ist in dem Gebäude der Universität, und sehr geräumlich angelegt, um noch alle die Vermehrungen zu fassen, die es haben soll.« (NIR; LM XVI, 261.)
28. August	Prinz Leopold und Oberst Warnstedt kehren nach Turin zurück.
29. August	Widmungsgedicht von G. M. Boccardi an L (GBL 845).
1. September	»Auf der Bibliothek habe ich nur Gelegenheit gehabt einige wenige Mss. nachzusehen.« (NIR; LM XVI, 264.)
3. bis 7. September	Abends im Theater.
4. September	Zitadelle, Bibliothek und Museo di Antichità werden besichtigt.
5. September	Ausflug nach Moncalieri.
(vor?) 7. September	Begegnung mit Sebastiano Giraud.
9. September	Weiterreise nach Alessandria.

ALLESSANDRIA

10. September   Besichtigung der Zitadelle.

11. September   Weiterreise nach Pavia. »Daselbst besehen 1. in dem Collegio Borromeo die Gemälde des Fr. Zuccheri (1604) 2. des Nachmittags anderthalb Posten [Poststationen] von Pavia die Karthause (la Certosa) wo ich in der Kirche derselben ein schönes gemaltes Fenster [...] gesehen [...]. / Von Allesandria nach Pavia ging der Weg über *Tortona*, und *Vogherra*, an welchem erstern Orte ich in der Domkirche eben Gelegenheit hatte, das Grabmal des P. Aelius Sabinus zu besehen. [...] / Zu Pavia war Sacchi, der mit seiner Gesellschaft von Turin dahin gezogen war; er spielte aber den Abend eine bloße Farce, die wir nicht auswarteten.« (NIR; LM XVI, 266–267.)

12. September   »Von Pavia über Piacenza (wo wir nichts als die beiden Statuen der Herzoge Alexander und Ranutius Farnese zu Pferde zu besehen Zeit hatten) nach *Parma*, wo wir [bis] den 13ten geblieben. Zu Parma besehen / 1. die Mahler Akademie, wo eben ein junger englischer Mahler Cowper [R. Cooper] beschäftiget war, den Tag des Corregio zu copieren. [...] 2. die Bibliothek, welche Paciaudi zu sammeln angefangen und schon sehr vortrefflich ist. [...] 3. das Theater, das große und kleine [...]. 4. den Dom, und die Kirchen S. Giovanni, und S. Sepolcro, wegen der Gemälde des Corregio. / Kennen gelernt und besucht den H. Bossi, welcher Königl. Stucaturarbeiter und Prof. der Zeichenkunst bey der Akademie ist. [...] Wir haben verschiednes von seinen Kupfern gekauft [...].« (NIR; LM XVI, 267–268.)

13. September   »Uber Modena von Parma nach Bologna. / Von Parma nach Modena geht der Weg über Reggio, wo ich einen Buchladen von der Società Tipografica zu Modena fand [...]. Zu Modena nichts besehen als den Schloßgarten und den Stall, in welchem der Herzog den Engländer ausstopfen lassen, der ihm in der Bataille bey Prag Dienste gethan.« (NIR; LM XVI, 268.)

14. bis
15. September   Aufenthalt in Bologna.

16. September   Von Bologna nach Cesena.

17. September   Von Cesena bis Senigallia.

18. September   Von Senigallia über Ancona (Besichtigung des Hafens und einiger Kirchen) bis Loreto.

19. September   Von Loreto bis Pontelatrave.

20. September   Von Pontelatrave bis Spoleto.

21. September	Von Spoleto über Terni (Besichtigung der Wasserfälle von Le Marmore) bis Borghetto.
22. September	Von Borghetto bis Rom.

ROM

22. September bis 16. Oktober	Logis im Hotel der Madama Stuarda an der Piazza di Spagna (GBL 847b+c).
25. September	Begegnung mit Conte di Cunico (GBL 848). In der päpstlichen Sommerresidenz Palazzo del Quirinale auf dem Monte Cavallo: Begegnung mit den Kardinälen Alessandro Albani und Comte de Braschi-Onesti und Audienz bei Pius VI. (GBL 849 und 850). Der Vatikan und zwei Paläste werden besichtigt.
26. September	»Diesen Tag mit H. Reifensteinen angefangen zu besehen: / 1. Die Peterskirche. [...] 2. Hinter der Peterskirche die Fabrik der Mosaischen Gemälde [Mosaiken]. [...] 3. Die Villa Medici. / 4. Das Museum Clementinum [...].« (NIR; LM XVI, 268–269.) Außerdem laut Warnstedt »die Mahlerey des Raphaels in Vatican« (LIR I, 258).
27. September	»*Die Bibliothek* des Vaticans. [...] Das Zimmer welches der vorige Pabst [Clemens XIV.] für die Papiernen Mss. bestimt hat [Camera dei Papiri], und welches Mengs gemahlt.« (NIR; LM XVI, 269. Laut Warnstedt [LIR I, 258] bereits am 26. September.) Zu Tafel bei Kardinal Albani.
28. September	»Das Übrige der Peterskirche, die Grüfte, das Dach und die Kuppel.« (NIR; LM XVI, 269) Laut Warnstedt (LIR I, 261) bereits am 27. September.
29. September	»Das Capitolium, und das daselbst befindliche Museum [Pinacoteca capitolina].« (NIR; LM XVI, 269) Laut Warnstedt (LIR I, 261) bereits am 28. September.
30. September	Besichtigung der Galerie der antiken Büsten und Statuen.
1. Oktober	Begegnung mit Bartolomeo Cavaceppi.
2. bis 3. Oktober	Ausflug nach Frascati und Albano, alte Villen- und Parkorte.
5. Oktober	Begegnung mit J. G. L. Sommerau (GBL 855).

9. Oktober	Besichtigung der Titusthermen.
11. Oktober	Im Pantheon und Palazzo Barberini (Kunstsammlung).
12. bis 13. Oktober	Vermutlich von Reiffenstein geführter Ausflug nach Tivoli: antike Villen und Tempel, Villa d'Este mit Park, Wasserfälle des Aniene.
15. Oktober	Zu Tisch bei Tiberio Ruffo, danach Aufführung des »Miserere« von Jomelli. Zum Abendkonzert bei Pompeo und Rufina Batoni; Begegnung mit F. Hillner, J. G. Puhlmann und anderen (GBL 857–858).
16. Oktober	Weiterreise nach Neapel.

NEAPEL (17. OKTOBER BIS 7. NOVEMBER)

18. bis 23. Oktober	Ausflüge nach Portici (königliche Sommerresidenz) und Pozzuoli (zwei Amphitheater und andere antike Bauten). Theaterbesuche.
22. Oktober	Zur Tafel bei Ferdinando IV. und Maria Carolina von Neapel (GBL 861).
24. Oktober	In der Bibliothek und Galerie des Palazzo di Capodimonte bei Neapel. Besichtigung der Grabkapelle San Severo. Bei Principe della Riccia (GBL 862).
25. Oktober	Festmahl bei Graf Wilczeck (GBL 863). Abends im Theater.
26. Oktober	Zur Tafel bei Sir William Hamilton und Begegnung mit Pater Giovanni Maria della Torre (GBL 864 und 865).
27. Oktober	Im Theater.
28. Oktober	Bei Graf Wilczeck. Abends Theater.
29. Oktober	Laut Warnstedt »in Portici zum 2ten mahl auf dem königl. Museo« und im »Cabinet der Antiquen Mahlerey« (LIR I, 266 und 274). Zur Tafel beim Staatsminister Tanucci; danach im Palasttheater (GBL 866).

31. Oktober bis 1. November	Ausflug nach Pompei (Pompeji).
1. November	Von Giovanni Maria della Torre geführte Besteigung des Vesuv. Weiterfahrt nach Ercolano (Herculaneum).
2. November	Besichtigung der mathematischen Uhr in Castelnuovo. Nach Portici. Visiten bei Minister Tanucci, Ferdinando Galiani, Marchese di Trevico, Marchese di Acciaiuoli und Principe di Iaci e Campofiorito (GBL 868–871).
4. November	In der königlichen Oper.
5. November	Eva König schreibt aus Hamburg. Sie ist ohne Nachricht von L.
6. November	Abschiedsbesuch bei Sir William Hamilton.
7. bis 8./9. November	Rückreise von Neapel nach Rom.

ROM

8./9. November bis 1. Dezember	Logis wieder im Hotel Stuarda. Während des Aufenthaltes trifft eine Nachricht von Herzog Carl ein, dass Prinz Leopold in preußische Dienste treten und ein Regiment in Frankfurt an der Oder übernehmen könne, weshalb er schnellstens nach Braunschweig zurückkehren solle.
10. November	Die Basilika San Paolo fuori le Mura und verschiedene Werkstätten im Apostolischen Hospiz von San Michele a Ripa Grande werden besichtigt. Visite bei Principe di Cerveteri (GBL 874).
13. November	Mutmaßliche Begegnung mit J. G. L. Sommerau (GBL 875).
13./15. November	Besichtigung der Galerie des Kapitols und der Villa Borghese, der bedeutendsten Kunstsammlung Roms.
21. November	Visite oder Tafel bei Principe di Santa Croce und großes Bankett bei Kardinal Bernis, zu dem auch Christian Markgraf von Ansbach-Bayreuth geladen ist (GBL 876).

22. November	Begegnung mit F. Hillner und J. G. Puhlmann (GBL 877).
23. November	Mutmaßliche Begegnung mit Franceso Marchese Belloni (GBL 878).
27. November	Visiten bei Kardinal Pallavicini, Principe di Cerveteri, Baron Asti und vielleicht Conte di Bracciano (GBL 879).
28. November	Begegnung mit Abbate Casselini (GBL 880).
29. November	Konsultation des Arztes C. C. Schmiedel (GBL 881).
30. November	Mit dem Markgrafen von Ansbach-Bayreuth bei den Feierlichkeiten zur Inthronisation des Papstes Pius VI. (GBL 882).
1. bis 4. Dezember	Von Rom nach Florenz.

FLORENZ

4. bis 6. Dezember	Begegnung mit Giovanni Pavini (GBL 883).
6. Dezember	Von Florenz nach Bologna.

BOLOGNA

6. bis 7. Dezember	L findet einen (nicht überlieferten) Brief des Kammerherrn von Kuntzsch vor, »aus welchem ich ersehe, daß Sie, ich weiß nicht wenn, Braunschweig gesund und wohl passieret wären« (an Eva König, 26.12.; WuB XI/2, 734). Begegnung mit Bankier Bassi und Abbate Berrettoni (GBL 884–885).
7. bis 11. Dezember	Von Bologna nach Bozen.
12. bis 15. Dezember	Von Bozen nach München.

MÜNCHEN (15. BIS 20. DEZEMBER)

15. Dezember — Oberst Warnstedt übergibt L Geld für den Freiherrn von Vockel in Wien (GBL 886).

16. Dezember — Abschied von Prinz Leopold und Oberst Warnstedt, die über Regensburg, Eger und durch Sachsen nach Braunschweig zurückreisen, wo sie am 22. Dezember eintreffen.

16./ 20. Dezember — Begegnung mit der Schauspielerin Rosalia Nouseul; Theaterbesuche (GBL 889).

20. bis 24. Dezember — Weiterreise nach Wien. Dort findet L drei liegen gebliebene Briefe von Eva König vor.

WIEN (24. DEZEMBER BIS 5. JANUAR)

ab 25. Dezember — Gespräche mit den Freiherren von Gebler und von Vockel sowie mit J. G. Laudes (GBL 891 bis 892). Allen gesellschaftlichen Einladungen weicht L aus.

26. Dezember — An Eva König (WuB XI/2, 735), »daß ich von allen Projekten auf hier abstrahire, besonders da man mir von Braunschweig aus die besten Versicherungen machen lassen, und wenigstens der alte Herzog [Carl] mir gewiß wohl will«; außerdem gebe es Aussichten auf eine Anstellung in Dresden.

1776 4. Januar — Visite bei Freiherrn van Swieten, der L überredet, »mit ihm wenigstens zum Fürst K.[aunitz-Rietberg] zu gehen« (an Eva König, 23.1.; WuB XI/2, 739).

5. Januar — L entzieht sich einer Einladung des Fürsten zur Tafel durch fluchtartigen Aufbruch. »Ich ließ mich entschuldigen, weil ich den nemlichen Tag noch schlechterdings abreisen müßte, und reiste würklich ab, so gern ich auch noch einige Tage geblieben wäre.« (An Eva König, 23.1.; WuB XI/2, 739.)

5. bis 10. Januar — Von Wien über Prag nach Dresden.

9. Januar — Brief von Eva König aus Hamburg, die bis Ostern ihre »hiesigen Geschäfte zu endigen« hofft. »Ich bitte Sie nochmals auf das inständigste, trachten Sie in Wolfenbüttel zu bleiben. Es ist von allen den Orten, wohin Sie denken, der einzige, an dem wir leben können, wie wir wollen.« (WuB XI/2, 737.)

DRESDEN UND KAMENZ (10. BIS 24. JANUAR)

um 14. Januar — Letzter, viertägiger Besuch im Elternhaus, bei Justina Salome und Dorothea Salome L. in Kamenz.

16./23. Januar — Letzte Begegnung mit dem Bruder Johannes Theophilus L. und mit J.C. Brandes (GBL 899 bis 900). Außerdem Gespräche mit K.W. Daßdorf, August Hennings und P.D. Lippert (GBL 901–903). Mit dem Verleger G.C. Walther bespricht L sein – nicht realisiertes – Vorhaben einer Gesamtausgabe der Schriften Winckelmanns (GBL 904).

17./19. Januar — Der sächsische Kabinettsminister Carl Reichsgraf von Osten-Sacken empfängt L, um eine Privataudienz bei dem Kurfürsten Friedrich August III. von Sachsen vorzubereiten. Dem Minister »habe ich versprechen müssen, wenn ich jemals Wolfenbüttel verließe, nirgends anders, als nach Dresden zu kommen« (an Eva König, 23.1.1776; WuB XI/2, 739).

21./22. Januar — Der Kurfürst empfängt L und offeriert ihm eine primäre Anwartschaft auf die mit 1 800 Reichstalern jährlich dotierte Stelle C.L. von Hagedorns.

BERLIN

25./26. Januar bis 20./21. Februar — Während dieses letzten, witterungsbedingt länger als vorgesehenen Berliner Aufenthaltes logiert L bei seinem Bruder Karl Gotthelf, Alte Leipziger Straße 1, der ihm Maria Friederike Voß als Verlobte vorstellt. Er kommt mehrfach mit seinen alten Freunden Mendelssohn und Nicolai zusammen, mit denen er über seine Reise spricht und über sein Vorhaben, weitere »Fragmente eines Ungenannten« zu publizieren, wovon ihm eindringlich abgeraten wird (GBL 911–912); ein weiterer wichtiger Gesprächsgegenstand ist die Entstehung der Freimaurerei (GBL 912e). An der Tafel des Ministers von Zedlitz macht L die Bekanntschaft J.J. Engels und befreundet sich rasch mit ihm (GBL 913). H.W. von Muzell-Stosch übergibt seinen Briefwechsel mit Winckelmann an L für eine Auswahledition (GBL 916), als deren Herausgeber dann jedoch J.E. Biester fungiert (Johann Winkelmanns Briefe an Einen seiner vertrautesten Freunde in den Jahren 1756. bis 1768. Theil 1–2. Berlin und Stettin 1781). Über Begegnung(en) mit N.M. Herz schreibt L in einem Brief an diesen vom 2. Mai 1776.

BRAUNSCHWEIG UND WOLFENBÜTTEL

23. Februar bis 4. März — Aufenthalt in Braunschweig. L teilt seinen Freunden Reiseeindrücke mit. Eschenburg und C.A. Schmid hören von seinen Vorhaben, ein Drama »Nathan« auszuarbeiten und eine revidierte und kommentierte Neuausgabe von Winckelmanns »Geschichte der Kunst des Alterthums« zu veranstalten (GBL 921–922).

um 24. Februar	Kurze Audienz bei Hof. »[...] noch habe ich mich bei dem Herzoge [Carl von Braunschweig und Lüneburg] und der Familie kaum melden können, und den Erbprinzen habe ich eigentlich noch gar nicht gesprochen. Außer diesem haben sie sich alle sehr gefreut, mich wieder zu sehen, auch alle sehr gnädig empfangen: aber Sie begreifen wohl, wie wenig das Alles noch sagen will. Meiner Seits bin ich fest entschlossen, mir den Vorschlag des Hrn. v. K.[untzsch], den Sie selbst gebilliget haben, gefallen zu lassen.« (An Eva König, 26.2.; WuB XI/2, 743.) Der Kammerherr von Kuntzsch fungiert als Vermittler bei L.s Bestreben, bessere Besoldung und Konditionen zu erlangen. Jedoch lässt der Erbprinz L weiterhin im Ungewissen.
29. Februar	Zufällige Begegnung mit dem Erbprinzen, der eine Unterredung verspricht, aber wiederum nichts von sich hören lässt.
4. März	Heimkehr nach Wolfenbüttel. Gleich oder kurz darauf wird dem Erbprinzen in einem (nicht überlieferten) Brief »sein Betragen gegen mich, seit drei Jahren, so handgreiflich vorgelegt, daß es ihn äußerst piquieren müssen«, und er umgehend schriftlich reagiert (ebenfalls nicht überliefert). »Meine Äußerung, daß ich bei dem regierenden Herzog meinen Abschied fordern wolle, ist ihm sehr unerwartet gewesen, und er scheint im Ernst alles tun zu wollen, um es nicht dahin kommen zu lassen.« (An Eva König, 10.3.; WuB XI/2, 749.)
nach 4. März	L informiert Cichin über Bucherwerbungen in Italien (GBL 924b).
16. März	Auf Drängen Cichins erlässt L eine kurze Benutzer- und Ausleihordnung für die Bibliothek (GBL 925).
um 19. März	In Braunschweig hat L mit Oberst Warnstedt »noch verschiedne Dinge, von unsrer Reise her, in Richtigkeit zu bringen« (an Eva König, 22.3.; WuB XI/2, 752).
um 1. April	Kammerherr von Kuntzsch überbringt folgende Angebote des Erbprinzen: »1) 200 Taler Zulage. 2) Befreiung von allem Abzuge, und Zurückgabe des bisherigen erlittnen Abzuges, welches doch auch über 300 Tlr. beträgt. 3) Vorschuß von 800 bis 1000 Tlr. auf die Zulage. 4) Ein anderes Logis, oder Entschädigung am Gelde. Ich sagte ihm, daß das alles recht gut sei, aber daß es mir der Pr. notwendig selbst anbieten müsse [...].« (An Eva König, 11.4.; WuB XI/2, 758.)
um 19. April	Vorwort zur Sammlung »Philosophische Aufsätze von Karl Wilhelm Jerusalem«, die kurz darauf in Braunschweig zur Leipziger Ostermesse erscheint. L »gestehet, daß er größtentheils Goethe [dem »Werther«] zum Trotze sich verbunden geachtet, Jerusalem's ächte Geistesgestalt der Welt in seinen philosophischen Abhandlungen vorzulegen« (Elise Reimarus an August Hennings, 20.8.1776; LiS 837; GBL 949).

28. April	Karl Gotthelf L. wird über die noch immer unabgeschlossene Verständigung mit dem Erbprinzen informiert (WuB XI/2, 767): »Ich lebe also in der allerunangenehmsten Ungewißheit, und kann schlechterdings meine Zeit zu nichts anderm anwenden, als daß ich mich auf alle Fälle gefaßt mache. Ich muß meine Bibliothekrechnungen in Ordnung bringen, ich muß meine Beiträge [»Zur Geschichte und Litteratur«] fertig machen, die ich mit dem 6ten Stück sodann schließen will; ich muß mir noch so mancherlei aus Manuscripten ausziehen, daß ich wahrlich keinen Augenblick müßig sein müßte, wenn mir gleichwohl meine Gesundheit nicht wider meinen Willen so manchen müßigen Augenblick machte.«
Ende April	Mit großer Begeisterung liest L das anonym veröffentlichte Trauerspiel »Julius von Tarent«. Der Verfasser, J. A. Leisewitz, ist ihm seit Oktober 1770 persönlich bekannt und wird nun rasch einer seiner engsten Braunschweiger Freunde.
2. Mai	Obwohl ein Gespräch mit dem Erbprinzen noch immer aussteht, empfiehlt L seiner Braut, sie möge ihren Geschwistern nunmehr von der bevorstehenden Hochzeit schreiben.
4. Mai	C. G. Heyne, der nach dem handschriftlichen Nachlass Reiskes angefragt hat (25.4.), wird mitgeteilt, »daß ich an dem Leben ihres Urhebers arbeite, dem ich ein genaues Verzeichnis eines jeden von ihm hinterlassenen Papieres, das sich nur einigermaßen der Mühe lohnt, beifügen will« (WuB XI/2, 773). Von dem Verzeichnis liegt ein ganz kleiner Teil vor (LM XVI, 290–292), von der Biografie nichts.
19. bis 31. Mai	Eva König lädt L auf Pfingsten nach Hamburg ein. »Wir haben uns denn doch noch viel zu sagen, und ich muß Sie wahrhaftig bald sprechen, um mein Arrangement machen zu können [...].« (WuB XI/2, 779.)
28. Mai	Dorothea Salome L. berichtet von einer schweren Erkrankung der Mutter.
5. Juni	An Eva König (WuB XI/2, 782): »Denn endlich habe ich den E. Pr. [Erbprinzen] nun gesprochen, und kann mit ihm zufrieden sein. Eigentlich zwar hat er nichts mehr getan, als was er mir gleich Anfangs durch den Herrn von K.[untzsch] antragen ließ. [...] Der alte H.[erzog] ist seit einigen Tagen gefährlich krank. Der Schlag hat ihn auf der rechten Seite gerühret [...].«
16. Juni	Empfehlungsbriefe an J. J. Engel, Karl Gotthelf L., Mendelssohn, Nicolai und Ramler für Leisewitz, der nach Berlin reist.
17. Juni	Kabinettsbefehl des Herzogs Carl von Braunschweig und Lüneburg zur Erhöhung der Jahresbesoldung L.s auf 909 Taler (GBL 940).

18. Juni	Dekret des Herzogs zur Ernennung L.s zum Hofrat (GBL 941a). »Daß ich ihn [diesen Titel] nicht gesucht, sind Sie wohl von mir überzeugt; daß ich es sehr deutsch heraus gesagt, wie wenig ich mir daraus mache, können Sie mir auch glauben. Aber ich mußte endlich besorgen, den Alten [Herzog Carl] zu beleidigen.« (An Eva König, 23.6.; WuB XI/2. 793.)
22./23. Juni	Vorschuss von 1 000 Talern auf das erhöhte Gehalt, von dem sie mit acht vierteljährlichen Abzugsraten verrechnet werden sollen. Das Geld ermöglicht L, zunächst nach Hamburg reisen und dann schuldenfrei heiraten zu können.
Juli	Mit einem Beischreiben sendet L an J. A. H. Reimarus Teile des vierten Beitrages »Zur Geschichte und Litteratur«, der »Ein Mehreres aus den Papieren des Ungenannten, die Offenbarung betreffend«, enthält. »In dem Briefe, worin auch Ihrer erwähnt ist, und der dazu dienen sollte, sich Reimarus ersten freundschaftlichen Blicks zu versichern, heißt es: denn was geschehen soll, muß bald geschehen oder niemals; was hilft es, wenn der Pfeil erst dann abprellt, wenn das Ziel verrückt ist? – Und nun so mag es darauf losgehen, das Ziel so zu durchlöchern und zu verrücken, bis daß es kein Ziel mehr seyn kann.« (Elise Reimarus an August Hennings, 20.8. 1776; LiS 837.)
9. Juli	An Nicolai (WuB XI/2, 798): »Ich hatte ohnlängst alles auf einen Haufen getragen, was sich von physiogn.[omischen] Büchern in der Bibliothek findet. Welch ein Wust! Mit leichter Mühe hätte ich eine litterarische Geschichte der ganzen vermeinten Wissenschaft daraus zusammenschreiben wollen, wenn ich geglaubt hätte, daß es sich der Mühe verlohne.« Daran schließt sich Kritik an Lavater.
11. Juli	L kündigt Eva König seine Ankunft in Hamburg für den 3. August an. Sie empfiehlt ihm (13.7.), im Kaiserhof zu logieren, und wünscht ihn zum täglichen Mittagsgast, so dass genügend Zeit für andere Freundeszirkel verbleibe.
15. Juli	Geldsendung von 50 Talern an Justina Salome L.
16. Juli	An Eva König (WuB XI/2, 803): »Daß Sie sich in Hamburg vieler Gesellschaft entzogen haben, ist auch für mich eben so gut, weil ich nicht Lust habe, viel unter Leute zu kommen.«
30. Juli	Kurfürstlich pfälzisches Reskript zur Ernennung L.s zum ordentlichen Mitglied der Mannheimer Akademie der Wissenschaften (GBL 946). Kurfürst Carl Theodor von der Pfalz hofft, L für die geplante Gründung eines deutschen Nationaltheaters zu gewinnen (siehe LiS 835).
31. Juli/ 1. August	L kommt mit seinem Reisegepäck nach Braunschweig.
3. August	Aufbruch nach Hamburg, zusammen mit Eschenburg.

HAMBURG (4./5. BIS 29. AUGUST)

4./5. August — Wiedersehen mit Eva König und ihren Kindern.

ab 6. August — Durch seine Braut kommt L in näheren Kontakt zu Anna Elisabeth und Johannes Schuback, auf deren Landsitz in Jork (westlich bei Hamburg, jenseits der Elbe) die Hochzeit stattfinden soll. Er ist wiederholt zu Gast im Teesalon und Diskussionszirkel des Hauses Reimarus (GBL 949–951), wobei er sich unter anderem wegen »des Verfalls des deutschen Geschmacks [...] sehr tolerant« gab und »sagte: wer es denn zugeben wollte, daß diese Leute [vorwiegend die Stürmer und Dränger] und ihre Nachbeter Epoche machten« (Elise Reimarus an A. Hennings, 28. August; GBL 962). Außerdem kommt L mit F. U. L. Schröder und anderen Theaterleuten zusammen (GBL 953–954) und hat enge Kontakte zum Klopstock-Kreis. Während des Hamburger Aufenthaltes trifft die Nachricht ein, dass der Mannheimer Buchhändler Schwan Anfang September nach Braunschweig kommen werde, um L im Auftrag des Kurfürsten Carl Theodor von der Pfalz für kurpfälzische Dienste und das geplante Nationaltheater zu gewinnen.

7. August — Begegnung mit Klopstock (GBL 955).

vor 9. August — Bekanntschaft mit J. H. Voß (GBL 956).

10. August — Besuch von Klopstock und Voß (GBL 957). Weitere Zusammenkünfte mit beiden schließen sich an (GBL 958).

16. August — Zur Abendgesellschaft bei dem Ehepaar Büsch (GBL 959).

20. August — Bei einer Abendgesellschaft mit Klopstock, J. F. Reichardt, Elise Reimarus und J. G. Zimmermann (GBL 961).

28. August — Abschied von Eva König und ihren Kindern. Es wird vereinbart, dass L spätestens am 23. September wiederkehrt, um dann die Hochzeit halten zu können.

29. August — Rückreise zusammen mit Eschenburg.

WOLFENBÜTTEL UND BRAUNSCHWEIG

30. August — Abends Ankunft in Braunschweig. L teilt dem Herzog seine Wiederkehr mit (Brief nicht überliefert).

31. August	Nach Wolfenbüttel. Vorbereitungen für den neuen Hausstand mit Eva König; L bittet die Frau seines Hausarztes Topp, eine Köchin zu vermitteln. – Brief von Eva König, in dem es heißt (WuB XI/2, 814): »Doch, wenn Sie die Stelle beim Theater annähmen, so wünschte ich auch, daß Sie Mannheim zum Wohnplatz wählten. [...] Das Übrige richten Sie alles nach Ihrem Genie und Willen ein. Wie ich oft gesagt habe, ich ziehe mit Ihnen ans Ende der Welt.«
3. September	Nach Braunschweig.
5. bis 7. September	Besuch des Buchhändlers Schwan in Braunschweig, der L das Diplom als ordentliches Mitglied der Mannheimer Akademie mitbringt und über die Vorstellungen des Kurfürsten informiert. L soll in kurpfälzischen Diensten jährlich 2 000 Gulden und außerdem 100 Louis-d'or erhalten, wenn er gegen Erstattung der Reisekosten an den Akademiesitzungen teilnimmt und eine Abhandlung einreicht; man erwartet ihn erstmalig Anfang des kommenden Jahres. »Von Aufsicht über oder von Arbeiten für das Theater, ist gar nicht die Rede gewesen; und man denkt bloß, wenn ich einmal nach Mannheim käme, daß ich mich wohl von selbst würde reizen lassen, meinen guten Rat zu ihren neuen Theateranstalten zu geben.« (An Eva König, 6.9.; WuB XI/2, 817.) »Indes, da man sich in Mannheim leicht vorstellen können, daß ich die hiesigen Dienste doch nicht so plötzlich mit den dortigen vertauschen würde, so hat mich der Kurfürst fürs erste nur unter die ordentlichen Mitglieder seiner Akademie aufnehmen lassen [...].« (An Karl Gotthelf L.; 15.9.; S. 827.)
6. September	L zeigt Schwan die Wolfenbütteler Bibliothek.
11./ 12. September	Weil das L als Amtswohnung zugewiesene Barnersche Haus am Schlossplatz nicht rechtzeitig beziehbar sein wird, mietet er im benachbarten Meißnerschen Haus für Eva König und ihre Kinder »die ganze erste Etage monatsweise [...] völlig und gut meubliert [...], und ich müßte in meinem jetzigen Logis [im Schloss] so lange bleiben« (an Eva König, 13.9.; WuB XI/2, 825).
13. bis 15. September	Besuch von Gleim und seiner Nichte Sophie Dorothea in Wolfenbüttel (GBL 966), mit Abstecher nach Braunschweig (siehe Gleims Brief vom 18. August 1778) und dort Logis in J. H. Angotts Weinhaus (ob L schon zu diesem Zeitpunkt oder erst später bei dem Weinhändler zwei Zimmer in der zweiten Etage fest gemietet hatte, ist nicht feststellbar).
15. September	L berichtet seinem Bruder Karl Gotthelf von der bevorstehenden Hochzeit und der Mannheimer Angelegenheit, hinzufügend (WuB XI/2, 827): »[...] die gänzliche Freiheit, in der ich hier lebe, und die Bibliothek, werden mich gewiß so lange halten, als es sich mit meinen übrigen Umständen nur vertragen kann.«
18. September	Brief von Eva König, mit der Mitteilung (WuB XI/2, 831): »Den 6ten erwarte ich Sie ganz sicher auf dem York. Den 8ten habe ich zu unserm Hochzeittag bestimmt, weil der sich auch für Herrn Sch.[uback] am besten passet [...].«

20. September	L verlangt von seiner Braut, auf Anna Schuback einzuwirken, »daß sie keine Umstände machen, und schlechterdings keine Gäste und Zeugen dazu bitten wird, außer ihren dortigen Anverwandten und Herrn [Friedrich Wilhelm] König« (WuB XI/2, 834).
23. September	An Eva König (WuB XI/2, 837): »[...] ich muß Ihnen bekennen, daß ich mir auch nicht einmal einen neuen Rock machen lasse. Ich komme gerade, wie Sie mich in Hamburg gesehen haben. / Übermorgen erst habe ich mir vorgenommen, an den Herzog wegen der Erlaubnis [zur Verheiratung] zu schreiben, die ich zuverlässig den andern Tag darauf zu erhalten hoffe.«
27. September	Nicht überlieferter Brief an den Freiherrn von Hompesch-Bollheim, in dem L indirekt eine engere Mitwirkung am Mannheimer Nationaltheater ablehnt, aber sein bereits Schwan gegebenes Versprechen aufrecht erhält, bei der Suche nach Schauspielern behilflich zu sein.
28. September	Letzter Brief von Eva König vor der Hochzeit.
30. September	Letzter Brief an Eva König.
5. Oktober	Abreise, über Celle und Soltau.
6. Oktober	Ankunft in Buxtehude, wo L von F.W. König abgeholt und nach Jork begleitet wird.

JORK UND HAMBURG (6. BIS 14. OKTOBER)

8. Oktober	Trauung durch Pastor J. C. Wehber im Landhaus von Anna und Johannes Schuback (Traueintrag im Kirchenbuch von Jork: GBL 973c).
9./10. Oktober	Nach Hamburg, wo L.s Frau letzte Vorbereitung zur Übersiedlung mit ihren drei jüngeren Kindern nach Wolfenbüttel trifft (der älteste Sohn kuriert ein Fußleiden in Landau).
14. Oktober	Aufbruch L.s mit seiner neuen Familie.

WOLFENBÜTTEL UND BRAUNSCHWEIG

15. Oktober	Die Familie bezieht die erste Etage des Meißnerschen Hauses am Schlossplatz 2 in Wolfenbüttel und bleibt dort bis Dezember 1777.
20. Oktober	Bei der Taufe von Ephraim Topp; Eva L. ist Taufpatin (GBL 973/1). An Klopstock schickt L eine italienische Übersetzung der ersten drei Gesänge des »Messias«.
24./ 25. Oktober	Besuch des Wiener Schauspielers J. H. F. Müller, der als Beauftragter Kaiser Josephs II. deutsche Schauspieler anwerben soll, in Wolfenbüttel (GBL 975).
30. Oktober	Auf einer Buchauktion in Wolfenbüttel ersteigert L selbst oder durch einen Beauftragten einen Band für die Bibliothek (LBE 792).
2. November	L holt Müller in Braunschweig ab und nimmt ihn mit nach Wolfenbüttel.
3. November	Abreise Müllers.
10. November	L teilt Schwan mit, er hoffe, Mitte Dezember nach Mannheim kommen zu können. Die Reise ist jedoch erst einen Monat später erfolgt.
17. November	Dorothea Salome L berichtet von einer erneuten schweren Erkrankung der Mutter.
27. November	L übersendet seiner Schwester Geld, mit den besten Genesungswünschen für die Mutter und der Ankündigung eines Besuches im nächsten Sommer.
November/ Dezember	Mutmaßlich Niederschrift der »Gegensätze des Herausgebers« zu »Ein Mehreres aus den Papieren des Ungenannten«.
1. Dezember	Der Bruder Karl Gotthelf wird auf den Sommer nach Wolfenbüttel eingeladen.
16. Dezember	L verspricht Abel Seyler brieflich, ihn und seine Schauspieler in Mannheim zu empfehlen.
17. Dezember	Empfehlungsbriefe für Seyler an den Freiherrn von Hompesch-Bollheim und an G. F. W. Großmann.

um 20. *Dezember*	Karl Gotthelf L. heiratet in Berlin Maria Friederike Voß.
Ende Dezember	L mit seiner Frau in Braunschweig, wo sie Eschenburg und wohl auch andere Freunde besuchen.
1777 *um 8. Januar*	In Braunschweig erscheint »Zur Geschichte und Litteratur. Aus den Schätzen der Herzoglichen Bibliothek zu Wolfenbüttel. Vierter Beytrag«. Er enthält fünf Kapitel aus der »Apologie« von H. S. Reimarus, unter dem Titel »Ein Mehreres aus den Papieren des Ungenannten, die Offenbarung betreffend«, dazu »Gegensätze des Herausgebers«, in die L die §§ 1–53 seiner (erst 1780 vollständig und anonym veröffentlichten) Schrift »Die Erziehung des Menschengeschlechts« eingefügt hat. Dieser Band löst den über L.s Tod hinweg andauernden so genannten Fragmentenstreit aus, der 1778 durch das Eingreifen Goezes eskaliert.
8. Januar	Grundsätzlich beistimmende briefliche Kritik an Karl Gotthelf L.s Bühnenbearbeitung von H. L. Wagners Trauerspiel »Die Kindermörderinn« (Leipzig 1776). »Übrigens sind viele gute Sachen in der Vorrede gesagt, die doch auch von Dir ist? Lenz ist immer noch ein ganz andrer Kopf, als Klinger, dessen letztes Stück [»Die Zwillinge. Ein Trauerspiel«, Hamburg 1776] ich unmöglich habe auslesen können.« (WuB XII, 42.)
vor 17. Januar	Audienz bei Herzog Carl von Braunschweig und Lüneburg, der L für eine Reise nach Mannheim beurlaubt.
17. Januar	Abreise nach Mannheim.

DARMSTADT

22. bis 23. Januar	Begegnung mit Matthias Claudius und seiner Frau (GBL 995), vielleicht auch mit J. H. Merck.

MANNHEIM

23. Januar bis 24. Februar	Nach einem ehrenvollen Empfang durch den Freiherrn von Hompesch-Bollheim und Audienz bei Kurfürst Carl Theodor von der Pfalz werden die vorwiegend vom Akademiedirektor Stengel geführten Verhandlungen zunehmend durch Intrigen verzögert und belastet (GBL 998). L gibt Empfehlungen zur Einrichtung des Mannheimer Nationaltheaters, lehnt es aber ab, das Direktorat zu übernehmen. Die ihm daraufhin von Hompesch angetragene Oberaufsicht über die Heidelberger Universität ist er nach einem Aufenthalt dort zwar bereit anzunehmen, jedoch wird dies beim Kurfürsten hintertrieben. L verkehrt mit der Familie Schwan (GBL 999), durch die sein Aufenthalt »noch so angenehm gemacht« wird (an Schwan, 24.3.; WuB XII, 54) und befreundet sich mit dem Schrift-

steller und Maler Friedrich Müller (GBL 1002), für den er sich beim Kurfürsten und anderen einsetzt; er besucht Theateraufführungen und den berühmten Mannheimer Antikensaal, hört Vorlesungen von G. J. Vogler (GBL 1004). Kontakte gibt es auch zum Sekretär der Akademie A. Lamey (GBL 1001).

30. Januar	J. F. W. Zachariä stirbt in Braunschweig.
22. Februar	Abschiedsaudienz beim Kurfürsten (GBL 1008).

HEIDELBERG

24. Februar bis 3. März	Besuch des Schwagers Johann Georg Hahn und seiner Familie. L nimmt seinen Stiefsohn Theodor Heinrich König mit nach Hause.

DARMSTADT

3. bis 4. März	Wiederbegegnung mit M. Claudius.
7. März	Justina Salome L. stirbt in Kamenz. Der Begräbniseintrag der St. Marien-Kirche vom 11. März lautet: »11. W. weil.[and] T. deb: H. Mag. Joh. Gottfried Leßings, treufleißigen u. wohlverdienten Pastoris Primario, auch Sen. hiesigen Ministerii, u. Jubelpriesters, Hinterl. Fr. Witwe, Fr. Justina Salome, aet. 73 J., welche am 7. Mart. abends fi 6 Uhr, gestorben u. wurde, obigen Dato Abends um 5 Uhr, in der Stille auf dem Pfarrkirchhoff beygesetzt, derselben sind 3. Tage von 10–11 Uhr 9 Pulse zusammen, ausgelautet worden.« (Gotthold Ephraim Lessing und seine Eltern in ihren Beziehungen zu Kamenz. Aus Kirchenbüchern, Urkunden und Akten zusammengestellt von Stadtarchivar Dr. Gerhard Stephan. Kamenz 1929, S. 15.)

GÖTTINGEN

7. bis 9. März	Begegnungen mit den Professoren Dieze, Heyne, Lichtenberg, A. G. Kästner und Meiners (GBL 1013–1017).

WOLFENBÜTTEL UND BRAUNSCHWEIG

20. März	L dankt seiner Schwester für die aufopferungsvolle Pflege am Kranken- und Sterbebett der Mutter und bilanziert dem Bruder Karl Gotthelf gegenüber, »daß auch die Manheimer Reise noch bis jetzt unter die Erfahrungen gehört, daß das deutsche Theater mir immer fatal ist; daß ich mich nie mit ihm, es sei auch noch so wenig, bemengen kann, ohne Verdruß und

Unkosten davon zu haben«, so »daß ich mich dafür lieber in die Theologie werfe« und »nur darum die alte orthodoxe (im Grunde *tolerante*) Theologie, der neuern (im Grunde *intoleranten*) vorziehe, weil jene mit dem gesunden Menschenverstande offenbar streitet, und diese ihn lieber bestechen möchte« (WuB XII, 51–52).

27. März	Briefliche Ratschläge an Ernestine Reiske zum Verkauf hinterlassener Papiere ihres Mannes nach Dänemark.
28. März bis um 10. April	Besuch vom Bruder Johannes Theophilus L.
3. April	Mit dem Bruder und Theodor Heinrich König bei Eschenburg und dessen Zögling Graf von Forstenburg in Braunschweig.
7. bis um 24. April	L.T. Spittler betreibt Bibliotheksstudien in Wolfenbüttel und befreundet sich mit L, bei dem er öfter eingeladen ist (GBL 1023).
7. April	Freiherr von Hompesch-Bollheim unterstellt L, »eine stete Pension [als Mitglied der Mannheimer Akademie] mit Verbindlichkeit jährlich hierher zu reisen, ausgeschlagen, und zu wünschen geschienen haben, Ihre Freiheit unbeschränkt beizubehalten« (WuB XII, 61). In der undatierten Antwort zieht L einen Schlussstrich unter die Mannheimer Affäre (S. 64–65): »Denn nur einem Kinde, dem man ein getanes Versprechen nicht gern halten möchte, drehet man das Wort im Munde um [...]. Auf die erste Sylbe, die sich jemand über meinen Anteil an dem Manheimer Theater gedruckt und *anders* entfallen läßt, *als es sich in der Wahrheit verhält*, sage ich dem Publico alles rein heraus.« Einen Vermittlungsversuch Friedrich Müllers weist L am 15. April zurück.
vor 14. April	Bekanntschaft mit L. F. G. Goeckingk, vermutlich in Braunschweig (GBL 1024).
15. April	Abel Seyler und Klinger besuchen L in Wolfenbüttel, der sich dem literarisch wenig geschätzten Dramatiker gegenüber freundlich verhält (GBL 1025).
16. April	Herzog Carl von Braunschweig und Lüneburg dekretiert den Erwerb und die schnellstmögliche Herrichtung eines bei der Bibliothek und zum Schlossplatz hin gelegenen dreiflügeligen Hauses für L, weil er »das Bärnersche Haus wegen seiner großen Baufälligkeit noch nicht beziehen können, und in das Meisnersche Haus einziehen müssen« (GBL 1026). Dieses jetzt so genannte Lessinghaus wird Ende des Jahres bezogen.
25. Mai	In einem Brief an Nicolai heißt es (WuB XII, 77): »Ihr Almanach von Volksliedern [»Eyn feyner kleyner Almanach ... Erster Jahrgang«, Berlin 1777] hat in meinen Augen einen großen Fehler: diesen, daß Sie nicht bei jedem Liede angegeben haben, woher es genommen [...]. Zu

der ernsthaften Absicht, die diese Schnurre haben soll [Kritik an Volkspoesie-Konzeptionen der Stürmer und Dränger], hätte dieses notwendig geschehen müssen [...].« An Karl Gotthelf L. (S. 79): »Mit einem deutschen Nationaltheater ist es lauter Wind, und wenigstens hat man in Mannheim nie einen andern Begriff damit verbunden, als daß ein deutsches Nationaltheater daselbst ein Theater sei, auf welchem lauter geborne Pfälzer agierten.«

25. Juni	In Braunschweig, bei Eschenburg, der L um ein Exemplar der zweiten Auflage der »Fabeln. Drey Bücher« bittet und es am Folgetag zugesandt bekommt.
13. bis 17. Juli	Besuch von Anna Schuback.
16. Juli	Mit ihr und Eva L. am 16. Juli in Braunschweig. »Wir speisen bei Angott, aber Sie *müssen* unser Gast sei; weil Madame Schuback gern die Ehre haben will, Sie kennen zu lernen.« (An Eschenburg, 15.7.; WuB XII, 86–87.)
24. Juli	L zeigt C. H. Titius die Bibliothek (GBL 1033).
1. August	Beginn einer Übersichtsdarstellung »Zur Geschichte der deutschen Sprache und Literatur, von den Minnesängern bis auf Luthern« (posthum veröffentlicht).
September	Der Fragmentenstreit beginnt mit einer sachlichen, L nicht angreifenden Gegenschrift von J. D. Schumann: »Ueber die Evidenz der Beweise für die Wahrheit der Christlichen Religion« (Hannover 1778 [recte 1777]; Neudruck: WuB VIII, 355–435).
13. September	Begegnung mit A. C. Hviid (GBL 1036) in Hannover, wo L sich aus unbekanntem Anlass (vielleicht zu einem Gespräch mit Schumann) kurzzeitig aufhält.
20. September	L schickt Nicolai einige Lieder für »Eyn feyner kleyner Almanach [...] Zweyter Jahrgang« (Berlin 1778), stellt einen dritten Teil der »Briefe, antiquarischen Inhalts«, der während der Italienreise gewonnene Erkenntnisse verarbeiten soll, in Aussicht und schlägt einen einbändigen Neudruck der beiden ersten Teile mit einem neuen Vorwort vor. »Diesen Winter [...] habe ich noch voll auf an dem fünften bis zwölften Stücke meiner Beiträge [»Zur Geschichte und Litteratur«] zu arbeiten, mit welchen ich dieses ganze Werk zu schließen gesonnen bin.« (WuB XII, 92.) Vorbereitet hat L nur Stück 5 und 6, die erst posthum, 1781, erschienen sind; die »Briefe« hat er nicht fortgesetzt, und Nicolai hat deshalb nur den vergriffenen ersten Teil 1778 neu aufgelegt. – Den Bruder Karl Gotthelf bittet er um Quartiersuche in Berlin für den Stiefsohn Theodor Heinrich König, der »jetzt Kriegsbaukunst studiert, weil er mit aller Gewalt das Militair ergreifen will« und prüfen solle, »ob der preußische Dienst wohl seine Sache wäre« (WuB XII, 94). Außerdem erwähnt L das – unverwirklicht gebliebene – Vorhaben, Calderóns Lustspiel »Der Richter von Zalamea« frei zu übersetzen.

Oktober/ November	In Braunschweig erscheint L.s anonyme erste Antwort auf Schumann, »Ueber den Beweis des Geistes und der Kraft«.
8. Oktober	Am ersten Hochzeitstag trägt L.s Frau sich ins Besucherbuch der Bibliothek Wolfenbüttel ein (GBL 1037).
19. Oktober	Hochzeit Eschenburgs mit Marie Dorothea Schmid in Braunschweig, bei der L anscheinend nicht anwesend ist, wie sich aus seinem Glückwunschbrief vom 22. Oktober vermuten lässt.
November	L lässt, wieder in Braunschweig und anonym, seine zweite Antwort an Schumann folgen: »Das Testament Johannis. Ein Gespräch«. Beginn der Arbeit an »Neue Hypothese über die Evangelisten als blos menschliche Geschichtschreiber betrachtet«; diese Schrift ist wegen der Kontroverse mit Goeze zurückgestellt worden und erst posthum erschienen.
3. November	Johannes Theophilus L. teilt mit, er habe den Haushalt der Eltern teilweise verauktionieren lassen, die verbliebenen Schulden in Kamenz mittels neuer Schuldverschreibungen getilgt und die Schwester Dorothea Salome zu sich nach Pirna geholt (wo sie einige Monate bleibt).
11. November	Mendelssohn, der sich mit seiner Frau einige Wochen in Hannover aufhält, kündigt an, die Rückreise über Wolfenbüttel nehmen zu wollen (wo er am 21. Dezember eintrifft). »Ihre Gespräche über die Freimäuererei [»Ernst und Falk«] habe ich mit sehr vielem Vergnügen gelesen. Nicht, daß Sie etwa meinen Vorwitz gestillt hätten. [...] Was sie aber bei mir bewirkt haben, sind billigere Begriffe von einem Institut, das mir seit einiger Zeit fast verächtlich zu werden angefangen.« (WuB XII, 106.)
15. November	Karl Gotthelf L. berichtet von dem (unzutreffenden) Gerücht, Friedrich II. von Preußen wolle die Wolfenbütteler Bibliothek kaufen, und spekuliert über eine Umsiedlung L.s nach Berlin.
27. November	L schickt seine Materialien über Andreas Tscherning an Eschenburg für den dritten Band der von Zachariä begründeten Sammlung »Auserlesene Stücke der besten Deutschen Dichter« (Braunschweig 1778); L hat sie zunächst selbst fortsetzen wollen.
Dezember	Aus Hannover kommt, mit der Jahresangabe 1778, »J. D. Schumanns Antwort auf das aus Braunschweig an ihn gerichtete Schreiben über den Beweis des Geistes und der Kraft« (Neudruck: WuB VIII, 455–466), das L enttäuscht. »Schumanns Antwort ist weit schlechter ausgefallen, als ich erwartet hatte. Ich weiß kaum, wie ich ihm wieder antworten soll, ohne ihn lächerlich zu machen; welches ich nicht möchte.« (An Eschenburg, 7.1.1778; WuB XII, 119.) Wohl deshalb bleibt »Ueber den Beweis des Geistes und der Kraft. Ein zweytes Schreiben an

den Herrn Direktor Schumann in Hannover. Braunschweig, 1778« Fragment. – Als zweite Stimme im Fragmentenstreit erhebt sich anonym die von J. H. Reß: »Die Auferstehungs-Geschichte Jesu Christi gegen einige im vierten Beytrage zur Geschichte und Litteratur aus den Schätzen der Herzoglichen Bibliothek zu Wolfenbüttel gemachte neuere Einwendungen vertheidiget« (Hannover 1777; Auszüge: WuB VIII, 475–503).

vor Mitte Dezember   L verspricht über Eschenburg Beiträge für die von Boie herausgegebene Zeitschrift »Deutsches Museum« (GBL 1040), löst die Zusage jedoch nicht ein.

17. Dezember   In der Zeitschrift »Freywillige Beyträge zu den Hamburgischen Nachrichten aus dem Reiche der Gelehrsamkeit«, Stück 55 und 56, veröffentlicht Goeze eine polemische Rezension zu »Ein Mehreres aus den Papieren des Ungenannten«, die dann den ersten Teil seiner Mitte April 1778 erschienenen Streitschrift »Etwas Vorläufiges gegen des Herrn Hofraths Leßings mittelbare und unmittelbare feindselige Angriffe auf unsre allerheiligste Religion, und auf den einigen Lehrgrund derselben, die heilige Schrift« ausmacht (Neudrucke: GS, S. 11–23; WuB IX, 11–20). Die Rezension, die den Fragmentenstreit forciert, wird L durch Eschenburg vermittelt und veranlasst zusammen mit einem zweiten Angriff Goezes vom 30. Januar 1778 die Gegenschrift »Eine Parabel«.

18. Dezember   Auf ein nicht überliefertes, offenbar heftiges und ehrenrühriges Verlangen Ernestine Reiskes sendet L den handschriftlichen Nachlass ihres Mannes zurück und kündigt ihr die gut verzinste Erstattung eines Darlehens von 900 Reichstalern durch mehrjährige Obligation an.

19. Dezember   Karl Gotthelf L wird die kurz bevorstehende Ankunft Theodor Heinrich Königs in Berlin angekündigt. »Herrn Voß sage bei Gelegenheit, daß er zu Anfange des Februars eine kleine Schrift von acht bis zehn Bogen [»Neue Hypothese über die Evangelisten«] von mir erhalten soll, die ich gern noch zu Ostern möchte gedruckt haben.« (WuB XII, 114.)

21. Dezember   Besuch von Mendelssohn, seiner Frau und Joseph Haltern (GBL 1041), die T. H. König mitnehmen.

22./24. Dezember   Einzug in eine neue Dienstwohnung, ein dreiflügeliges saniertes Haus zwischen Bibliothek und Schloss.

25. Dezember   Geburt des Sohnes Traugott.

27. Dezember   Durch Pastor Tutenberg und im Beisein L.s und Doktor Topps Nottaufe des Sohnes, der wenige Stunden später stirbt (GBL 1043). Die Mutter schwebt in Lebensgefahr, sie liegt »ganzer neun bis zehn Tage ohne Verstand« (an Karl Gotthelf L., 5.1.1778; WuB XII, 118).

31. Dezember	Brief an Eschenburg, mit den Sätzen endend (WuB XII, 116): »Ich wollte es auch einmal so gut haben, wie andere Menschen. Aber es ist mir schlecht bekommen.«
1778 Januar	Als Antwort an Reß erscheint in Braunschweig anonym »Eine Duplik«.
7. Januar	An Eschenburg (WuB XII, 119): »Ich danke Ihnen für die Abschrift des Götzischen Aufsatzes [siehe 17.12.1777]. Diese Materien sind itzt wahrlich die einzigen, die mich zerstreuen können.«
10. Januar	Eva L stirbt. An Eschenburg (WuB XII, 119): »Meine Frau ist tot: und diese Erfahrung habe ich nun auch gemacht. Ich freue mich, daß mir viel dergleichen Erfahrungen nicht mehr übrig sein können zu machen; und bin ganz leicht.« – Die Nachlassregelung zu Gunsten der vier Kinder übernimmt der Wolfenbütteler Advokat Calm.
12./14. Januar	Begräbnis auf dem Bürgerkirchhof am Wall, durch Pastor Tutenberg (GBL 1051a).
12. Januar	Nachricht an Karl Gotthelf L und Theodor Heinrich König.
24. Januar	Karl Gotthelf L. lädt seinen Bruder mit Familie nach Berlin ein.
um 26. Januar	T. H. König kehrt aus Berlin zurück.
30. Januar	Goeze setzt sein Eingreifen in den Fragmentenstreit fort mit einer Rezension der Schrift von Reß (in: »Freywillige Beyträge zu den Hamburgischen Nachrichten«, Stück 61–63), die dann den zweiten Teil von »Etwas Vorläufiges« bildet (Neudrucke: GS, S. 23–42; WuB IX, 21 bis 35).
Januar/Februar	Arbeit an »Eine Parabel« und »Axiomata«, gegen Goeze gerichtet.
um 10. Februar	L besucht mit Braunschweiger Freunden ein Marionettenspiel in einer Bauernschenke (GBL 1053).
25. Februar	An Karl Gotthelf L. (WuB XII, 128): »Nächster Tage sollst Du auch eine Schrift wider Götzen erhalten, gegen den ich mich schlechterdings in die Positur gesetzt habe, daß er mir als einem Unchristen nicht ankommen kann. Doch das sind alles die Scharmützel der leichten Truppen von meiner Hauptarmee. Die Hauptarmee rückt langsam vor, und das erste Treffen ist meine *Neue Hypothese über die Evangelisten, als bloß menschliche Geschichtschreiber*

betrachtet. Etwas Gründlicheres glaube ich in dieser Art noch nicht geschrieben zu haben, und ich darf hinzusetzen, auch nichts Sinnreicheres.«

Februar/März	Ein vierter Theologe schaltet sich in den Fragmentenstreit ein, F.W. Mascho mit »Vertheidigung der geoffenbarten christlichen Religion wider einige Fragmente aus der Wolfenbüttelschen Bibliothek. Erstes Stück« (Hamburg 1778 [Auszüge: WuB VIII, 589–598]; ein zweiter Teil folgt 1779). L repliziert darauf im ersten und elften »Anti-Goeze«. Auf die weiteren, von nun an zahlreich vortretenden Wortmeldungen hat er nicht mehr reagiert, mit Ausnahme derer von Goeze (1778) und C.W.F. Walch (1779).
um 10. März	In Braunschweig erscheinen anonym »Eine Parabel. Nebst einer kleinen Bitte, und einem eventualen Absagungsschreiben an den Herrn Pastor Goeze, in Hamburg« und »Axiomata, wenn es deren in dergleichen Dingen giebt. Wider den Herrn Pastor Goeze, in Hamburg«.
16. März	L schickt beide Texte seinem Bruder Karl Gotthelf.
17. März	Goeze äußert sich befriedigt über einen Reichshofratsbeschluss, das heißt eine reichsgerichtliche Sanktion, gegen den Radikalaufklärer Bahrdt, die wohltuende Folgen haben werde: »Und der Herr Leßing wird anfangen zu glauben, daß es keine Kleinigkeit sey, Fragmente drucken zu lassen, in welchen die heil. Apostel, welche die römische und protestantische Kirche, bis hieher mit dem höchsten Rechte, als von Gott erleuchtete und getriebene Männer Gottes verehret haben, als die ärgsten Bösewichter, Leichenräuber, und Lügner gelästert werden.« (Freywillige Beyträge zu den Hamburgischen Nachrichten, Stück 71; GS, S. 194.)
19. März	J. A. H. Reimarus zeigt sich einverstanden mit L.s Vorgehen und bittet nur um persönliche Rücksicht (WuB XII, 136): »Es geht [in Hamburg] stark die Rede, Sie haben sich geäußert, die herausgegebenen *Fragmente* seien von meinem seligen Vater, und gewiß, einige Stellen Ihrer Schriften scheinen diese Sage zu begünstigen. Meinem Vater schadet nun zwar Verfolgung nicht mehr; ich würde mich auch wohl decken; allein ich habe meine Familie, der eine heimliche Feindschaft schaden könnte [...].«
um 1. April	»Anti-Goeze. D. i. Nothgedrungener Beyträge zu den freywilligen Beyträgen des Hrn. Past. Goeze ERSTER«. Die insgesamt elfteilige Reihe der »Anti-Goeze« erscheint anonym in Braunschweig.
2. April	Versteigerung aus Eva L.s Nachlass, zu Gunsten ihrer Kinder, auf dem Wolfenbütteler Holzmarkt.
6. April	An J. A. H. Reimarus (WuB XII, 143): »Indes will ich doch, bei erster Gelegenheit, ein Wort von der unnötigen Neugierde nach dem Verfasser [der »Fragmente eines Ungenannten«],

nicht allein überhaupt sagen, sondern mich auch in specie wegen Ihres Herrn Vaters so erklären, daß man es gewiß künftig soll bleiben lassen, sich desfalls auf mich zu berufen. Diese Gelegenheit wird sich auch sehr bald finden, indem ich noch ein Fragment, *und zwar das letzte* [»Von dem Zwecke Jesu und seiner Jünger«], nicht in den Beiträgen, sondern besonders, eben itzt drucken lasse. Ich werde durch *Maschos* albernes Geschwätz dazu gezwungen [...].« Sodann gibt L vor: »Die *Erziehung des Menschengeschlechts* ist von einem guten Freunde, der sich gern allerlei Hypothesen und Systeme macht, um das Vergnügen zu haben, sie wieder einzureißen.«

um 8. April	Goeze veröffentlicht in Hamburg »Etwas Vorläufiges gegen des Herrn Hofraths Leßings mittelbare und unmittelbare feindselige Angriffe auf unsre allerheiligste Religion, und auf den einigen Lehrgrund derselben, die heilige Schrift«.
18. April	L erhält »Etwas Vorläufiges«.
19. April	Brief an Matthias Claudius, aus dem sich ergibt, dass »Ernst und Falk. Gespräche für Freymäurer« unter Braunschweiger Freimaurern zirkuliert. Das Manuskript scheint auch Herzog Fedinand vor Augen zu kommen, der über Dritte eine Abschrift wünscht, die L am 28. Juli zusendet. Die im September publizierten ersten drei Gespräche sind dem Herzog gewidmet.
um 25. April	»Anti-Goeze [...] ZWEYTER«.
Mai	»Anti-Goeze [...] DRITTER [bis] SIEBENTER«. In Hamburg erscheint »Leßings Schwächen, gezeigt von Johan Melchior Goezen. Das erste Stück« (Neudrucke: GS, S. 73–101; WuB IX, 163 bis 184).
21. Mai	In Braunschweig erscheint die dritte und letzte Fragmentenpublikation: »Von dem Zwecke Jesu und seiner Jünger. Noch ein Fragment des Wolfenbüttelschen Ungenannten. Herausgegeben von Gotthold Ephraim Lessing«, und zwar gegen Bedenken des Direktors (Remer) der verlegenden Waisenhausbuchhandlung ohne Orts- und Verlagsangabe (siehe GBL 1057).
um 24. Mai	Einwöchiger Besuch von H. C. Boie und H. P. Sturz in Wolfenbüttel (GBL 1058). L berichtet ihnen von seinem druckfertigen Manuskript »Der Renner Haugs von Trimberg. Aus drey Handschriften der Herzogl. Bibliothek zu Wolfenbüttel wiederhergestellt«. Die mit einem Glossar geplante Neuedition ist unterblieben, weil er während seines Hamburger Aufenthaltes im September und Oktober »unvermutet ein viertes Manuscript« findet, »welches so gut und so alt ist«, dass er »alles aufs neue durchgehen muß« (an Herder, 10.1.1779; WuB XII, 227), doch kommt er nicht mehr dazu.
Ende Mai bis 16. Juni	Langer Brief von J. A. H. Reimarus zur Kontroverse mit Goeze. »Also [...] ob ich gleich selbst [...] Ihre Verteidigung unternehmen könnte, so bin ich doch mit Ihrem Druckenlassen

nicht zufrieden und wollte Sie über Manches befragen [...]. Woher haben Sie die Nachricht, daß das Manuscript ganz vorhanden sei und umhergehe?« (WuB XII, 156. Hiernach scheint es unwahrscheinlich, dass L von der Familie Reimarus eine vollständige Abschrift der »Apologie« erhalten hat.)

Juni »Anti-Goeze [...] ACHTER [bis] ZEHNTER«. In Hamburg erscheint »Leßings Schwächen, gezeigt von Johan Melchior Goezen. Das zweite Stück« (Neudrucke: GS, S. 103–153; WuB IX, 357–394); dazu Anfang August L.s »Nöthige Antwort«.

7. Juni Karl Gotthelf L. äußert sich zum Fragmentenstreit, übersendet seine »Schauspiele. Erster Theil« (Berlin 1778) und sagt einen vorgesehenen Besuch in Wolfenbüttel ab.

29. Juni H.W. von Muzel-Stosch in Wolfenbüttel (GBL 1060).

Anfang Juli »Anti-Goeze [...] EILFTER«. Zu einem zwölften notiert L noch die Titelei (LM XIII, 213), führt ihn aber nicht mehr aus.

6. Juli In einem Kabinettsbefehl des Herzogs Carl von Braunschweig und Lüneburg erhält J. A. Remer die Order, von L nichts mehr ohne vorherige Zensur zu drucken und von seinen Fragmentenpublikationen nichts mehr zu verkaufen, weil dem »Unwesen und fast unerhörten Bestreben, die Religion in ihrem Grunde zu erschüttern, lächerlich und verächtlich zu machen, nicht länger nachgesehen werden mag« (GBL 1061). Am selben Tag erstattet das Wolfenbütteler Konsistorium an den Herzog eine Anzeige gegen das Buch »Von dem Zwecke Jesu und seiner Jünger«, die dem Herzog am 9. Juli präsentiert wird (GBL 1062).

7./8. Juli L erfährt von dem Kabinettsbefehl.

11. Juli Bitte an den Herzog, »der Buchhandlung des Waisenhauses näher bedeuten lassen [zu] wollen, *daß unter dem Verbote der Fragmente meine Antigoezischen Blätter nicht gemeinet sind, und sie solche nach wie vor, ohne Censur, in ihrem Verlage drucken lassen könne*« (WuB XII, 161).

12. Juli An Eschenburg (WuB XII, 162): »Wider die Confiscation des Fragments [»Von dem Zwecke Jesu und seiner Jünger«] habe ich nichts. Aber wenn das Ministerium darauf besteht, auch meine Antigoezischen Schriften confisciren zu lassen: so kann ich dabei so gleichgültig nicht sein, und ich bitte um meinen Abschied.«

13. Juli Durch Herzog Carl wird L »alles Ernstes befohlen, die Handschrift des Ungenannten, woraus solche Fragmente genommen, so wie sie vorhanden ist, integraliter, nebst den etwa davon genommenen Abschriften binnen acht Tagen ohnfehlbar einzuschicken, und euch aller ferneren Bekanntmachung dieser Fragmente und anderer ähnlichen Schriften, bei Vermeidung schwerer Ungnade und schärferen Einsehens, gänzlich zu enthalten. Wie denn auch die euch ehmals [am 13. Februar 1772; GBL 673] verliehene Dispensation von der Censur hiemit gänzlich aufgehoben, und die Zurücklieferung des Originals davon euch hiemit befohlen wird.« (WuB XII, 163–164.) An die Magistrate von Braunschweig und Helmstedt ergeht Order, sämtliche vorrätigen Exemplare des Buches »Von dem Zwecke Jesu und seiner Jünger« einziehen und aus den Buchhändlerkatalogen ausstreichen zu lassen (GBL 1064).

15. Juli bis 27. August
Wolfenbütteler Freimaurerkonvent, an dem L wohl nicht unmittelbar teilnimmt. Jedoch kommt er mit verschiedenen Freimaurern zusammen, darunter Freiherr von Knigge und J. J. C. Bode (GBL 1066–1067).

20. Juli
L übersendet dem Herzog die verlangte Fragmenten-Handschrift und das Original der Dispensation von der Zensur und wiederholt seine Bitte vom 11. Juli, mit dem Zusatz (WuB XII, 168–169): »Auch kann die hiesige Confiscation dieser [antigoezischen] Blätter durchaus nichts helfen; weil ich sie sofort, zu bloßem Schaden der hiesigen Waisenhausbuchhandlung, auswärts muß nachdrucken lassen, um sie auswärts fortsetzen zu können; welches mir der Concipient von Ewr. Durchlaucht Rescripten doch hoffentlich nicht auch in Ewr. Durchlaucht Namen wird untersagen wollen.« Der Herzog gibt die von L eingereichten Schriftstücke weiter zur versiegelten Hinterlegung im Geheimen Kanzleiarchiv (GBL 1069).

28. Juli
Zusendung einer Abschrift von »Ernst und Falk« an Herzog Ferdinand von Braunschweig und Lüneburg, der im Präsidium des Wolfenbütteler Freimaurerkonvents sitzt.

30. Juli
Auf einer Buchauktion in Braunschweig ersteigert L selbst oder durch einen Beauftragten einige Bände für die Wolfenbütteler Bibliothek (LBE 793–796).

um 1. August
In einem Hamburger und einem durch Karl Gotthelf L. bei C. F. Voß vermittelten Berliner Druck erscheint mit der Ortsangabe Wolfenbüttel »Gotth. Ephr. Leßings nöthige Antwort auf eine sehr unnöthige Frage des Hrn. Hauptpastor Goeze in Hamburg«.

1. August
Karl Gotthelf L. berichtet von Versuchen Goezes, in Göttingen und Berlin gegen L zu wirken.

3. August
Herzog Carl bekräftigt das Zensurgebot und untersagt auswärtigen Nachdruck der konfiszierten Fragmentenpublikationen.

4. August
Karl Gotthelf L. übersendet 24 Exemplare des Berliner Drucks.

5. August	Elise Reimarus charakterisiert die »Nöthige Antwort« als »eine so vorteilhafte Position [....], daraus weder das gröbste Geschütz noch überlegene Mannzahl Sie so leicht vertreiben werden« (WuB XII, 182); L solle unbedingt in Wolfenbüttel bleiben.
6. August	Kabinettsbefehl des Herzogs Carl an den Magistrat von Wolfenbüttel, allen Buchdrucker der Stadt unzensiertes Drucken für L zu untersagen und sein Buch »Von dem Zwecke Jesu« konfiszieren zu lassen (GBL 1073).
8. August	L bittet den Herzog, »Höchstdero Ministerio zu befehlen, sich deutlicher über diesen Punkt [ob auch seine auswärtigen Publikationen der braunschweigischen Zensur unterliegen] zu erklären, als von welcher Erklärung allein die Möglichkeit abhängt, ob ich gehorchen kann, oder nicht« (WuB XII, 183). – Niederschrift einer Ankündigung oder Subskriptionseinladung zu »Nathan der Weise«, die L drei Tage später seinem Bruder Karl Gotthelf für einen Einblattdruck zuschickt; dieser wird dann in mehreren Zeitschriften wiederholt.
9. August	An Elise Reimarus (WuB XII, 184): »Ich bin mir hier ganz allein überlassen. Ich habe keinen einzigen Freund, dem ich mich ganz anvertrauen könnte. Ich werde täglich von hundert Verdrießlichkeiten bestürmt. Ich muß ein einziges Jahr, das ich mit einer vernünftigen Frau gelebt habe, teuer bezahlen.«
11. August	An Karl Gotthelf L. (WuB XII, 186): »Ich habe vor vielen Jahren einmal ein Schauspiel [»Nathan«] entworfen, dessen Inhalt eine Art von Analogie mit meinen gegenwärtigen Streitigkeiten hat, die ich mir wohl damals nicht träumen ließ. Wenn Du und Moses [Mendelssohn] es für gut finden, so will ich das Ding auf Subskription drucken lassen, und [...] gewiß den Theologen einen ärgern Possen damit spielen [...], als noch mit zehn Fragmenten.«
nach 15. August	Gegen die »Nöthige Antwort« erscheint in Hamburg mit einer vom 14. August datierenden Vorrede »Leßings Schwächen, gezeigt von Johan Melchior Goezen. Das dritte Stück« (Neudrucke: GS, S. 155–186; WuB IX, 447–469). L verfasst umgehend »Der nöthigen Antwort auf eine sehr unnöthige Frage des Herrn Hauptpastor Göze in Hamburg Erste Folge«, die er einen Monat später, während eines Aufenthaltes in Hamburg, drucken lässt.
17. August	Endgültiger Entscheid des Herzogs Carl, dass L »in Religions-Sachen, so wenig hier als auswärts, auch weder unter seinem noch anderen angenommenen Namen, ohne vorherige Genehmigung des Fürstl. Geheimen Ministerii ferner etwas drucken lassen möge« (WuB XII, 187).
18. August	Von Karl Gotthelf L. (WuB XII, 188): »Mache Deinen Nathan immer fertig; an Subscribenten soll es nicht fehlen.« Die Ankündigung sei bereits im Druck.

nach 18. August	Mit Gleim und J. A. Cramer bei Braunschweiger Freunden (GBL 1075).
21. August	Goezes Hausorgan »Freywillige Beyträge zu den Hamburgischen Nachrichten«, Stück 90 (GS, S. 196–197; GBL 1076), druckt den »Extract eines Briefes aus dem Braunschweigischen vom 9ten August«, worin mit merklicher Genugtuung die Konfiskation des Buches »Von dem Zwecke Jesu und seiner Jünger« mitgeteilt wird.
25. August	Karl Gotthelf L. teilt mit, Mendelssohn warne vor einem Stück, »worin die Torheiten der Theologen belacht würden« und L dann als ein Voltaire (also Religionsspötter oder -verächter) ausgegeben werden könnte (WuB XII, 189).
26. August	Elise Reimarus schickt »Leßings Schwächen [...]. Das dritte Stück«.
etwa 27./28. August	Lichtenberg erhält ein Manuskript mit den ersten drei Gesprächen »Ernst und Falk«, die bei J. C. Dieterich in Göttingen anonym erscheinen sollen, doch wird dem Verleger mitgeteilt, er brauche aus der Autorschaft kein Geheimnis zu machen (siehe LiS 922–923; beide Briefe L.s sind verschollen).
August/September	In Sachsen ergeht ein Dekret, dass der Verkauf des Fragments »Von dem Zwecke Jesu und seiner Jünger« bei Strafe von 50 Talern zu untersagen sei (GBL 1082).
2. September	C. G. Heyne in Göttingen erteilt das Imprimatur für J. C. Dieterichs Druck. Das Buch wird bis etwa 19. September unter Lichtenbergs Aufsicht fertiggestellt (siehe LiS 922, 926 und 931).
6. September	L informiert Elise Reimarus, er werde die bereits fertige »Nöthige Anwort [...] Erste Folge« in einigen Tagen mit nach Hamburg bringen, und legt eine Ankündigung des »Nathan« bei. »Ich muß versuchen, ob man mich auf meiner alten Kanzel, auf dem Theater wenigstens, noch ungestört will predigen lassen.« (WuB XII, 193.)
10. September	Zusammen mit Maria Amalia König bricht L nach Hamburg auf, um dort Erbschaftsangelegenheiten seiner Stiefkinder zu regeln. Der von Herzog Carl unterzeichnete wohlwollende Reisepass beginnt: »Meinem lieben Lessing gebe ich auf 14 Tage die Erlaubniß« (GBL 1091).

HAMBURG (12. SEPTEMBER BIS 15./16. OKTOBER)

12. September — Ankunft in Hamburg, Logis im Gasthof »König von Schweden« (GBL 1083a). Während des Aufenthaltes, der sich wegen einer Erkrankung der Stieftochter Maria Amalia verlängert, lässt L »Der nöthigen Antwort [...] Erste Folge« in Hamburg ohne braunschweigische Zensur drucken. Er verkehrt oft im Haus Reimarus (GBL 1084, 1087, 1091, 1093, 1095–1096, 1098), wo er die Bekanntschaft des Ehepaars Campe macht (GBL 1085–1086). Wiedersehen mit Klopstock, F. U. L. Schröder und J. H. Voß, dessen Frau Marie Ernestine er kennen lernt. L ist ein vielen willkommener Besucher, wie Elise Reimarus bilanziert (GBL 1094): »Ueber seine Aufnahme hier bin ich erstaunt. Was ihn nach der Ausgabe des letzten Fragments wie die Erbsünde zu hassen schien, empfängt ihn als den alten Freund, und nie hätte er Gözen einen ärgeren Streich spielen können, um sein Werk bey den neuen Anhängern wieder einzureißen.« In Abendgesellschaften, bei Familie Büsch und anderen, überfällt L wiederholt ein plötzlicher Kurzschlaf (GBL 1088), erster Vorbote seiner reichlich zwei Jahre später ausbrechenden tödlichen Erkrankung.

etwa 19. September — In Göttingen erscheinen, mit der Ortsangabe Wolfenbüttel, anonym und ohne Verlagsnennung die ersten drei Gespräche »Ernst und Falk«, gewidmet dem Herzog Ferdinand von Braunschweig und Lüneburg (ohne Vorabsprache). L verschenkt Exemplare an Campe und andere Hamburger Freunde.

24. September — Zusammen mit J. G. Büsch und C. F. Cramer Besuch der Familie Voß in Wandsbek (GBL 1097).

27. September — J. F. Heusinger stirbt in Wolfenbüttel.

29. September — Karl Gotthelf L. teilt die am Vortag erfolgte Geburt seines Sohnes Carl Friedrich mit. L übernimmt die Patenschaft (an seiner Stelle steht Ramler bei der Taufe am 11. Oktober Gevatter).

um 1. Oktober — Mit bloßer Ortsangabe erscheint »Der nöthigen Antwort auf eine sehr unnöthige Frage des Herrn Hauptpastor Göze in Hamburg Erste Folge«, L.s letzte Schrift gegen Goeze.

8. Oktober — Mit Campe und Claudius Abschiedsbesuch der Familie Voß, die nach Otterndorf umzieht.

um 14. Oktober — Abschiedsbesuche bei den Reimarus und Campes (GBL 1098–1099).

WOLFENBÜTTEL UND BRAUNSCHWEIG

18. Oktober — Wiederankunft in Wolfenbüttel.

19. Oktober — L übersendet Herzog Ferdinand ein Exemplar von »Ernst und Falk« und bemerkt zu der eigenmächtig vorgenommenen Widmung (WuB XII, 199): »Man ist sich keiner bösen Sache bewußt, wenn man vor solchen Augen damit zu erscheinen waget.«

20. Oktober — An Karl Gotthelf L. über die Hamburger Reise und »Nathan« (WuB XII, 200): »Es wird nichts weniger, als ein satirisches Stück, um den Kampfplatz mit Hohngelächter zu verlassen. Es wird ein so rührendes Stück, als ich nur immer gemacht habe, und Herr Moses [Mendelssohn] hat ganz recht geurteilt, daß sich Spott und Lachen [...] nicht schicken würde [...].«

21. Oktober — Nach brieflicher Beratung mit einem Vertrauten (LiS 940–941), dankt Herzog Ferdinand sehr freundlich für die ihm gewidmeten Gespräche »Ernst und Falk«, ohne sein Bedauern zu verhehlen, dass die Publikation nicht mit ihm abgesprochen wurde und das freimaurerische Schweigegebot verletze.

26. Oktober — L verteidigt sich gegenüber Herzog Ferdinand (WuB XII, 204): »Nur weil es mich schmerzet, daß der Gegenstand derselben [der Verpflichtungen der Freimaurer] in öffentlichen Schriften, die sich größten Teils von Fr.-M.- selbst herschreiben, so sonderbar gemißhandelt wird: habe ich eine Seite derselben – nicht enthüllen – sondern ihm die Hülle nur genauer anpassen zu müssen geglaubt.«

7. November — Karl Gotthelf L. wird mitgeteilt, »Nathan« solle Ostern 1779 erscheinen und sei »so vollkommen fertig, als nur immer eins von meinen Stücken fertig gewesen, wenn ich sie drucken zu lassen anfing« (WuB XII, 207), das heißt, er hat klare Vorstellungen und schreibt ein mehr oder weniger ausführliches Szenarium, das aktweise ausgearbeitet und in diesem Falle in Blankverse gebracht wird.

12. bis 14. November — Niederschrift des Szenariums zum ersten Aufzug. (Die weiteren Partien des Szenariums [LM XX/1, 89–113] sind nicht datiert.)

14. November — Beginn der Versifikation des ersten Aufzugs.

6. Dezember — Beginn der Versifikation des zweiten Aufzugs.

7. Dezember — Karl Gotthelf L. erhält den ersten Aufzug, um Ramler stilistisch-metrische Korrektur lesen und bei C. F. Voß einen Probebogen setzen zu lassen.

um 11. Dezember	L bittet, nach Vermittlung durch seinen Bruder, M. Wessely um ein Darlehen von 300 Reichstalern bis zum Erscheinen des »Nathan«. Das Geld trifft am 20. Dezember ein.
16. Dezember	An Elise Reimarus (WuB XII, 213–214): »Meine Schlafsucht hat sich ganz verloren […]. Ich muß nur machen, daß ich mit meinem Nathan fertig werde. Um geschwind fertig zu werden, mache ich ihn in Versen.« – An H. C. Boie (Erstdruck: Lessing Yearbook XXXI, Göttingen 2000, S. 6–8).
18. Dezember	Dank an Ramler für Verbesserungs- und Korrekturhinweise zum »Nathan«. »Ich sende mit heutiger Post [genauer: mit Datum 19. Dezember] wieder einen ziemlichen Flatschen an meinen Bruder. Wenn Sie auch den lesen: so tun Sie mir einen Gefallen […].« (WuB XII, 215.)
22. Dezember	Karl Gotthelf L. sendet den erbetenen Probedruck, der jedoch nicht L.s Wünschen und Bedürfnissen entspricht (laut Antwort vom 30. Dezember).
28. Dezember	Beginn der Versifikation des dritten Aufzugs von »Nathan der Weise«. – L schickt seiner Schwester Dorothea Salome 5 Louisd'or.
Jahreswende	Gespräche über »Nathan« mit J. von Döring, der L. F. G. Goeckingk mitteilt (GBL 1110): »Zu Anfang Februar hofft er mit seinem Nathan ganz fertig zu sein. Alle Morgen macht er dreißig Verse.«
1779 *10. Januar*	L erklärt sich in der Erbschaftsangelegenheit seiner Stiefkinder zu deren Gunsten (GBL 1111). – Auf eine Anfrage Herders (25.12.1778) versichert er, dass er »wirklich das ganze Manuscript [von H. S. Reimarus] nicht in Händen habe, und es nur bei Leuten gelesen habe, die entweder viel zu eifersüchtig, oder viel zu furchtsam damit sind, als daß sie mir es anvertrauen möchten« (WuB XII, 225).
12. Januar	Der Bruder Gottlob Samuel L. gibt nach mehrjährigem Schweigen erstmals wieder Nachricht über sich und seine Familie.
14. Januar	Mit Forster und Leisewitz zu Tisch beim Ehepaar Eschenburg in Braunschweig (GBL 1112).
15. Januar	An Karl Gotthelf L. (WuB XII, 231–232): »Du bekommst hierbei nicht allein abermals einen neuen Flatschen Manuscript (von Seite 75–116), den ich Dich Ramlern zu communiciren bitte; sondern auch den ersten Flatschen wieder, der nun völlig so ist, wie er kann gedruckt werden.« Ein geplantes Nachspiel zum »Nathan«, »genannt *der Derwisch*, welches auf eine Neue Art den Faden einer Episode des Stücks selbst wieder aufnähme, und zu Ende brächte«, müsse aus Platzgründen ebenso wegbleiben wie eine Vorrede.

| 20. Januar | Forster besichtigt die Wolfenbütteler Bibliothek und ist mit Eschenburg und anderen Braunschweiger Freunden bei L (GBL 1114). |

2. Februar — Beginn der Versifikation des vierten Aufzugs von »Nathan der Weise«.

9. bis 10. Februar — In Braunschweig; Begegnungen mit Leisewitz (GBL 1116–1117).

27. Februar — J. G. Sulzer stirbt in Berlin.

7. März — Beginn der Versifikation des fünften Aufzugs von »Nathan der Weise«. Während dieser Arbeit publiziert J. S. Semler eine »Beantwortung der Fragmente eines Ungenannten insbesondere vom Zweck Jesu und seiner Jünger« (Halle 1779) mit einem von J. P. Eberhard stammenden anonymen »Anhang zur Beantwortung der Fragmente eines Ungenannten«, worin L als ein ins Londoner Bedlam (Irrenhaus) zu sperrender Brandstifter denunziert wird. Dies »Geschmiere« erbittert ihn derart, »daß ich alle gute Laune, die mir zum Versmachen so nötig ist, darüber verlor, und schon Gefahr lief, den ganzen Nathan darüber zu vergessen. [...] Aber ich will [...] ihm ein Briefchen aus Bedlam schreiben, daß er an mich denken soll!« (An Elise Reimarus, 14.5.1779; WuB XII, 255.) Die Entgegnung ist über zwei kurze Entwürfe (LM XVI, 450–451: Gegen Johann Salomo Semler) nicht hinausgelangt.

13. März — Elise Reimarus bittet zum Schutz der Familie Reimarus um eine Erklärung über den Autor der »Fragmente eines Ungenannten«; sie ist nicht erfolgt.

28. März — In Braunschweig bei Familie Eschenburg, dort Begegnung mit Leisewitz und dem Freiherrn von Kuntzsch (GBL 1121).

April/August — Aufführung der »Emilia Galotti« in Braunschweig durch Graf von Brunian, vielleicht in L.s Gegenwart.

um 10. April — Besuch von J. G. Jacobi (GBL 1123).

16. April — Mit Leisewitz bei Eschenburgs (GBL 1124).

18. April — An Karl Gotthelf L. (WuB XII, 247): »Es kann wohl sein, daß mein Nathan im Ganzen wenig Wirkung tun würde, wenn er auf das Theater käme, welches wohl nie geschehen wird. Genug, wenn er sich mit Interesse nur lieset, und unter tausend Lesern nur Einer daraus an der Evidenz und Allgemeinheit seiner Religion zweifeln lernt.« Die Uraufführung des Stückes hat Döbbelin in Berlin am 14. April 1783 gegeben.

nach 20. April	Korrektur der letzten Aushängebögen des »Nathan«.
25./26. bis 29./30. April	Besuch von Gleim und Klamer Schmidt (GBL 1126).
28. April	Mit Gleim in Braunschweig bei C. A. Schmid und vielleicht auch bei Ebert und Eschenburg.
1. Mai	Karl Gotthelf L. kündigt das gedruckte Stück an.
um 5. Mai	»Nathan der Weise. Ein Dramatisches Gedicht, in fünf Aufzügen«, mit der bloßen Jahresangabe 1779, liegt vor. Von dieser Subskriptionsausgabe erhält L, noch bevor das Buch auf der Leipziger Ostermesse ausgegeben wird, 1 000 Exemplare für die bei ihm direkt eingegangenen Bestellungen. Eine zweite Ausgabe erscheint zur Michaelismesse mit dem Vermerk »Berlin, bey Christian Friedr. Voß und Sohn, 1779«.
11. Mai	L und Leisewitz bei Eschenburg; die Subskriptionsbände des »Nathan« sind angekommen (GBL 1128).
25. Mai	Elise Reimarus wird ein Dramenprojekt mitgeteilt: »Der fromme Samariter, ein Trauerspiel in 5 Aufzügen, nach der Erfindung des Herrn Jesu Christi«. Das auch »Der barmherzige Samariter« betitelte Stück ist nicht geschrieben worden.
28. Mai	Gegen »Nathan« ergeht in Frankfurt am Main ein Verkaufsverbot (LiS 994).
1. Juni	Herder erbittet für sich und Hamann das dritte Freimäurergespräch, meint aber die noch ungedruckten Gespräche 4 und 5 (siehe LiS 972).
8. Juni	J. K. Wezel, begleitet von A. G. Meißner, in der Wolfenbütteler Bibliothek (GBL 1132).
9. bis 10. Juni	In Braunschweig, bei Eschenburg und Leisewitz (GBL 1133).
17. Juni	»Ich danke Ihnen, mein lieber Eschenburg, für Ihre gütige Besorgnis. Bettlägrig und schlimm genug bin ich freilich einige Tage gewesen [...].« (WuB XII, 263.) Der schlechte Zustand hält den Sommer über an; im Herbst stellt sich wieder, wie im Vorjahr, eine Schlafsucht ein. Auch verschlechtert sich L.s Sehvermögen immer mehr.
30. Juni	G. Zoega besucht L und die Bibliothek (GBL 1137).

17. Juli	Karl Gotthelf L. informiert darüber, dass er Münzdirektor in Breslau geworden ist und am 23. Juli dorthin umziehen werde.
Juli/August	Es kommt das Gerücht auf, L habe von der Berliner Judenschaft 1000 Dukaten für »Nathan« erhalten (LiS 1012); variiert bringt es eine Wiener Zeitung am 23. Oktober in die Öffentlichkeit.
August	Beginn eines Briefwechsels mit J. G. I. Breitkopf über frühe deutsche Bibeldrucke.
8. August	Besuch des Verlagsbuchhändlers C.W. Ettinger, der eine – von der Familie Reimarus nicht gewollte – Gesamtausgabe der »Fragmente eines Ungenannten« anbietet und dem L eine – nicht realisierte – Neuausgabe des Schwankbuches »Schimpf und Ernst« (Straßburg 1522) von Johannes Pauli vorschlägt (GBL 1140).
9. August	L trifft sich mit seinem auf der Braunschweiger Laurentiusmesse ausstellenden Cousin Johann Gotthold und dann mit Leisewitz (GBL 1141).
10./ 19. August	Ein exzentrischer livländischer Philosophieliebhaber namens Könemann meldet sich bei L und wird von ihm bis Frühjahr 1780 beherbergt (GBL 1142).
13. August	Empfehlungsbrief an den Freiherrn von Gebler für Theodor Heinrich König, der in Erbschaftsangelegenheiten nach Wien reist.
15. August	Gegenbesuch von Johann Gotthold L. in Wolfenbüttel (GBL 1143).
19. August	L.s Schulfreund J. H. Schlegel kommt mit seinem Sohn zu Bibliotheksstudien nach Wolfenbüttel (GBL 1144).
20. bis 22. August	Mit Stieftochter Maria Amalia König und Könemann in Braunschweig.
21. August	Bei A. Daveson wird Könemann einigen Braunschweiger Freunden vorgestellt (GBL 1146).
6. September	Daveson und seine Frau in der Wolfenbütteler Bibliothek (GBL 1147) und wohl auch in L.s Haus.
8. September	Auf einer Buchauktion in Wolfenbüttel ersteigert L selbst oder durch einen Beauftragten einige Bände für die Bibliothek (LBE 797–809).

24. September	In Braunschweig, bei Leisewitz und mit ihm gemeinsam zu Ebert, wohin auch J. F. W. Jerusalem kommt (GBL 1148).
um 29. September	Zur Michaelismesse erscheinen im Hamburger »Musen Almanach für 1780« zwölf Sinngedichte von L, darunter eine »Grabschrift auf Voltairen. 1779«, mit einer indirekten Würdigung seiner umstrittenen Kirchenkritik. In Leipzig publiziert C.W. F. Walch eine »Kritische Untersuchung vom Gebrauch der heiligen Schrift unter den alten Christen in den vier ersten Jahrhunderten«, die Ansichten L.s zu diesem Problem bestreitet. L beginnt daraufhin die unvollendeten Schriften »Bibliolatrie«, »Von den Traditoren« und »Sogenannte Briefe an den Herrn Doktor Walch«, letztere als Teil der geplanten Publikation »G. E. Leßings sogenannte Briefe an verschiedene Gottesgelehrten, die an seinen theologischen Streitigkeiten auf eine oder die andere Weise Theil zu nehmen beliebt haben«.
12. Oktober	L unterstützt seine Schwester Dorothea Salome mit 30 Talern.
nach 14. Oktober	Verhandlungen mit J. F. Tünzel über einen Dublettentausch zwischen dem Braunschweiger Collegium Carolinum und der Wolfenbütteler Bibliothek.
23. und 27. Oktober	Die Zeitung »Wienerisches Diarium von Staats-vermischt und gelehrten Neuigkeiten« verbreitet die – von mehreren anderen Blättern nachgedruckte – Falschmeldung, L habe für die Herausgabe der »Fragmente eines Ungenannten« von den Amsterdamer Juden 1 000 Dukaten erhalten (GBL 1152–1153). Er schreibt dagegen eine »Noch nähere Berichtigung«.
28. Oktober	In Braunschweig, zu Gespräch und Spiel bei Ehepaar Daveson, auch ist Leisewitz mit dabei (GBL 1155).
November	Versteigerung aus Eva L.s Nachlass zu Gunsten ihrer Kinder.
6. November	Campe erhält die für G. C. von Roepert erbetenen noch ungedruckten Gespräche 4 und 5 von »Ernst und Falk« und leitet sie diesem am 14. November zu (LiS 1021).
um 10. November	Verschollener Brief an Elise Reimarus, in dem L über seine durch die Stieftochter Maria Amalia König angenehm gestalteten häuslichen Verhältnisse und (Vor-)Arbeiten zu dem »Samariter«-Drama und einem Trauerspiel »Der Tod des Nero« berichtet, zugleich über neuerliche Schlafsucht klagt.
17. November	Auf einer Buchauktion in Wolfenbüttel ersteigert L selbst oder durch einen Beauftragten einige Bände für die Bibliothek (LBE 810–821), darunter drei Bücher aus dem Nachlass seiner Frau, die 31 Taler und 12 gute Groschen zu Gunsten ihrer Kinder erbringen.

27. November	Der Leipziger Bücherkommissar C. A. Bel bittet Friedrich August III. Kurfürsten von Sachsen darum, »Nathan der Weise« konfiszieren zu dürfen (LiS 1022), was ihm jedoch nicht gestattet wird.
12. Dezember	Dank an J. G. I. Breitkopf für B. L. Tralles' zweibändige »Zufällige alt-deutsche und christliche Betrachtungen über Hrn. Gotthold Ephraim Lessings neues dramatisches Gedicht Nathan der Weise« (Breslau 1779). – An Karl Gotthelf L. (WuB XII, 296): »Was sagt man in Breslau dazu [zu Tralles]? Nur sein hohes Alter rettet den Mann von einem bunten Tanze, den ich sonst mit ihm verführen würde.«
23. Dezember	L, Leisewitz und C. A. Schmid treffen sich bei Eschenburg in Braunschweig (GBL 1160).
29. Dezember	An Eschenburg (WuB XII, 299): »Ich befinde mich seit einigen Tagen recht sehr übel. Es soll zwar nur ein Flußfieber sein.«
Jahreswende	L.s anonyme, unter der Maske seines Stiefsohnes Theodor Heinrich König geschriebene »Noch nähere Berichtigung des Mährchens von 1000 Dukaten, oder Judas Ischarioth, dem zweyten« erscheint ohne Orts- und Verlagsangabe.
1779/1780	Das wohl letzte Porträtgemälde L.s entsteht. Es ist zunächst Anna Rosina de Gasc zugeschrieben worden (RH, S. 26), dann mit größerer Plausibilität Friedrich Georg Weitsch (KH, S. 7–9); beides sind jedoch letztlich nur Vermutungen, der Künstler hat sich noch nicht zweifelsfrei identifizieren lassen.
1780 Januar	In Braunschweig beginnt der Druck des Bandes »Zur Geschichte und Litteratur. Aus den Schätzen der Herzoglichen Bibliothek zu Wolfenbüttel. Sechster Beytrag«, der jedoch erst posthum 1781 erscheint.
Januar/Februar	Fortbestehendes Unwohlsein. »Dieser Winter ist sehr traurig für mich. Ich falle aus einer Unpäßlichkeit in die andere, deren keine zwar eigentlich tödlich ist, die mich aber alle an dem Gebrauch meiner Seelenkräfte gleich sehr verhindern. Die letztere, der ich eben entgangen bin, war zwar nun auch gefährlich genug; denn es war ein schlimmer Hals, der schon zur völligen Bräune gediehen war; und man sagt, ich hätte von Glück zu sagen, daß ich so davon gekommen.« (An Karl Gotthelf L., 25.2.; WuB XII, 312–313.) Der angegriffene Gesundheitszustand verleidet die Ausarbeitung der »Sogenannten Briefe an verschiedene Gottesgelehrten«.
17. Januar	Karl Gotthelf L.s zweiter Sohn, Christian Friedrich, wird in Breslau geboren.

22. Januar	Elise Reimarus erhält die »Noch nähere Berichtigung«, wobei L die Fiktion der Verfasserschaft seines Stiefsohnes zumindest halb durchsichtig macht (WuB XII, 305): »Man mag immer glauben, daß ich diesen Bogen wenigstens doch nachgesehen; wenn man mir nur nicht Schuld geben kann, daß ich die geringste Unwahrheit herein corrigieret.«
23. Januar	L überschickt Lichtenberg »Ernst und Falk«, viertes und fünftes Gespräch, zur Lektüre und bietet ihm für das soeben begründete »Göttingische Magazin der Wissenschaften und Litteratur« den Aufsatz »Leben und leben lassen« an, beabsichtigt also den Abschluss des 1774/75 niedergeschriebenen Fragments, wozu es aber nicht gekommen ist.
25. Januar	An Herder schreibt L (WuB XII, 307–308) von der Absicht, sich »mit Ehren« aus den »theologischen Händeln ziehen« zu wollen, und legt ebenfalls eine Abschrift der beiden letzten Freimäurergespräche bei. »Wenn Sie das Ding an *Hamann* senden: so versichern Sie ihn meiner Hochachtung. Doch ein Urteil darüber möchte ich lieber von Ihnen, als von ihm haben.«
29. Januar	Brief von Elise Reimarus, in dem es heißt (WuB XII, 310): »Für die *Berichtigung des Märchens von 1000 Ducaten* vielen Dank. Es ist ein Wörtchen zur rechten Zeit und am rechten Ort geredt, doch gesteh' ich Ihnen ehrlich, ich hätte gewünscht, Sie hätten sich nicht den Schein gegeben, als bezahlten Sie Goeze mit Goeze, indem Sie die Katholiken wider ihn zu reizen suchen.«
9. Februar	Mit Eschenburg und Leisewitz bei dem Ehepaar Schmid in Braunschweig (GBL 1169).
23. bis 24. Februar	Besuch von J. Flies und J. G. Steudel in Wolfenbüttel (GBL 1170).
25. Februar	An Karl Gotthelf L. (WuB XII, 313–314): »Voß läßt Diderots Theater wieder drucken; und ich habe mich von ihm [in einem verschollenen Brief] bereden lassen, dieser Übersetzung meinen Namen zu geben, und eine neue Vorrede vorzusetzen, zu welcher ich den Stoff leicht aus meiner Dramaturgie nehmen kann. Auch habe ich ihm die Erziehung des Menschengeschlechts geschickt, die er mir auf ein halbes Dutzend Bogen ausdehnen soll. Ich kann ja das Ding [nach dem Teildruck 1777] vollends in die Welt schicken, da ich es nie für meine Arbeit erkennen werde, und mehrere nach dem ganzen Plane doch begierig gewesen sind.«
3. März	Erste nachweisliche Teilnahme L.s an einer der kürzlich begonnenen regelmäßigen Club-Zusammenkünfte im Braunschweiger Hôtel d'Angleterre von R. H. Rönckendorff, Breite Straße (GBL 1172). Es wird für das Jahresende die Gründung eines Großen Clubs beschlossen; sie ist offiziell im Oktober erfolgt.
26. März	Herzog Carl von Braunschweig und Lüneburg stirbt; sein Sohn Carl Wilhelm Ferdinand übernimmt die Regierung.

um 30. März	Zur Leipziger Ostermesse erscheint bei C. F. Voß in Berlin »Die Erziehung des Menschengeschlechts«; L zeichnet nur als Herausgeber.
April	Marchese Lucchesini besucht L in Wolfenbüttel (GBL 1178).
April bis Oktober	Ständiger Umgang mit E. T. Langer (GBL 1179), der L.s Nachfolger an der Bibliothek wird.
14. April	A. Daveson wird unter der Falschbeschuldigung des Lottobetruges in Braunschweig verhaftet und eingesperrt. L versucht, seinem Freund zum Recht zu verhelfen; er besucht ihn bis zur Freilassung am 7. September häufig im Gefängnis (GBL 1177) und unterstützt vermutlich seine Frau.
vor 19. April	Besuch von J. G. Jacobi in Wolfenbüttel und Braunschweig (GBL 1176).
1. Mai	Mit Leisewitz und anderen im Braunschweiger Club (GBL 1180). Schlechte Gesundheitsumstände treiben L in gesellige Zerstreuungen.
vor 7. Mai	Elise Reimarus konfrontiert L mit dem seit einiger Zeit kursierenden Gerücht, er sei in Liebe zu seiner Stieftochter Maria Amalia König entbrannt, was er am 7. Mai zurückweist. (Eine noch üblere Variante des Klatsches, die sogar Lichtenberg kolportiert hat, besagt, L wolle das Mädchen heiraten; LiS 1036.)
10. Mai	Größere Abendgesellschaft bei Ehepaar Schmid in Braunschweig (GBL 1181).
13. bis 15. Mai	Über Pfingsten ist L noch oder wieder in Braunschweig; nachweislich besucht er Eschenburg am 13. Mai (GBL 1182).
19. Mai	An Eschenburg (WuB XII, 328): »Meine Gesundheit ist noch in sehr mißlichen Umständen […].«
1. Juni	F. H. Jacobi kündigt einen Besuch zum Monatsende an und möchte eine »Lustreise« mit L nach »Berlin, Dresden, Leipzig und da weiter herum« machen (WuB XII, 329).
2. bis 3. Juni	Zusammensein mit Braunschweiger Freunden und J. J. C. Bode (GBL 1184–1186).
9. Juni	Begegnung mit A. G. und P. Camper in Wolfenbüttel (GBL 1188).

13. Juni	L antwortet F. H. Jacobi, dass er ihn »mit großem Verlangen« erwarte (WuB XII, 330), über eine Reise aber sich noch nicht äußern könne.
15. und 22. Juni	Herzog Carl Wilhelm Ferdinand verlangt Verzeichnisse der Dubletten der Wolfenbütteler Bibliothek, die L jeweils umgehend einreicht.
Ende Juni	L schickt seiner Schwester Dorothea Salome 4 Louisd'or.
5. Juli	F. H. Jacobi, seine Stiefschwester Susanne Helene und C. H. Wolke treffen in Braunschweig ein; Kontaktaufnahme zu Leisewitz (GBL 1189).
6. Juli	Weiterreise nach Wolfenbüttel; erste persönliche Begegnung mit L, Logis bei ihm bis 9. Juli; intensive Gespräche (GBL 1191–1195 und 1197). Jacobi übergibt und leiht L verschiedene Schriften von Hemsterhuis.
7. Juli	Beginn des so genannten Spinoza-Gesprächs mit Jacobi, ausgelöst durch Goethes Gedicht »Prometheus« (GBL 1194).
8. Juli	Fortführung des Gesprächs (GBL 1195). – Begegnung mit G. L. Freiherrn von Hardenberg (GBL 1196).
nach 8. Juli	Weitere Fortsetzungen des Spinoza-Gesprächs (GBL 1197 und 1199f).
9. Juli	L begleitet seine Besucher nach Braunschweig, wo sie im Hause des Ehepaars Schmid mit einer größeren Gesellschaft zusammenkommen (GBL 1198).
10. Juli	Abschied von Jacobi und seiner Stiefschwester, die am Folgetag weiter nach Hamburg reisen und ihren Rückweg über Wolfenbüttel zu nehmen versprechen (GBL 1199).
10./11. Juli	Mutmaßliche Begegnung mit O. H. Knorre aus Hamburg (GBL 1200).
14. Juli	Leisewitz macht L in Braunschweig mit A. D. Thaer bekannt (GBL 1201).
17. Juli	Leisewitz, Thaer und andere sind L.s Gäste in Wolfenbüttel und besichtigen auch gemeinsam die Bibliothek, in der sie E. T. Langer treffen (GBL 1203).

23. Juli	F. H. Jacobi kündigt seine Rückkunft aus Hamburg für den 10. oder 11. August an.
vor 4. August	L.s Stieftochter Maria Amalia König reist für einige Wochen zu Verwandten nach Eschweiler. (Von dort aus besucht sie am 3. September in Pempelfort bei Düsseldorf F. H. Jacobi, der sie und L zum wiederholten Mal zu einem längeren Aufenthalt bei sich einlädt; LiS 1043.)
10. bis 12. August	F. H. Jacobi, von Hamburg zurückgekehrt, hält sich in Braunschweig auf, begleitet von seiner Stiefschwester Susanne Helene und seinen Söhnen Johann Friedrich und Georg Arnold. L trifft sich nach ihrer Ankunft mit ihnen zu Tisch bei C. A. Schmid (GBL 1205a).
11. August	Jacobi in L.s Logis bei Angott. »Ich fand ihn sehr bewegt. Er erzählte mir seine Lage, was er, seit dem Streite über die Fragmente von Menschen erfahren habe, wie sein Gemüth davon angegriffen, das Leben ihm verekelt worden. [...] Er will [...] in Wolfenbüttel [...] sich frey zu machen suchen. Die Einleitung dazu ist schon getroffen.« (GBL 1206a.) »Er klagte mir, daß ihn alles verließe. [...] Vornehmlich suchte ich ihn zu bereden, zu mir nach Düsseldorf zu kommen, wo er vor allen Gläubigen ziemlich sicher seyn würde.« (GBL 1206d.) Gemeinsamer Besuch einer Theateraufführung.
12. August	Weiterreise der Jacobis nach Halberstadt, zusammen mit L.

HALBERSTADT

12. bis 15. August	Bei Gleim und seinem Neffen Johann Wilhelm Ludwig, freundschaftliche Gespräche (GBL 1208). L leidet zwar unter seiner Schlafsucht, findet aber angenehme Zerstreuung. »Diese kleine Reise ist mir ausnehmend wohl bekommen [...].« (An Maria Amalia König, 17.8.; WuB XII, 339.)
13. August	Begegnung mit Klamer Schmidt (GBL 1209).
15. August	Beim Abschied kommt L noch einmal auf Goethes »Prometheus« zurück (GBL 1211). Er reist allein nach Hause, Jacobi weiter über Goslar nach Kassel (GBL 1208b).

WOLFENBÜTTEL UND BRAUNSCHWEIG

August/ September	Fürsprache für E. T. Langer bei Verhandlungen über seine Anstellung als zweiter Wolfenbütteler Bibliothekar (GBL 1215).

7. September	A. Daveson wird aus seiner Haft entlassen; L nimmt ihn und wohl auch seine Frau einige Monate zu sich.
16. September	L leiht sich von O. H. Knorre über eine Wechselschuldverschreibung 200 Taler.
19. September	Im Braunschweiger Club (GBL 1216).
23. und 28. September	Gesellschaftsabende bei Familie Eschenburg (GBL 1218).
um 29. September	Zur Leipziger Michaelismesse erscheint ohne Wissen und Willen L.s, mit der bloßen Jahresangabe 1780, bei J. K. Brönner in Frankfurt am Main »Ernst und Falk. Gespräche für Freymäurer. Fortsetzung«. Als Herausgeber bekennt sich brieflich Freiherr von Knigge (LiS 1056).
2. und 3. Oktober	L wieder oder noch in Braunschweig (GBL 1221).
5./6. Oktober	Abreise nach Hamburg.

HAMBURG (7. BIS 29. OKTOBER)

7. Oktober	Ankunft und Logis bei Familie Knorre. Während dieses letzten Hamburger Aufenthaltes machen L stärker noch als beim vorangegangenen Abspannung und Schlafsüchtigkeit zu schaffen.
8./9. Oktober	Erste Besuche, bei den Familien Büsch und Schuback und wohl auch Reimarus.
ab 10. Oktober	Begegnungen mit den Familien Reimarus (GBL 1228, 1235) und Campe (GBL 1229, 1238) sowie mit Klopstock (GBL 1231), F. U. L. Schröder (GBL 1233, 1237) und M. Claudius (GBL 1239). L wird, vermutlich durch Schröder oder C. H. Voght, gedrängt, »für das Hamburger Theater etwas zu machen«, das heißt ein Stück zu liefern (an Eschenburg, 9.11.; WuB XII, 353).
18. Oktober	An Maria Amalia König (WuB XII, 348): »Endlich ist dein Onkel [Friedrich Wilhelm König] gesund und glücklich nachgekommen. [...] höchstens den 28^{tn} reise ich von hier gewiß ab [...].«
29. Oktober	L tritt die Heimreise an.

WOLFENBÜTTEL UND BRAUNSCHWEIG

30./31. Oktober — Ankunft in Wolfenbüttel. Maria Amalia König holt ihren Stiefvater ab nach Braunschweig.

1. November — Zusammenkunft des kurz vorher gegründeten Braunschweiger Großen Clubs im Hôtel d'Angleterre von R. H. Rönckendorff und in L.s Anwesenheit (GBL 1241). Präsident ist der Kammerherr von Kuntzsch, zu den vier Assistenten gehören L.s Freunde Eschenburg und Kammerherr Graf Marschall, den Sekretärsposten übernimmt Leisewitz, unter die Ehrenmitglieder (auswärtige Personen) wird L selbst aufgenommen. Es sind anfangs 142 Mitglieder, deren Protektorat im April 1781 Herzog Ferdinand von Braunschweig und Lüneburg übernimmt.

6. November — Session des Großen Clubs, L anwesend.

9. November — L erbittet sich von Eschenburg die Tragödie »The London Prodigal« (London 1603), die er für das Hamburger Theater bearbeiten will (unrealisiertes Vorhaben).

13. November — An Eschenburg (WuB XII, 355): »[…] noch bin ich nach meiner Rückkunft nicht in der Bibliothek gewesen. So sehr ekelt mir alles.«

15. November — An Elise Reimarus (WuB XII, 356): »Ich fürchte, daß mit meiner Krankheit eine Metastasis vorgegangen und sich die Materia peccans [Krankheitsstoff] völlig von dem Körper auf die Seele geworfen. […] So vertutzt, so unentschlossen, so mißtrauisch in mich selbst, bin ich in allem und jedem Stücke.«

17. November — Der braunschweigische Gesandte am Regensburger Reichstag C. F. L. von Wülcknitz teilt Herzog Carl Wilhelm Ferdinand mit, der kursächsische Gesandte wolle L wegen des Buches »Von dem Zwecke Jesu und seiner Jünger« vor dem Corpore Evangelicorum (Zusammenschluss der evangelischen Reichsstände) zur Verantwortung und Bestrafung ziehen lassen (GBL 1245; Antwort: 1249).

22. November — Mit Leisewitz und C. A. Schmid zur Mittagstafel beim Kammerherrn von Kuntzsch, der die Regensburger Nachricht mitteilt.

23. November — Der Herzog selbst unterrichtet L, der erklärt, für sich allein einstehen zu wollen. Vorher oder danach ist L mit Gärtner und Leisewitz bei Eschenburg, abends im Großen Club (GBL 1248).

28. November — L informiert Elise Reimarus.

4. Dezember	F. H. Jacobi wird empfohlen, sich um eine durch Intrigen verlorene pfalzbayerische Geheimratsstelle nicht länger zu bekümmern und statt dessen seinen Roman »Woldemar« zu vollenden.
um 5. Dezember	L beruhigt Elise Reimarus über seine Situation (WuB XII, 368): »Ich seh es als eine gute Vorbedeutung an, daß er [Herzog Carl Wilhelm Ferdinand] mir auch schon ein *Gutachten, über die dermaligen Religionsbewegungen, besonders der Evangelischen Kirche* mitgeteilet, das ich weiß nicht welches Consistorium irgend eines Evangelischen Reichsstandes bei dem Corpore Evangelicorum einreichen lassen, und meine schriftliche Meinung darüber verlangt hat.« Sie ist – vielleicht nur fragmentarisch – überliefert (LM XVI, 528–530: Anmerkungen zu einem Gutachten über die itzigen Religionsbewegungen).
14. Dezember	Im Braunschweiger Großen Club.
18. Dezember	Mit mehreren Braunschweigern zur Mittagstafel bei Freiherrn von Kuntzsch (GBL 1252).
19. Dezember	An Mendelssohn gerichteter Empfehlungsbrief für A. Daveson, der nach Berlin reisen will, um sich in mittelloser Lage nach seiner Haftentlassung Hilfe bei Verwandten zu holen. L klagt über »die Kälte« in der öffentlichen Meinung, die »wenn nicht tötend, doch erstarrend sei«; er fühle sich als »fauler knorrichter Stamm« und wünsche sehr, Mendelssohn »noch einmal sprechen« zu können (WuB XII, 370). Dies ist nicht mehr möglich gewesen.
22. Dezember	F. H. Jacobi beschwört L, mit seiner Stieftochter für ein Jahr nach Düsseldorf zu kommen. »Wahrhaftig, mein lieber Leßing, Sie gehen in dem Wolfenbüttel zu Grunde, und das sollen Sie mir nicht [...].« (WuB XII, 371.)
29. Dezember	Herzog Carl Wilhelm Ferdinand bewilligt L einen Vorschuss von 600 Talern, bei einer vierteljährlichen Rückzahlung von 50 Talern (GBL 1258).
Jahreswechsel	L verbringt die Feiertage, offenbar wegen seines sehr angegriffenen Gesundheitszustandes, zu Hause.
1781 8. Januar	Im Braunschweiger Großen Club (GBL 1257).
10. Januar	Besuch von J. G. Jacobi in Wolfenbüttel (GBL 1259).
21. Januar	An Elise Reimarus (WuB XII, 378): »Allerdings, meine Liebe, bin ich [...] kränker als jemals. [...] und ich bin so gut wie blind.« Das heißt, L kann nur bei sehr hellem Licht und mit Brille lesen und schreiben.

28. Januar	L begibt sich letztmalig nach Braunschweig. J. von Döring berichtet, »er konnte kaum fortschleichen und das Athemholen ward ihm äußerst beschwerlich« (GBL 1260). Er sucht Aufmunterung im Großen Club.
29. Januar	Bei Eschenburg.
um 30. Januar	Zur Mittagstafel bei Herzogin Auguste und Herzog Carl Wilhelm Fedinand, am Folgetag bei Herzogin Philippine Charlotte (GBL 1263).
1. Februar	Letzter überlieferter Brief, gerichtet an Maria Amalia König: »Ich befinde mich leidlich.« (WuB XII, 381.)
2. und 9. Februar	Herder erbittet einige Auskünfte; es sind dies die beiden letzten überlieferten Briefe an L.
3. Februar	Im Großen Club; abends bei Ehepaar Daveson, von wo aus L wegen starken Übelbefindens in sein Logis bei Angott getragen werden muss (GBL 1265–1266). In der Nacht hat er einen Anfall von Stickfluss, mit Blutauswuf verbundene Erstickungsattacken.
4. Februar	L will nach Wolfenbüttel, lässt sich jedoch bereden, seine Stieftochter benachrichtigen und den Arzt Brückmann kommen zu lassen, der ihn hinfort mehrmals täglich aufsucht (GBL 1267).
4./5. Februar	Zur Aufwartung wird der Lohnbediente J. C. Mackwitz in Dienst genommen (GBL 1268), außerdem kümmert sich das Ehepaar Daveson intensiv um den Kranken, der sich gern vorlesen lässt und Freunde um sich hat.
5. und 7. Februar	Besuche von Leisewitz (GBL 1270).
9. Februar	Besuch von Eschenburg (GBL 1271).
15. Februar	L hat Todesahnungen, doch keine Todesangst; er empfängt Besucher und lässt sich von A. Daveson vorlesen. Abends zwischen sieben und acht Uhr stirbt er an einem »Schlagfluß« (Schlaganfall, vermutlich Folge einer Herzerkrankung), um sich Maria Amalia König, Daveson und Mackwitz (GBL 1273). Kurz vorher soll er Daveson noch mit einem Lotterieeinsatz beauftragt haben (GBL 1273e).

POSTHUMES

16. Februar   Daveson zeigt den Todesfall bei der Fürstlichen Justizkanzlei an. C. F. Krull nimmt die Totenmaske ab (GBL, Abbildung 16). Obduktion durch J. C. Sommer (Obduktionsbericht: GBL 1276). Mit Hilfe von Freunden setzt Maria Amalia König die Todesanzeige auf (LiS 1076; GBL 1275). L.s Haus in Wolfenbüttel wird auf Befehl des Herzogs Carl Wilhelm Ferdinand (LiS 1080) amtlich versiegelt (GBL 1277). Zugleich weist der Herzog die Fürstliche Hofkasse an, für die Bestattung die nötigen Vorschüsse zu leisten.

nach 16. Februar   Zum Vormund der hinterbliebenen Stiefkinder wird der Wolfenbütteler Advokat Calm bestellt.

19. Februar (?)   Der Braunschweiger Nachlass wird amtlich versiegelt und vorläufig registriert (GBL 1277/1).

20. Februar   Begräbnis auf dem Kirchhof St. Magni durch Pfarrer F. Henke, laut Leisewitz (GBL 1278b) im Beisein von: Angott, Ebert, Eschenburg, J. A. C. Henninges, von Hoym, von Kuntzsch, von Marschall, C. A. Schmid, L. G. W. Schultze, H. J. C. Schulz, J. C. Sommer, E. A. W. Zimmermann und einigen anderen. (Zu Verlauf und Kosten des Begräbnisses siehe GBL 1278d).

nach 20. Februar   Um L.s Nachfolge an der Wolfenbütteler Bibliothek bewerben sich C. F. Bahrdt, P. J. Bruns, Eschenburg, Leisewitz, Johannes Müller, J. A. L. Wetzel oder J. K. Wezel und andere (LiS 1136 und 1141). Die Stelle erhält E. T. Langer; sein Bestallungspatent datiert vom 20. August 1781.

24. Februar   Im Berliner Schauspiel veranstaltet Döbbelin eine Gedächtnisfeier, verbunden mit einer Aufführung der »Emilia Galotti«. Zahlreiche weitere Theaterfeiern und private Gedenkveranstaltungen folgen, vor allem in Nord- und Mitteldeutschland.

6. bis 20. April   Zur Regelung der Nachlassangelegenheiten und vor allem Sichtung der Manuskripte hält sich Karl Gotthelf L. in Wolfenbüttel und Braunschweig auf. Er darf nur einige wenige Manuskripte an sich nehmen (LiS 1087) und hinterlegt deshalb die anderen bei J. von Döring, der alle nötigen Vollmachten erhält.

9. April   Beginn der Nachlassinventur unter amtlicher Aufsicht, abgeschlossen am 25. April. Es werden drei Verzeichnisse aufgestellt: Manuskripte L.s (LiS 1086), Möbel, Hausrat, Kleidung (GBL 1280) und Bücher aus der Bibliothek (LBN, S. 18–29).

11. April   Die Fürstliche Justizkanzlei beauftragt den Braunschweiger Magistrat, L.s dortigen versiegelten Nachlass nach Wolfenbüttel bringen zu lassen, was am 17. April geschieht (HZE, S. 199).

Mai	In Braunschweig erscheint »Zur Geschichte und Litteratur. Aus den Schätzen der Herzoglichen Bibliothek zu Wolfenbüttel. Sechster Beytrag«, herausgegeben von C. Leiste, mit zwei Beiträgen L.s: »Theophili Presbyteri diversarvm artivm schedvla« und »Maranjon«.
vor September	Das erste Lessing-Denkmal entsteht, geschaffen von J. D. Langemack im Auftrag des Freiherrn von Grote und in dessen Gutspark Breese bei Lüneburg aufgestellt (später auf Gut Wrestedt bei Uelzen umgesetzt).
Oktober	»Der Teutsche Merkur« bringt den umfassendsten und tiefgründigsten Nekrolog, verfasst von Herder: »G. E. Leßing. Gebohren 1729, gestorben 1781«.
1782	C. F. Krull hat eine Lessing-Büste in Lebensgröße angefertigt und bietet per Subskriptionsmitteilung vom 8. Januar (LiS 1215) Abgüsse an. In Braunschweig erscheint zur Ostermesse, mit der Jahresangabe 1781, »Zur Geschichte und Litteratur. Aus den Schätzen der Herzoglichen Bibliothek zu Wolfenbüttel. Fünfter Beytrag«, herausgegeben von Eschenburg, mit zwei Beiträgen L.s: »Ueber die sogenannten Fabeln aus den Zeiten der Minnesinger. Zweyte Entdeckung« und »Ueber den Anonymus des Nevelet«.
1783	Döbbelin veranstaltet in Berlin am 14. April die Uraufführung des »Nathan«.
1784	Bei C. F. Voß in Berlin beginnt die Nachlasspublikation, herausgegeben von Karl Gotthelf L. (der außerdem die »Vermischten Schriften« in 14 Bänden bis 1793 zu Ende führt): »Theatralischer Nachlaß. Erster Theil«.
1785	»Theologischer Nachlaß«.
1786	»Theatralischer Nachlaß. Zweyter Theil«.
1788	G. F. W. Großmann verfasst ein »Umlaufschreiben an die deutschen Schaubühnen«, mit dem er zu Benefizvorstellungen für ein Lessing-Denkmal aufruft; auch an Fürsten und Privatpersonen wendet er sich – vielfach erfolglos. Die bis 1793 eingehenden Antworten und für das Projekt unzureichenden Spendensummen veröffentlicht er in dem Buch »Lessings Denkmal. Eine vaterländische Geschichte« (Hannover 1791) und mit einem zweiten Teil in »Dramaturgische Zeitschrift« (Hannover 1793) sowie in »Neues Hannoversches Magazin« (Stück 9, 1793). Das Denkmal wird 1795 von F. W. E. Döll angefertigt und ein Jahr später in Wolfenbüttel aufgestellt.

1789	»Freundschaftlicher Briefwechsel zwischen Gotthold Ephraim Lessing und seiner Frau. Erster [und] Zweyter Theil« und »Gelehrter Briefwechsel zwischen D. Johann Jacob Reiske, Moses Mendelssohn und Gotthold Ephraim Lessing. Erster [und] Zweiter Theil«.
1790	»Gotthold Ephraim Lessings Kollektaneen zur Literatur. Hrsg. und weiter ausgeführt von J. J. Eschenburg« (2 Bände, Berlin).
1793	»Gotthold Ephraim Lessings Leben, nebst seinem noch übrigen litterarischen Nachlasse. Erster Theil. Hrsg. von K. G. Lessing«.
1794	»Gotthold Ephraim Lessings Briefwechsel mit seinem Bruder Karl Gotthelf Lessing«.
1795	»Gotthold Ephraim Lessings Leben, nebst seinem noch übrigen litterarischen Nachlasse. Zweiter [und] Dritter Theil«.
1796	In Wolfenbüttel wird am 19. Juli vor der Bibliothek das Lessing-Denkmal von Döll enthüllt; seit 1802 steht es im Bibliotheksgebäude.
1799 bis 1800	G. G. Fülleborn ediert im ersten und zweiten Stück seiner Zeitschrift »Nebenstunden« (Breslau): »Selbstbetrachtungen, Einfälle und kleine Aufsätze von G. E. Lessing. Aus dessen ungedrucktem Nachlaß« und »Vorreden und Entwürfe zu Büchern, die Lessing schreiben wollte«. Damit sind die Nachlasspublikationen im Wesentlichen zunächst abgeschlossen.
1801	Eine von Schiller verfasste Bühnenbearbeitung des »Nathan« hat am 28. November in Weimar Premiere.
1838 bis 1840	K. Lachmann wendet erstmals Prinzipien historisch-kritischer Edition aus der klassischen Philologie auf einen neuzeitlichen Autor an: »Gotthold Ephraim Lessings sämmtliche Schriften« (13 Bände, Berlin).
1842	L.s Geburtshaus in Kamenz wird bei einem Stadtbrand zerstört.
1849 bis 1854	Erste wissenschaftliche Biografie: »Gotthold Ephraim Lessing, sein Leben und seine Werke« (2 Bände, Leipzig), von T. W. Danzel und G. E. Guhrauer.
1853	In Braunschweig wird am 29. September ein Lessing-Denkmal von E. Rietschel enthüllt. Zugleich findet in L.s Sterbehaus am Aegidienmarkt erstmalig eine Ausstellung mit Erinnerungsstücken an ihn statt.

1863	Einweihung einer Lessing-Büste von H. Knaur auf dem Kamenzer Schulplatz, am 1. Juni.
1881	Enthüllung eines Lessing-Denkmals von F. Schaper auf dem Hamburger Gänsemarkt, am 8. September.
1884	Auf Initiative von G. J. G. Findel wird der »Lessingbund deutscher Freimaurer« gegründet, eine im Geist der Freimäurergespräche »Ernst und Falk« reformorientierte, außerdem zeitgemäß sozialpraktisch gerichtete Vereinigung, die bis Winter 1893/94 besteht und bis 1892 ein »Jahrbuch des Lessingbundes« herausgibt.
1884 bis 1892	In Berlin erscheint die umfassendste und tiefgründigste Werkbiografie des 19. und noch des 20. Jahrhunderts: »Lessing. Geschichte seines Lebens und seiner Schriften« von Erich Schmidt (2 Bände, bis 1923 vier Auflagen; Reprint 1983).
1884 bis 1897	Julius W. Braun publiziert eine dreibändige Dokumentation »Lessing im Urtheile seiner Zeitgenossen. Zeitungskritiken, Berichte und Notizen, Lessing und seine Werke betreffend, aus den Jahren 1747–1781« (Berlin).
1886 bis 1924	Grundlegende, jedoch unkommentierte historisch-kritische Gesamtausgabe, mit Briefwechsel: Gotthold Ephraim Lessings sämtliche Schriften. Herausgegeben von Karl Lachmann. Dritte, aufs neue durchgesehene und vermehrte Auflage, besorgt durch Franz Muncker (23 Bände, Berlin).
1890	Am 14. Oktober wird im Berliner Tiergarten ein Lessing-Denkmal von Otto Lessing übergeben.
1908	Gründung des ersten deutschen Lessing-Museums, das bis 1936 besteht, geleitet von G. R. Kruse. Träger ist eine »Gesellschaft zur Erhaltung des Lessing-Museums e. V.«, seit 1927 »Lessing-Gesellschaft e. V.«.
1913	Erste Verfilmung eines Werkes von L, der deutsche Stummfilm »Emilia Galotti«, Regie Friedrich Weiß-Fehér.
1925 bis 1935	Kommentierte neue Gesamtausgabe, ohne Briefe: Lessings Werke. Vollständige Ausgabe in fünfundzwanzig Teilen [und fünf Kommentarbänden]. Herausgegeben mit Einleitungen und Anmerkungen sowie einem Gesamtregister versehen von Julius Petersen und Waldemar v. Olshausen (Berlin, Leipzig).
1929	Grundsteinlegung für ein Lessing-Haus mit Museum, Stadtbibliothek und Stadtarchiv in Kamenz. – Im Wolfenbütteler Lessing-Haus, wo seit Ende des 19. Jahrhunderts Verwaltungs-

behörden untergebracht sind, werden einige Ausstellungsräume eingerichtet. – Der Hamburger Senat stiftet einen Lessing-Preis, der in Abständen von drei bis vier Jahren vergeben wird.

1931 Eröffnung des Kamenzer Lessing-Museums, das seit der Schließung des Berliner Museums die einzige Einrichtung dieser Art in Deutschland ist.

1940 Erster Tonfilm nach einem Werk L.s: »Das Fräulein von Barnhelm«, Regie Hans Schweikart.

1954 Stiftung des Lessing-Preises der Deutschen Demokratischen Republik, der 1955–1979 alljährlich und dann bis 1989 alle zwei Jahre verliehen wird.

1962 Erste Kamenzer Lessing-Tage. Diese kulturell-wissenschaftliche Veranstaltungsfolge, organisiert vom Lessing-Museum, findet bis 2007 jährlich, fortan alle zwei Jahre im Januar und Februar statt.

1965 Der Stand der Lessing-Forschung. Ein Bericht über die Literatur von 1932–1962 (Stuttgart) von Karl S. Guthke, der bislang einzige umfassendere Forschungsbericht.

1966 An der University of Cincinnati/Ohio konstituiert sich eine internationale Lessing Society, zunächst als American Lessing Society; ihr Publikationsorgan ist seit 1969 das »Lessing Yearbook«, ab 1978 herausgegeben von Richard E. Schade.

1969 Erste größere Wirkungsdokumentation, herausgegeben von Horst Steinmetz: Lessing – ein unpoetischer Dichter. Dokumente aus drei Jahrhunderten zur Wirkungsgeschichte Lessings in Deutschland (Frankfurt am Main).

1971 In Wolfenbüttel wird die Lessing-Akademie eröffnet, eine Förder- und Mittlereinrichtung zur Lessing- und Aufklärungsforschung, auch mit eigenen Forschungsprojekten.

1971 bis 1972 Es erscheint, von Edward Dvoretzky herausgegeben: Lessing. Dokumente zur Wirkungsgeschichte (2 Bände, Stuttgart).

1973 Lessing-Bibliographie. Bearbeitet von Siegfried Seifert (Berlin und Weimar). – Band 2, 1988: Lessing-Bibliographie 1971–1985. Bearbeitet von Doris Kuhles und Erdmann von Wilamowitz-Moellendorff (Berlin und Weimar).

1975 Lessing. Epoche – Werk – Wirkung (München, 6. Aufl. 1998), ein literaturgeschichtliches Arbeitsbuch von Wilfried Barner und anderen.

1978	Das an die Wolfenbütteler Bibliothek rückübertragene Lessinghaus wird als Memorialstätte mit einer Dauerausstellung eröffnet.
1982	Wolfgang Milde legt ein »Gesamtverzeichnis der Lessing-Handschriften« vor (Band 1, Heidelberg).
1985 bis 2003	Umfassendste und bestkommentierte Studienausgabe: Werke und Briefe in zwölf Bänden. Herausgegeben von Wilfried Barner [u. a.] (Frankfurt am Main).
1987	Im Band 19 des »Lessing Yearbook« erscheint als Erstdruck ein wiedergefundenes Fragment »Zur Geschichte der Aesopischen Fabel«.
1992	Der Lessing-Preis des Freistaates Sachsen, verbunden mit zunächst einem und dann zwei Förderpreisen, wird gestiftet und seit 1993 im Zweijahresrhythmus in Kamenz verliehen.
1996	Einrichtung einer Arbeitsstelle für Lessing-Rezeption am Kamenzer Museum, seit 2006 mit dem Ziel kulturell-wissenschaftlicher Vermittlung eines aktuellen Lessing-Bildes.
1997	Hamburger Freimaurer gründen die »Lessing-Gesellschaft e. V.«.
2000	In Wolfenbüttel wird erstmals der gemeinsam von der Lessing-Akademie und der Braunschweigischen STIFTUNG NORD/LB–ÖFFENTLICHE vergebene Lessing-Preis für Kritik verliehen, fortan alle zwei Jahre. »Lessing-Handbuch. Leben – Werk – Wirkung« (Stuttgart, Weimar), von Monika Fick.
2003	Lessing im Spiegel zeitgenössischer Briefe. Ein kommentiertes Lese- und Studienwerk (2 Bände, Kamenz) von Wolfgang Albrecht.
2004	Beginn der »Werke in Einzelausgaben. Hrsg. von Winfried Woesler« (Tübingen) mit »Emilia Galotti«, historisch-kritische Ausgabe von Elke Monika Bauer.
2005	Lessing. Gespräche, Begegnungen, Lebenszeugnisse. Ein kommentiertes Lese- und Studienwerk (2 Bände, Kamenz) von Wolfgang Albrecht.
2008	In München erscheint »Lessing. Eine Biographie« von Hugh Barr Nisbet, ein modernes Äquivalent zu der Werkbiografie Erich Schmidts aus den Jahren 1884 bis 1892.

Abbildungen

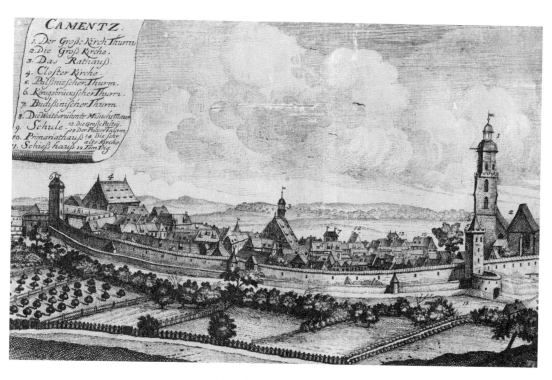

Abb. 1 Kamenz um 1720

Abb. 2 Lessings Geburtshaus

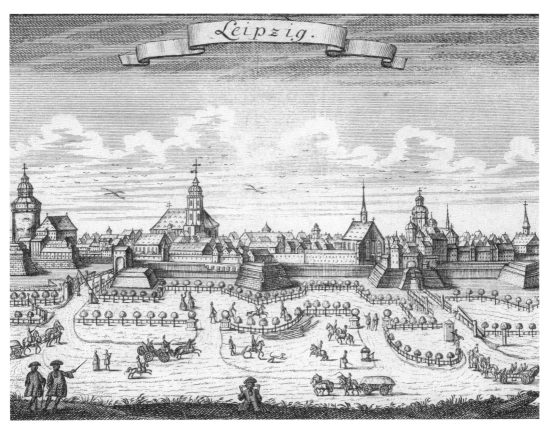

Abb. 3 Leipzig um 1725

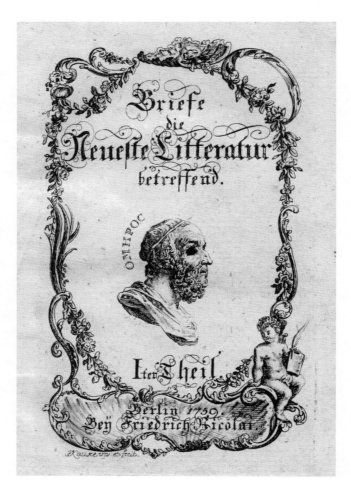

Abb. 4 Titelblatt der Erstausgabe der »Briefe die Neueste Litteratur betreffend«, 1759

Abb. 5 Lessings Wohnung an der Nikolaikirche in Berlin

Abb. 6 Naschmarkt in Breslau im 18. Jahrhundert

Abb. 7 Zeitgenössische Illustration zu »Minna von Barnhelm«

Abb. 8 Baumhaus in Hamburg, um 1818

Abb. 9 Titelblatt der Erstausgabe der »Hamburgischen Dramaturgie«, 1767

Abb. 10 Ziehung von Lottozahlen auf dem Aegidienmarkt in Braunschweig, 1771

Abb. 11 Titelblatt der Erstausgabe von »Emilia Galotti«, 1772

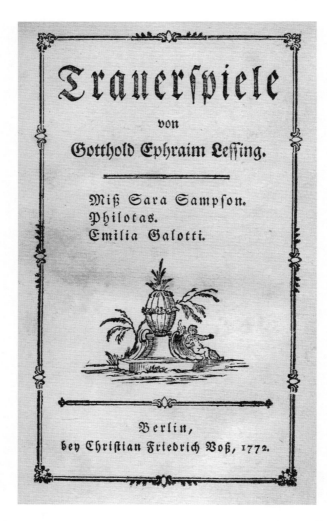

Abb. 12 Titelblatt der Erstausgabe von Lessings Trauerspielen, 1772

Abb. 13 Weghaus zwischen Wolfenbüttel und Braunschweig

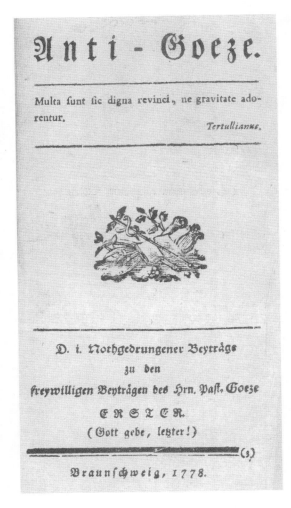

Abb. 14 Titelblatt der Erstausgabe des »Anti-Goeze«, 1778

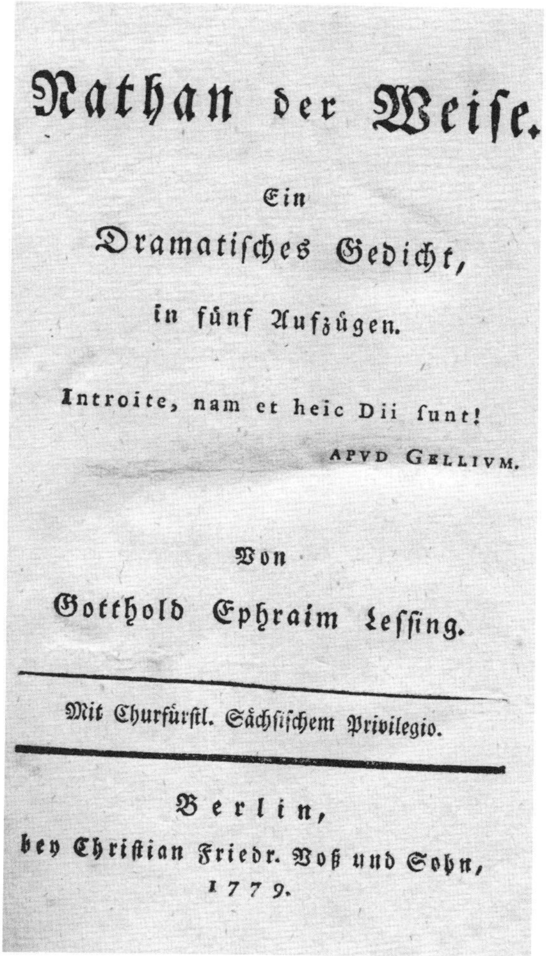

Nathan der Weise.

Ein
Dramatisches Gedicht,
in fünf Aufzügen.

Introite, nam et heic Dii sunt!
APVD GELLIVM.

Von
Gotthold Ephraim Lessing.

Mit Churfürstl. Sächsischem Privilegio.

Berlin,
bey Christian Friedr. Voß und Sohn,
1779.

Abb. 15 Titelblatt der Erstausgabe von »Nathan der Weise«, 1779

Abb. 16 Lessings Wohnhaus in Wolfenbüttel, um 1881

Zu dieser Chronik

Zu dieser Chronik

Verglichen mit anderen großen Zeitgenossen wie etwa Klopstock, Wieland und Goethe, fließen die Quellen mit exakten Daten zu Lessings Leben und Werk relativ spärlich. Das hat verschiedene Ursachen. Er führte kein Tagebuch, und selbst während seiner Italienreise 1775 machte er sich lediglich vereinzelte tagebuchartige Notizen; überhaupt hielt er sich mit persönlichen Äußerungen zurück; schließlich ist sein Briefwechsel nur teilweise erhalten geblieben. Hinzu kommt, dass Lessing es mit Zeitangaben öfter nicht sehr genau nahm. Nicht selten unterließ er es, seine Briefe zu datieren, und noch häufiger hat er unbestimmte oder anderen Zeugnissen widersprechende Mitteilungen gemacht, sogar seiner Verlobten Eva König gegenüber.

Unter solchen Bedingungen und Schwierigkeiten sind vier Versuche chronikalischer Darstellung entstanden (siehe Vorbemerkung), denen auch der vorliegende Band noch mancherlei verdankt. Das in diesen Publikationen enthaltene Datengerüst hat sich durch zwei seither vorgelegte Dokumentationen stark erweitern und vielfach präzisieren oder korrigieren lassen: »Lessing im Spiegel zeitgenössischer Briefe« und »Lessing. Gespräche, Begegnungen, Lebenszeugnisse« (LiS und GBL, siehe Siglenverzeichnis).

Auch der nun erarbeitete Band beansprucht allerdings keine Vollständigkeit, sondern konzentriert sich auf die wesentlichen Vorgänge in Lessings Biografie und Schaffen, das heißt hinsichtlich der Hauptwerke auf die Eckdaten der Entstehungs- und Veröffentlichungsgeschichte. Vor allem ist darauf verzichtet worden, jeden einzelnen Text und Entwurf, jeden Brief von und an Lessing sowie jede nachgewiesene Begegnung mit Zeitgenossen anzugeben. Andernfalls wäre die Chronik streckenweise zum Schriften- und Briefverzeichnis und zu einer Art Duplikat der Gesprächssammlung geraten. Ohnehin stehen die beiden Dokumentationen und die neue Chronik im engen Wechselverhältnis und sind auf gemeinsame (Be)Nutzung hin angelegt, durch die sich auch ein zeit- und kulturgeschichtlicher Kontext ergeben wird, dessen direkte Einbeziehung nur insofern Aufgabe einer Personalchronik sein kann, wie die Einzelpersönlichkeit unmittelbar berührt ist (im Falle Lessings zum Beispiel durch Ereignisse des Siebenjährigen Krieges oder durch den Wolfenbütteler Freimaurerkonvent).

Die mitgeteilten Daten und Informationen sollen möglichst überprüfbar und übersichtlich sowie in bestimmten Zusammenhängen erkennbar sein. Deshalb werden siglierte Quellenvermerke gegeben und, soweit es angebracht erschien, Vor- oder Rückverweise. Unsichere Datierungen sind mit einem Fragezeichen versehen. Wo keine Tagesangaben vorliegen, erfolgt die Einordnung zu Beginn des dazugehörigen Monats und bei nur ungefähr eingrenzbaren Zeiträumen am Beginn der jeweiligen Spanne. Um die chronikalisch knappe Darstellung sowohl lebendig als auch authentisch zu gestalten, sind ausgewählte Zitate, vorwiegend aus Lessings Briefwechsel, eingefügt worden. Zumindest einige Ausblicke auf das Nachleben soll der Abschnitt »Posthumes« bieten, der Vorgänge um Lessings Tod erfasst und punktuell wirkungsgeschichtlich informiert: über grundlegende Editionen und Quellenwerke, Denkmäler und Memorialstätten, Lessing-Sozietäten und Lessing-Preise. Nähere Angaben über alle erwähnten Personen finden sich in einem kommentierten Personenregister, dem ein Register der Werke, Pläne und Übersetzungen Lessings (in strikter alphabetischer Abfolge einschließlich der bestimmten und unbestimmten Artikel am Titelanfang) nachfolgt.

Wolfgang Albrecht

Register

Kommentierters Personenregister

Die Anordnung der Namen ist strikt alphabetisch, wobei Umlaute als Selbstlaute gelten. Fürsten und Könige stehen unter ihren Ländern, römisch-deutsche Kaiser unter ihren Vornamen. Bei Personen mit mehreren Vornamen ist der Rufname, soweit bekannt, *kursiviert*.

Abbt, Thomas (1738–1766), 1761–1765 Professor der Mathematik in Rinteln, dann Regierungs- und Konsistorialrat in Bückeburg, Schriftsteller und Übersetzer, seit 1761 Mitarbeiter an den »Literaturbriefen«: 39, 45, 54

Acciaiuoli, Angelo Marchese di (18. Jh.), neapolitanischer General, Verwalter der königlichen Villa in Portici, 1775 Oberhofmeister: 112

Ackermann, Conrad Ernst (1712–1771), Stiefvater von F. U. L. Schröder, Schauspieler und Prinzipal, 1765 und ab 1769 Theaterdirektor in Hamburg: 29, 30, 55, 62, 67, 73, 81, 85

–, Sophie Charlotte, geb. Bierreichel, verw. Schröder (1714–1792), seit 1749 zweite Frau des Vorigen: 30

Adelung, Johann Christoph (1732–1806), Lexikograph, Sprach- und Kulturhistoriker, Publizist und Übersetzer in Leipzig, seit 1787 Hofrat und Oberbibliothekar in Dresden: 97

Agricola, Johann Friedrich (1720–1774), Hofkomponist und Dirigent der Oper in Berlin, Schüler von Johann Sebastian Bach, Freund L.s: 25, 38

Albani, Alessandro (1692–1779), Onkel von Giovanni Francesco A., seit 1721 Kardinal in Rom, 1761 päpstlicher Bibliothekar, Mäzen Winckelmanns und Kunstsammler: 110

Alberti, Julius Gustav (1723–1772), protestantischer Theologe, seit 1755 Diakon und später Pastor an der Katharinenkirche in Hamburg, Gegner Goezes, Freund Klopstocks und L.s: 57, 69

Albrecht, Wolfgang (geb. 1952), Germanist und Editor in Weimar: 157

Amory, Thomas (1691–1788), irisch-englischer Schriftsteller: 79

Anakreon (um 550 v. Chr.), griechischer Lyriker, Anreger für Liebes- und Weindichtung des 18. Jahrhunderts (Anakreontik): 15

Angelelli, Luigi Marchese (1717–1799), General in preußischen Diensten, seit 1767 im Senat seiner Heimatstadt Bologna: 104

Angott, Johann Hermann (1721–1800), Weinhändler und Besitzer des Gasthofes »Neue Schenke« in Braunschweig am Ägidienmarkt, wo L. im zweiten Stock zwei Zimmer gemietet hatte und wo er verstarb: 72, 120, 126, 147, 151, 152

Ansaldi, Casto Innocente (1710–1780), Dominikaner, seit 1756 Professor der Theologie in Turin: 107

Ansbach-Bayreuth, Christian Friedrich Carl Alexander Markgraf von (1736–1806), Vetter von Carl Wilhelm Ferdinand von Braunschweig und Lüneburg und dessen Brüdern, 1757–1791 Regent, 1775–1776 Aufenthalt in Rom: 112, 113

Arco, Giovanni Battista Gherardo Conte d' (1739–1791), Statthalter von Mantua, ökonomisch-politischer Schriftsteller: 102

Aristoteles (384–322 v. Chr.), griechischer Philosoph, Schüler und Gegner Platons: 26, 61

Arlet(ius), Johann Caspar (1707–1784), Pädagoge in Breslau, 1755–1761 Rektor am Magdaleneum und dann am Elisabeth-Gymnasium, Freund L.s: 44, 45, 51

Asti, Baron, um 1775 in Rom: 113

Bach, Carl Philipp Emanuel (1714–1788), Sohn von Johann Sebastian B. (1685–1750), Pianist und Komponist, 1740 Kammermusiker in Berlin, 1767 Kantor des Johanneums und Musikdirektor in Hamburg: 57

Bahrdt, Carl Friedrich (1741–1792), protestantischer Theologe, Repräsentant der Neologie (Aufklärungstheologie) in ihrer radikalsten Ausprägung, Schriftsteller und Übersetzer: 130, 152

Barner, Elisabeth Christine von, geb. von Heimburg (1702–1776), Besitzerin des Barnerschen Hauses in Wolfenbüttel: 120, 125

Barner, Wilfried (geb. 1937), deutscher Germanist: 156

Basedow, Johann Bernhard, eigentlich Basedau (1724–1790) protestantischer Theologe, Aufklärungspädagoge, Schriftsteller, 1761 Gymnasialprofessor in Altona, 1771–1778 in Dessau tätig, 1774 Gründer und erster Leiter des Philanthropinums: 43, 57

Bassi, Ferdinando Sebastiano (18. Jh.), Bankier in Bologna: 113

Batoni, Pompeo Girolamo (1708–1787), Vater der Folgenden, italienischer Maler, seit 1728 in Rom: 111

-, Rufina (1757–1784), älteste Tochter des Vorigen, dilettierende Sängerin und Komponistin: 111

Batteux, Charles, Abbé (1713–1780), französischer Ästhetiker, Professor der Rhetorik in Paris, Mitglied der Académie française: 42

Bauer, *Elke* Monika (geb. um 1970), Literaturwissenschaftlerin: 157

Baumann, um 1760 Restaurateur in Berlin, bei dem L und einige seiner Freunde verkehrten: 38

Bayreuth, Friedrich Markgraf von (1711–1763), Regent seit 1735: 22

-, *Wilhelmine* Friederike Sophie Markgräfin von, geb. Prinzessin von Preußen (1709–1758), seit 1731 verheiratet mit dem Vorigen, Schwester Friedrichs II. von Preußen: 22

Bel, Carl Andreas (1717–1782), Historiker in Leipzig, 1741 Professor der Philosophie und 1756 der Dichtkunst, Universitätsbibliothekar, um 1780 von der Universität deputierter Bücherkommissar: 143

Belloni, Francesco Marchese (18. Jh.), seit 1761 Chef des Bankhauses Belloni in Rom: 113

Belloy, Dormont de, eigentlich Pierre Laurent Buirette (1727–1775), französischer Schauspieler und Dramatiker, seit 1772 Mitglied der Académie française: 59

Bengel, Johann Albrecht (1687–1752), evangelischer Theologe, Begründer der neutestamentlichen Bibelkritik in Deutschland, 1749 Konsistorialrat in Stuttgart: 27

Benzler, Johann Lorenz (1747–1817), Publizist und Übersetzer, seit 1772 Redakteur und 1779 Postmeister in Lemgo, seit 1783 Bibliothekar des Grafen Stolberg-Wernigerode: 78

Berengarius von Tours (998–1088), französischer Frühscholastiker (*siehe* Lessing: Berengarius Turonensis): 73

Bernis, François Joachim Pierre Comte de, Comte de Lyon (1715–1794), französischer Kardinal, Diplomat und Schriftsteller, 1744 Mitglied der Académie Française, 1769–1791 Gesandter beim Vatikan: 112

Bernoulli, Johann (1744–1807), Mathematiker, Geograf und Reiseschriftsteller, seit 1764 königlich preußischer Astronom in Berlin und Mitglied der Akademie, 1792 Direktor der mathematischen Klasse: 105

Berrettoni, um 1775 Abbate in Bologna: 113

Berta, Francesco Ludovico (1719–1787), seit 1770 Bibliothekar in Turin: 107

Biester, Johann Erich (1749–1816), Jurist, Schriftsteller und Publizist in Berlin, seit 1784 Bibliothekar der königlichen Bibliothek: 115

Bion (2. Jh.v. Chr.), griechischer Dichter, Nachahmer Theokrits: 36

Blankenburg, Christian Friedrich von (1744–1796), preußischer Offizier bis 1777, Ästhetiker, Kritiker und Übersetzer in Leipzig: 95

Boccardi, Giuseppe Antonio Maria (1730–1793), Gelehrter in Turin: 107, 108

Bode, Johann Joachim Christoph (1730–1793), Musiklehrer und Übersetzer, Verleger und Drucker in Hamburg, seit 1779 in Weimar als Verwalter der Gräfin Charitas Emilie von Bernstorff (1733–1820), wirkungsreicher Freimaurer und Illuminat: 56–59, 62. 63, 66–69, 71, 76, 79, 98, 133, 145

Bodmer, Johann Jacob (1698–1783), Schweizer Schriftsteller, Literaturtheoretiker und -kritiker, Historiker und Übersetzer, Herausgeber, seit 1725 Gymnasialprofessor und seit 1737 auch Mitglied des Großen Rates in Zürich, Gegner Gottscheds und L.s: 29, 36, 40, 43, 90

Boie, Heinrich Christian (1744–1806), Bruder der Folgenden, seit 1777 Schwager von J. H. Voß, Jurist, Schriftsteller und Publizist, Hofmeister in Göttingen, 1776–1781 Stabssekretär in Hannover, dann süddithmarscher Landvogt in Meldorf: 62, 78, 128, 131, 138

-, Marie Christiane Ernestine siehe Voß, Marie Christiane Ernestine

Born, Ignaz Edler von (1742–1791), in Jugendjahren Jesuit, Mineraloge und Geologe in Prag und ab 1779 in Wien als Berghofrat, engagierter Freimaurer: 99

Bossi, Benigno (1727–1793), italienischer Maler, Stuckateur und Kupferstecher, ausgebildet in Nürnberg und Dresden, 1757 Rückkehr nach Italien, 1766 Professor der Zeichenkunst an der Akademie in Parma: 109
Boyé, de, 1762–1778 französischer Gesandter in Genua: 107
Bracciano, Livio Odescalchi Conte di (1725–1805), römischer Adliger: 113
Branconi, Maria Antonia von, geb. von Elsener (1746–1793), seit 1758 verheiratet mit dem neapolitanischen Beamten Pessina de B. (gest. 1766), dann bis 1777 Mätresse des Erbprinzen Carl Wilhelm Ferdinand von Braunschweig und Lüneburg, Mutter des Grafen von Forstenburg: 87
Brandes, Charlotte *Wilhelmine* Franziska, genannt Minna (1765–1788), Tochter der beiden Folgenden, Schauspielerin, Patenkind L.s: 52
-, Esther Charlotte, geb. Koch (1742–1786 oder 1787), seit 1764 Frau des Folgenden, Schauspielerin: 50, 64, 65
-, Johann Christian (1735–1799), Schauspieler und Dramatiker, Theaterunternehmer: 47, 50, 64, 65, 115
Braschi-Onesti, Luigi Comte de (1745–1816), Neffe von Papst Pius VI., Duca di Nemi: 110
Braun, Julius W. (1843–1895), deutscher Buchhändler, Schriftsteller und Publizist: 155
Braunschweig und Lüneburg, August II. Herzog von (1579–1666), Regent seit 1635, Begründer der Wolfenbütteler Bibliothek: 85
-, Auguste Erbprinzessin und (seit 1780) Herzogin von, geb. Prinzessin von England (1737–1813), seit 1764 verheiratet mit Carl Wilhelm Ferdinand: 151
-, Carl Herzog von (1713–1780), Regent seit 1735, Schwager Friedrichs II. von Preußen, Freimaurer: 70, 75–77, 80, 83, 84, 86, 91, 92, 94–100, 112, 114, 116–119, 121, 123, 125, 132–135, 144
-, Carl Wilhelm Ferdinand Erbprinz und (seit 1780) Herzog von (1735–1806), Sohn des Vorigen: 68–71, 75, 76, 84, 88, 91, 92, 116, 117, 144, 146, 149–152
-, Ferdinand Herzog von (1721–1792), Bruder des Herzogs Carl, seit 1740 engagierter Freimaurer, 1770 englischer Provinzial-Großmeister, 1772 Großmeister aller schottischen Logen in Deutschland (Ordensname: Ferdinandus Eques a Victoria), 1783 Beitritt zum Illuminatenorden, L widmete ihm 1778 »Ernst und Falk«: 79, 131, 133, 136, 137, 149
-, *Friedrich* August Wilhelm Prinz von (1740–1805), Bruder von Carl Wilhelm Ferdinand, seit 1763 preußischer General in Potsdam: 54, 98
-, Maximilian Julius *Leopold* Prinz von (1752–1785), jüngster Bruder von Carl Wilhelm Ferdinand, 1775 mit L in Italien, seit Ende 1776 Regimentschef in preußischen Diensten in Frankfurt an der Oder: 73, 100–114
-, Philippine Charlotte Herzogin von, geb. Prinzessin von Preußen (1716–1801), Schwester Friedrichs II. von Preußen, seit 1733 verheiratet mit Herzog Carl: 82, 84, 151
Brawe, Joachim Wilhelm von (1738–1758), Jurastudent in Leipzig, Freund L.s und von ihm geförderter Dramatiker: 34, 35
Breitenbauch, Georg August von (1731–1817), Gutsbesitzer, Schriftsteller und Kupferstecher, Historiker und Geograf: 31, 32
Breitinger, Johann Jacob (1701–1776), Gymnasialprofessor und seit 1755 Kanonikus in Zürich, Schriftsteller, Ästhetiker, Philologe, Freund und Mitarbeiter von Bodmer: 40, 43
Breitkopf, Johann Gottlob Immanuel (1719–1794), Buchdrucker und Verlagsbuchhändler in Leipzig, Historiker der Buchdruckerkunst und Begründer des Musikalienhandels: 141, 143
Brenkenhoff, *Leopold* Schönberg von (1750–1799), Sohn eines preußischen Beamten, 1766 mit L in Pyrmont, später preußischer Offizier: 54
Brezé, Gioachino Marquis de (1727–1796), Militärschriftsteller in Turin: 107
Brönner, Johann Karl (1738–1812), Buchhändler, Drucker und Verleger in Frankfurt am Main, 1793 Senator, seit 1759 Freimaurer: 148
Brückmann, Urban Friedrich Benedikt (1728–1812), Mediziner und Mineraloge, seit 1750/51 in Braunschweig, 1755 Hofmedikus, 1766 herzoglicher Leibarzt, um 1780 behandelnder Arzt L.s: 151
Brückner, Johann Gottfried (1730–1786), um 1750 Commis bei C. F. Voß in Berlin, seit 1752 Schauspieler: 64

Brühl, Heinrich Graf von (1700–1763), seit 1746 kursächsischer Premierminister: 25, 31
Bruni, Giuseppe (18. Jh.), Mechaniker für optische Geräte, um 1775 Angestellter am Bologneser Istituto delle Scienze: 104
Brunian, Johann Joseph Graf von (1733–1781), Schauspieler und seit 1763 Prinzipal, vorwiegend in Prag, 1778–1779 in Braunschweig: 139
Bruns, Paul Jacob (1743–1814), Theologe und Orientalist, seit etwa 1780 Professor der Literaturgeschichte und seit 1796 der morgenländischen Sprachen in Helmstedt: 152
Bubbers, Adolph Siegmund (um 1726–1790), Hamburger Tapetenfabrikant, 1767–1769 Mitdirektor des Nationaltheaters: 57, 80
Burke, Edmund (1729–1797), englischer Staatsmann und Schriftsteller: 37
Büsch, Johann Georg (1728–1800), Hamburger Pädagoge und Schriftsteller, seit 1756 Professor der Mathematik am Akademischen Gymnasium, 1768 Gründer und 1771 Direktor einer Handelsakademie, Freund L.s: 57, 74, 78, 79, 94, 119, 136, 148
-, Margarethe Auguste, geb. Schwalb (1739–1798), Schwester von A. G. Schwalb, seit 1759 Frau des Vorigen: 57, 79, 119, 136, 148

Cacault, François (1743–1805), französischer Mathematiker, Diplomat und Übersetzer, um 1773 in Deutschland, 1775 Gouvernementssekretär der Bretagne, seit 1785 im diplomatischen Dienst: 89
Calau, Benjamin (1724–1785), Maler, 1752–1771 in Leipzig, dann in Berlin: 73
Calderón de la Barca, Pedro (1600–1681), spanischer Dramatiker: 126
Calm (oder Kalm), (vielleicht: Christoph Friedrich von; 1754–1797), Jurist, Advokat in Wolfenbüttel, 1785 Hofgerichtsassessor und Justizrat, erster Vormund der Stiefkinder L.s: 129, 152
Campe, Anna Dorothea Maria, geb. Hiller (1741 oder 1743–1827), seit 1773 Frau des Folgenden: 136, 148
-, Joachim Heinrich (1746–1818), Pädagoge, Schriftsteller und Lexikograph, 1774 Mitbegründer von Basedows Dessauer Philanthropinum, 1777–1787 in Hamburg, dann in Braunschweig: 136, 142, 148
Camper, Adriaan Gilles (1759–1820), Sohn des Folgenden, holländischer Naturwissenschaftler: 145
-, Petrus (1722–1789), Vater des Vorigen, holländischer Arzt und Anatom, Professor der Medizin, seit 1773 Privatgelehrter: 145
Carlowitz, Carl Leonhardt von (1676–1764), sächsischer Obristlieutenant und Gutsbesitzer, Collator einer Freistelle auf der Fürstenschule St. Afra in Meißen, die L 1742–1746 innehatte: 14, 16
Cassellini, um 1775 Abbate in Rom: 113
Castellamonte, Ugo Vincenzo Giacomo Botton Conte (1754–1828), italienischer Jurist und Politiker in Turin: 107
Castello, Abraham Isaak (1726–1789), aus Ancona gebürtiger jüdischer Gelehrter und Schriftsteller, seit 1739 in Livorno, zunächst als Vorbeter, seit 1757 Rabbiner: 106
Cavaceppi, Bartolomeo (um 1716–1799), italienischer Bildhauer und Restaurator, Kunstschriftsteller und Antikensammler, Freund Winckelmanns in Rom: 110
Cerveteri, Bartolomeo Ruspoli Principe di (1709–1779), lebte in Rom: 112, 113
Christ, Johann Friedrich (1700–1756), klassischer Philologe, 1739 Professor der Dichtkunst in Leipzig, Begründer der Kunstarchäologie in Deutschland, Universitätslehrer L.s: 17, 21
Cichin, Carl Johann Anton von (1723 oder 1724–1793), angeblich entlaufener Dominikanermönch, seit 1758 Sekretär an der Bibliothek in Wolfenbüttel und dort Mitarbeiter L.s: 72, 75, 87, 97, 116
Cigna, Giovanni Francesco (1734–1791), italienischer Mediziner, seit 1770 Professor der Anatomie in Turin: 107
Claudius, Anna *Rebecca*, geb. Behn (1754–1832), seit 1772 Frau des Folgenden: 123
-, Matthias (1740–1815), Schriftsteller und Publizist (Pseudonym: Asmus), Redakteur, 1776–1777 Mitarbeiter der Oberlandkommission in Darmstadt, lebte sonst in Hamburg und Wandsbek: 65, 123, 124, 131, 136, 148

Clemens XIV., vorher Giovanni Vincenzo Antonio Ganganelli (1705–1774), italienischer Gelehrter, seit 1769 Papst: 110

Colloredo, Hieronymus Franz de Paula Graf (1732–1812), seit 1772 Erzbischof von Salzburg: 101

Colonna, Antonio Branciforte (1711–1786), italienischer Kardinal, seit 1769 päpstlicher Gesandter in Bologna: 104

Conti, Prisco Egidio, 1775 pensionierter Kustos und Führer im Bologneser Istituto delle Scienze: 104

Cooper, Richard, d. J. (um 1740 bis nach 1814), englischer Maler und Kupferstecher, 1775 Italienreise: 109

Corneille, Pierre (1606–1684), Bruder des Folgenden, französischer klassizistischer Dramatiker: 60

-, Thomas (1625–1709), Bruder des Vorigen, französischer Schriftsteller und Sprachwissenschaftler: 60

Correggio, eigentlich Antonio Allegri (um 1489–1534), italienischer Maler: 109

Cowper, George Clavering, 3rd Earl (1738–1789), lebte vorwiegend in Florenz: 105

Cramer, Carl Friedrich (1752–1807), Sohn des Folgenden, 1780–1794 Professor der griechischen und orientalischen Sprachen in Kiel, Schriftsteller und Übersetzer, Mitglied des Göttinger Hainbunds, Verehrer und Popularisator Klopstocks: 86, 97, 135, 136

-, Johann Andreas (1723–1788), Vater des Vorigen, protestantischer Theologe, namhafter Kanzelredner, seit 1754 Hofprediger und Professor der Theologie in Kopenhagen, 1771 Superintendent in Lübeck, 1774 Professor in Kiel, um 1777 Vizekanzler und 1784 Kanzler der Universität, Schriftsteller und Übersetzer: 41

Cramer, Johann H(e)inrich (um 1736–1804), seit 1765 Verlagsbuchhändler in Bremen und Hamburg: 59, 68, 69

Cronegk, Johann Friedrich Reichsfreiherr von (1731–1757), Schriftsteller, 1754 ansbachischer Hof- und Justizrat: 58

Cunda, um 1775 zweiter Bibliothekar in Turin: 107

Cunico, Conte di (18. Jh.), an der sardinischen Gesandtschaft in Rom: 110

Curtius, Michael Conrad (1724–1802), Philologe und Historiker, seit 1768 Professor für Geschichte, Dichtkunst und Beredsamkeit in Marburg: 26

Dana, Giovanni Pietro Maria (1736–1801), Botaniker und Mitglied der Akademie der Wissenschaften in Turin, 1770 außerordentlicher und 1781 ordentlicher Professor: 107

Danzel, Theodor Wilhelm (1818–1850), deutscher Germanist und Philologe: 154

Daßdorf, Karl Wilhelm (1750–1812), Bibliothekar der kurfürstlichen Bibliothek in Dresden, Schriftsteller, Freund und Herausgeber Winckelmanns, Jugendfreund Goethes: 115

Daun, Leopold Joseph Maria Reichsgraf von und zu (1705–1766), österreichischer Offizier, 1754 Feldmarschall, 1760 Mitglied des Staatsrates, 1762 Oberbefehlshaber der Truppen in Schlesien: 47

Daveson, Alexander, eigentlich Simson Alexander David (1755–1813), Schutzjude und bis 1780 Kunsthändler in Braunschweig, Freund L.s, nach 1781 in England, 1793 Rückkehr nach Deutschland, Lehrer in Bayreuth und dann in Altona, Schriftsteller und Publizist unter dem Namen Karl Julius Lange: 72, 141, 142, 145, 148, 150–152

-, Jette, Frau des Vorigen: 141, 142, 145, 148, 151

Denina, Carlo Giovanni Maria (1731–1813), italienischer Historiker, Professor der Rhetorik und 1800–1804 Universitätsbibliothekar in Turin, seit 1782 Mitglied der Akademie in Berlin und zeitweilige Aufenthalte in Preußen: 107

Destouches, Philippe Néricault, genannt (1680–1754), französischer Lustspieldichter: 58, 59

Detenhoff, Johann Hinrich (1730–1802), seit 1761 Syndikus des Hamburger Domkapitels, um 1771 Zweiter Aufseher der Loge »Zu den drei Rosen«: 80

Diderot, Denis (1713–1784), französischer Schriftsteller, Philosoph und Ästhetiker, Mitherausgeber der »Encyclopédie«: 43, 61, 91, 100, 144

Didier, Vittorio Amedeo (18. Jh.), Schriftsteller in Turin: 107

Dieterich, Johann Christian (1722–1800), seit 1760 Verlags- und 1765 Universitätsbuchhändler in Göttingen: 135

Dieze, Johann Andreas (1729–1785), Literarhistoriker und Übersetzer in Göttingen, 1770 Professor der Philosophie, 1773 der Literarhistorie und Bibliothekar, seit 1784 Bibliothekar in Mainz: 91, 124

Dimpfel, Johann Albrecht (1722–1782), Vater des Vorigen, seit 1762 Senator in Hamburg: 78

Döbbelin (auch: Doebbelin), Carl Theophilus (1727–1793), Schauspieler und Prinzipal, seit 1775 Theaterdirektor in Berlin, inszenierte die Uraufführungen von »Emilia Galotti« und »Nathan der Weise«: 81, 82, 84, 85, 139, 152, 153

-, Catharina Friederike, geb. von Klinglin (etwa 1739–1799), 1762–1776 Frau des Vorigen, Schauspielerin: 81, 84

Dohm, Christian Conrad Wilhelm (seit 1786) von (1751–1820), preußischer Diplomat, politischer und historischer Schriftsteller: 76

Döll, Friedrich Wilhelm Eugen (1750–1816), Bildhauer, seit 1787 Inspektor der Kunstsammlungen in Gotha: 153, 154

Döring, Dorothea *Eleonora* Lucia von, geb. von Spangenberg (1746–1822), Frau des Folgenden: 72

-, Johann von (1741–1818), Drost (Vogteiverwalter) in Wolfenbüttel, seit 1782 in Altona, 1790–1803 Amtmann in Sonderburg, später dänischer Geheimer Konferenzrat in Kiel: 72, 138, 151, 152

Dreyer, Johann Matthias (1716–1769), Schriftsteller und Publizist, außerdem 1753 diplomatischer Agent des Herzogs von Holstein-Gottorp in Hamburg: 33

Durandi, Jacopo (1737–1817), italienischer Advokat und Schriftsteller, in Turin, später Präsident der sardinischen Regierungskammer: 107

Düring, Albertine Friederike von *siehe* Kuntzsch

Dvoretzky, Edward (geb. 1930), nordamerikanischer Germanist: 156

Dy(c)k, Johann Gottfried (1715–1762), Leipziger Verleger und Buchhändler: 34

Eberhard, Johann August (1739–1809), protestantischer Theologe und aufklärerischer Philosoph, seit 1768 Prediger in Berlin, 1778 Professor der Philosophie in Halle: 67

Eberhard, Johann Peter (1727–1779), Arzt und Naturforscher, seit 1756 Professor in Halle: 139

Ebert, Johann Arnold (1723–1795), Schriftsteller und Übersetzer, 1753 außerordentlicher und seit 1759 ordentlicher Professor der englischen und griechischen Sprache am Collegium Carolinum Braunschweig, Berater des Erbprinzen Carl Wilhelm Ferdinand von Braunschweig und Lüneburg, 1775 Kanonikus des Stifts St. Cyriaks, 1780 Hofrat: 33, 54, 62, 66, 68–72, 76, 84, 86, 88, 89, 95, 140, 142, 152

-, Louise Antoinette Henriette, geb. Gräfe (1752–1826), Tochter von Johann Friedrich Gräfe, seit 1773 Frau des Vorigen: 89

Eck, Johann Georg (1745–1808), Literarhistoriker, seit 1770 Professor der Dichtkunst in Leipzig: 55

Eckhof *siehe* Ekhof

Ekhof, Hans Conrad Dietrich (1720–1778), aus Hamburg gebürtiger Schauspieler, 1740–1764 in der Schönemannschen Truppe, dann bei Ackermann und Seyler, 1775 Mitdirektor des Hoftheaters in Gotha, seit 1770 Freimaurer in der Hamburger Loge »Zu den drei Rosen«: 33, 57, 62, 64, 65

Engel, Johann Jacob (1741–1802), Schriftsteller und Popularphilosoph, seit 1776 Professor der Moralphilosophie am Joachimsthalschen Gymnasium Berlin, 1787–1794 Direktor des Hof- und Nationaltheaters: 115, 117

Ephraim, Zacharias Veitel (gest. 1779), Sohn eines jüdischen Hofjuweliers in Berlin: 89

Ernesti, Johann August (1707–1781), protestantischer Theologe, klassischer Philologe und Schriftsteller in Leipzig, 1756–1770 Professor der Beredsamkeit und seit 1759 auch der Theologie, Universitätslehrer L.s: 17

Eschenburg, Johann Joachim (1743–1820), seit 1777 Schwiegersohn von C. A. Schmid, Schriftsteller, Publizist und Übersetzer, 1773 außerordentlicher und seit 1777 ordentlicher Professor der Literatur und Philosophie am Collegium Carolinum Braunschweig, 1782 Bibliothekar, 1786 Hofrat, enger Freund L.s und Mitherausgeber seines Nachlasses: 43, 66, 70, 72, 88, 91, 93–96, 115, 118, 119, 123, 125–129, 132, 138–140, 143–145, 148, 149, 151, 152

-, Marie Dorothea, geb. Schmid (1751–1799), Tochter von C. A. Schmid, seit 1777 verheiratet mit dem Vorigen: 127, 138, 139, 148

Ettinger, Carl Wilhelm (1738–1804), Verlagsbuchhändler in Gotha, sachsen-gothaischer Kommissionsrat und Hofagent: 141

Euklid (Eukleides; um 300 v. Chr.), griechischer Mathematiker in Alexandria: 15

Falckenhayn, Friedrich Gotthelf von (1719–1786), österreichischer General, Militärattaché auf Korsika: 106

Favart, Charles Simon (1710–1792), französischer Dramatiker: 60

Feller, Anna Justina, geb. Schumann (gest. 1738), Großmutter L.s mütterlicherseits, Frau des Folgenden: 12

-, Gottfried (1674–1733), Großvater L.s mütterlicherseits, 1704 Archidiakon und 1724 Pastor Primarius in Kamenz: 10

Feuereisen, Johann Georg (18. Jh.), Faktor der Lanckischen Verlagsbuchhandlung in Leipzig: 34

Fick, Monika (geb. 1958), deutsche Germanistin: 157

Findel, Gottfried Joseph Gabriel (1828–1905), freimaurerischer Schriftsteller, Publizist und Verlagsbuchhändler: 155

Firmian, Carl Joseph Graf (1716–1782), seit 1756 bevollmächtigter Minister der österreichischen Lombardei, Direktor der kaiserlichen Post in Italien: 102

Fischer, Johann Friedrich (1724–1799), klassischer Philologe und Pädagoge, seit 1767 Rektor der Thomasschule in Leipzig, Kommilitone L.s in Leipzig 1746–1748: 18

Flies (oder Fließ), Joseph Moses Isaak (1745–1822), jüdischer Mediziner und Grundbesitzer in Berlin, 1771 bis 1774 Medizinstudium in Göttingen, mit Moses Mendelssohn und K. G. Lessing bekannt, später Gutsbesitzer in Lichtenberg bei Berlin: 144

Forstenburg, *Carl* Anton Ferdinand Graf von (1767–1793), natürlicher Sohn des Erbprinzen Carl Wilhelm Ferdinand von Braunschweig und Lüneburg und seiner Mätresse Maria Antonia von Branconi, erhielt den Grafentitel 1770, 1773–1777 Zögling J. J. Eschenburgs: 88, 125

Forster, Johann *Georg* Adam (1754–1794), Naturwissenschaftler, beteiligt an James Cooks Weltumseglung 1772–1775, Pädagoge und Schriftsteller, zunächst in Kassel und Wilna, 1788 Bibliothekar in Mainz: 138, 139

Fülleborn, Georg Gustav (1769–1803), Theologe und Philologe in Breslau: 154

Galiani, Fer(di)nando (1728–1787), italienischer Abbate, Nationalökonom und Völkerrechtler, 1759–1769 Legationssekretär in Paris, Freund der Enzyklopädisten, 1769 Ratgeber, danach Präsident des Obersten Handelsgerichtshofes in Neapel: 112

Gärtner, Carl Christian (1712–1791), Schriftsteller, seit 1748 Professor der Moral und Beredsamkeit am Collegium Carolinum in Braunschweig, 1775 Kanonikus des Stiftes St. Blasius, 1780 Hofrat: 70, 149

Garve, Christian (1742–1798), Sohn der Vorigen, Popularphilosoph, Schriftsteller und Übersetzer aus Breslau: 68

Gasc, Anna Rosina de, geb. Lisiewsky, verw. Matthieu (1713–1783), Malerin in Berlin und dort Bekanntschaft mit L, ab etwa 1766 in Braunschweig: 143

Gebler, Tobias Philipp Freiherr von (1726–1786), aus Thüringen gebürtig, seit 1753 in österreichischen Diensten, 1768 Mitglied des Staatsrates für die innere Verwaltung der Habsburger Monarchie, Dramatiker: 84, 86, 87, 90, 98, 99, 114, 141

Gellert, Christian Fürchtegott (1715–1769), seit 1751 Professor der Philosophie in Leipzig, Schriftsteller, Universitätslehrer L.s: 17, 23, 30, 35, 60, 64

Geloso, um 1775 Kommandant in Turin: 107

Gerstenberg, Heinrich Wilhelm von (1737–1823), Rittmeister, ab 1765 in Kopenhagen, 1775–1783 dänischer Konsul in Lübeck, 1789–1812 Lotteriedirektor in Altona, Schriftsteller: 62–64, 66, 67, 91

Giraud, Sebastiano, um 1775 Arzt und Schriftsteller in Pinerolo, Mitglied der Turiner Freimaurerloge: 108

Giseke, Philipp Heinrich (18. Jh.), protestantischer Theologe, Professor in Helmstedt: 94
Giulio Romano, eigentlich Giulio di Pietro de' Gianuzzi (1499–1546), italienischer Maler und Architekt: 102
Gleditsch, Christi(a)ne Henriette, geb. Leich (1720–1791), seit 1744 Geschäftsführerin der Gleditsch'schen Verlagsbuchhandlung in Leipzig: 25
Gleim, Johann Wilhelm Ludwig (1719–1803), 1747–1797 Sekretär des Domkapitels in Halberstadt, seit 1756 auch Kanonikus des Stifts Walbeck bei Helmstedt, Schriftsteller und Übersetzer, enger Freund von E. C. von Kleist und L 26, 28–30, 33-43, 53–57, 64, 65, 73, 76, 84, 85, 87, 89, 91, 120, 135, 140, 147
-, Johann Wilhelm Ludwig, d. J. (1742–1804), Neffe des Vorigen, Vikar am Domstift Halberstadt, preußischer Hofrat: 147
-, Sophie Dorothea, genannt Gleminde (1732–1810), Nichte des Vorvorigen, dessen Haushalt sie führte: 120
Goeckingk, Leopold Friedrich Günther (seit 1789) von (1748–1828), Jurist, 1770–1786 Kanzleidirektor in Ellrich, 1793 Geheimer Oberfinanzrat in Berlin, Schriftsteller und Publizist: 125, 138
Goëss, Johann Carl Anton Graf (1728–1798), Generalmajor und Gardecapitän im Dienst des Großherzogs Peter Leopold von Toscana: 105
Goethe, Johann Wolfgang (seit 1782) von (1749–1832): 64, 87, 91–93, 95, 97, 116, 146, 147
Goeze, Johan(n) Melchior (1717–1786), orthodoxer protestantischer Theologe, seit 1755 Hauptpastor der St.-Katharinenkirche und 1760–1770 Senior des geistlichen Ministeriums in Hamburg, Gegner der Aufklärung: 67, 69, 123, 127–136, 144
Göldner, um 1760 Gärtner in Breslau: 50
Goldoni, Carlo (1707–1793), italienischer Dramatiker, seit 1762 in Paris: 30, 31
Gössel, Johann Heinrich (1698–1770), Pädagoge, 1728–1740 Kantor in Kamenz, dann in Bautzen: 11
Gotter, Friedrich Wilhelm (1746–1797), Jurist, Schriftsteller und Übersetzer, 1767–1768 und 1770–1772 Legationssekretär in Wetzlar, dann Geheimer Sekretär in Gotha: 100
Gottsched, Johann Christoph (1700–1766), Literaturtheoretiker und Schriftsteller, 1730 Professor der Poesie und 1734 der Logik und Metaphysik in Leipzig, Begründer einer frühaufklärerischen Richtung, Theaterreformer, Gegner Bodmers und Breitingers sowie L.s: 12, 17, 22, 27–30, 32, 37, 40, 41, 56
-, Luise Adelgunde Victorie, geb. Kulmus (1713–1762), seit 1735 Frau und Mitarbeiterin des Vorigen, Schriftstellerin und Übersetzerin: 60
Götze siehe Goeze
Grabener, Theophilus (1685–1750), Pädagoge, seit 1717 an der Fürstenschule St. Afra in Meißen und seit 1735 deren Rektor: 12, 14–17
Gräfe, Friederike Caroline (gest. 1793), Frau des Folgenden: 70
-, Johann Friedrich (1711–1787), herzoglicher Kammerrat in Braunschweig, Freund L.s: 70
-, Louise Antoinette Henriette siehe Ebert
Graff, Anton (1736–1813), Schweizer Porträt- und Landschaftsmaler, seit 1766 Hofmaler und Lehrer an der Kunstakademie in Dresden: 79
Graffigny, Françoise de (1695–1758), französische Schriftstellerin: 59
Graffman, Hans (1748–1828), schwedischer protestantischer Theologe, 1774 Promotion in Halle, 1775–1776 Aufenthalt in England, 1777 Prediger in Schweden, 1800 Dompropst in Strängnäs: 95
Gregor I., der Große (um 540–604), Kirchenlehrer und seit 590 Papst: 12
Gresset, Jean Baptiste Louis de, Abbé (1709–1777), französischer Schriftsteller, seit 1751 Direktor der Akademie in Amiens, Mitglied der Académie française und der Königlichen Akademie Berlin: 59, 61
Grillo, Friedrich (1737–1802), klassischer Philologe und Übersetzer in Berlin, Professor der Philosophie am Kadettenkorps, kurzzeitig Mitarbeiter der »Literaturbriefe«: 39
Grimm, Johann Ludwig (1745–1794), protestantischer Theologe, seit 1771 Prediger und Professor der Theologie, Philosophie und orientalischen Sprachen in Regensburg: 79
Großmann, Gustav Friedrich Wilhelm (1744–1796), Schauspieler und Theaterdirektor an verschiedenen Orten, Dramatiker: 92, 122, 153

Grote, August Otto Freiherr (seit 1809 Graf) von (1747–1830), seit 1775 Kurkölnischer Minister beim Niedersächsischen Kreis in Hamburg, 1813 Gesandter in Dresden: 153
Guasco, Franz Graf von (1711–1763), österreichischer Offizier, 1758 Feldmarschall-Lieutenant, 1762 Kommandant der vom General Tauentzien belagerten und eroberten Festung Schweidnitz: 46
Guercino, eigentlich Giovanni Francesco Barbieri, genannt Il Guercino (der Schielende) (1591–1666), italienischer Maler, aus Cento gebürtig: 104
Guhrauer, Gottschalk Eduard (1809–1854), Philosoph und Literarhistoriker, 1841 Kustos der Universitätsbibliothek und 1843 Professor der Allgemeinen Literaturgeschichte in Breslau: 154
Guichard, Carl Gottlieb (seit 1759) von, genannt Quintus Icilius (1724–1775), Offizier in preußischen Diensten, Militärschriftsteller, Gesellschafter Friedrichs II. von Preußen: 53
Guthke, Karl Siegfried (geb. 1933), nordamerikanischer Germanist, seit 1968 an der Harvard University: 156

Haberkorn, Christian Gottlob (gest. 1761), Zeichenlehrer, um 1735 in Kamenz: 11
Hackert, Jacob Philipp (1737–1807), Landschaftsmaler, seit 1768 in Italien, 1786–1799 Hofmaler in Neapel: 106
Haen, Anton van (1703 oder 1704–1776), aus Haag gebürtiger Mediziner, 1754 Professor an der medizinischen Klinik in Wien, 1772 k. k. Leibarzt, Eva Catharina Königs Hausarzt in Wien: 99
Hagedorn, Christian Ludwig von (1712–1780), Kunsttheoretiker, seit 1764 Generaldirektor der Kunstakademie in Dresden und Leipzig und der Dresdener Galerie: 99, 115
Hahn, Anna Maria, geb. Gaddum (geb. 1734 [?]), seit 1758 verheiratet mit Johann Georg H.: 124
–, Eva Catharina, geb. Gaub (1702–1771), Mutter von Eva König: 11, 80, 105
–, Eva Catharina siehe König, Eva Catharina
–, Heinrich Caspar (1688–1738), Vater von Eva König, Handelsmann in Heidelberg: 11
–, Johann David (1729–1784), Bruder von Eva Catharina König und dem Folgenden, 1753 Professor der Medizin in Utrecht und 1775 in Leiden: 73
–, Johann Georg (1727–1784), ältester Bruder von Eva Catharina König und dem Vorigen, Handelsmann in Heidelberg: 104, 124
Haller, Albrecht (seit 1749) von (1708–1777), Schweizer Mediziner und Naturforscher, Dichter und Kritiker, 1736–1753 Professor der Medizin und Botanik in Göttingen sowie Präsident der Sozietät der Wissenschaften und Direktor der »Göttingischen Gelehrten Anzeigen«, 1753–1772 Rathaus-Ammann in Bern und Salzdirektor in Roche: 24, 25
Haltern, Joseph ben Abraham (1737–1818), jüdischer Schriftsteller und Übersetzer, Freund von M. Mendelssohn: 128
Hamann, Johann Georg (1730–1788), seit 1759 in Königsberg, 1767 Übersetzer bei der Zolldirektion und 1777 bis 1787 Packhofverwalter, Sprach- und Religionsphilosoph, Schriftsteller: 140, 144
Hamilton, (seit 1772) Sir William (1730–1803), 1764–1800 britischer Gesandter in Neapel, Kunstsammler, Mäzen, Archäologe, Vulkanologe: 111, 112
Hardenberg, Georg Ludwig Freiherr von (1720–1786), Domherr und seit 1785 Domdechant in Halberstadt, Kirchenliedforscher: 146
Hartmann, Friederike (um 1737–1756), Schauspielerin: 30
Harwood, Francis (18. Jh.), englischer Bildhauer, seit etwa 1752 in Italien: 105
Häseler, Johann Friedrich (1732–1797), protestantischer Theologe, seit 1763 Prediger an der Johanneskirche in Wolfenbüttel, später Generalsuperintendent des Weserdistrikts in Holzminden: 72, 88
–, seine Frau: 72
Haug von Trimberg siehe Hugo von Trimberg
Hausen, Carl Renatus (1740–1805), Historiker, 1765–1772 Professor der Geschichte in Halle, dann Professor der Philosophie und Bibliothekar in Frankfurt an der Oder: 55
Hauß, Friedrich Christian von (1698–1764), preußischer Offizier, 1747 Obrist, im Siebenjährigen Krieg Kommandeur eines Infanterieregiments: 34

Hecht, Johann Julius von (gest. 1792), seit 1752 preußischer Ministerresident des Niedersächsischen Kreises in Hamburg: 61, 62

Heinecken, Carl Heinrich (seit 1748) von (1706–1791), Privatsekretär und Vertrauter des Grafen Heinrich von Brühl in Dresden, dann Verwalter der Brühlschen Privatgüter und Kunsthistoriker: 66, 99

Heinitz, Johann Gottfried (1712–1790), Pädagoge und Schriftsteller, 1737–1743 Rektor der Lateinschule in Kamenz, dann in Löbau: 11, 12

Heinse, Johann Jacob *Wilhelm* (1746–1803), Schriftsteller und Übersetzer, 1780–1783 in Italien, dort Konversion zum Katholizismus, 1786 Vorleser und 1789 Bibliothekar des Kurfürsten von Mainz: 93

Helms, Johann Christian (18. Jh.), zu L.s Zeit und bis 1784 Diener an der Wolfenbütteler Bibliothek: 72

Helvétius, Claude Adrien (1715–1771), französischer Philosoph: 45, 91

Hempel, Gottlob Ludwig (1746–1786), Schauspieler, 1767–1769 in Hamburg, dann vorwiegend bei Döbbelin und Seyler: 84

Hemsterhuis, Frans (1721–1790), holländischer Philosoph und Ästhetiker: 146

Henke, Ferdinand (oder Theodor Friedrich) Carl August (1748–1786), protestantischer Theologe, seit 1780 Pfarrer an St. Magni in Braunschweig: 152

Henninges, Johann Andreas Christoph (1728–1798), um 1780 Hofkommissär und später wirklicher Hofrat in Braunschweig: 152

Hennings, *August* Adolph Friedrich (1746–1826), Bruder von C. S. L. Reimarus, Diplomat und Staatsbeamter, Schriftsteller und Publizist, 1772–1774 dänischer Legationssekretär in Berlin, 1775–1776 Chargé d'affaires in Dresden, dann Mitglied des Kommerzkollegiums in Kopenhagen, 1787 Amtmann in Plön, 1807 Administrator der Grafschaft Ranzau, 1815 geadelt zum Ritter von Dannebrog: 115, 116, 118, 119

Hensel, Friederike Sophie, geb. Spaarmann (1738–1789 oder 1790), Schauspielerin, um 1767 in Hamburg, zuerst verheiratet mit dem Schauspieler Johann Gottlieb H. (1728–1787), dann ab 1772 mit Abel Seyler: 62

Henzi, Samuel (1701–1749), Schweizer Schriftsteller, als Verschwörer gegen das Berner Patriziat hingerichtet: 21

Herder, Johann Gottfried (seit 1801) von (1744–1803), protestantischer Theologe, Philosoph, Schriftsteller, 1765–1769 Prediger in Riga, 1771–1776 Konsistorialrat und Oberprediger und ab 1775 Superintendent in Bückeburg, 1776 Generalsuperintendent und Oberkonsistorialrat in Weimar, 1789 Vizepräsident und 1801 Präsident des Oberkonsistoriums von Sachsen-Weimar-Eisenach: 56, 66, 67, 71, 90, 131, 138, 140, 144, 151, 153

Her(r)mann, Johann von (1738–1800), Naturforscher und Mediziner aus Straßburg, 1774 in Wien: 94

Herz, Naphtali *Marcus* (1747–1803), jüdischer Arzt in Berlin, als philosophischer Schriftsteller Schüler Kants: 115

Heufeld, Franz von (1731–1795), kaiserlicher Rat und Dramatiker in Wien, Rechnungsoffizier im k. k. Universal-Depositenamt, 1769 Direktor am Wiener Theater, 1774–1776 Mitglied der Theaterkommission: 58

Heusinger, Jacob Friedrich (1719–1778), Pädagoge und klassischer Philologe, 1750 Konrektor und 1759 Rektor in Wolfenbüttel: 72, 136

Heyne, Christian Gottlob (1729–1812), Vater von M.T.W. Huber, klassischer Philologe und Archäologe, Schriftsteller und Kritiker, 1763–1809 Professor der Beredsamkeit in Göttingen, seit 1770 Sekretär der Sozietät der Wissenschaften und Redakteur der »Göttingischen Gelehrten Anzeigen«: 31, 50, 55, 66, 88, 91, 94, 117, 124, 135

Hiller, Johann Adam (1728–1804), Musiker und Komponist, Schriftsteller und Übersetzer in Leipzig, 1781 Gewandhauskapellmeister: 97

Hillner, Franz (1745–1812), Maler, Freund von J.G. Puhlmann, 1774–1777 in Rom, dann Rückkehr nach Potsdam, 1798 Gründer einer Zeichenschule: 111, 113

Hippel, Theodor Gottlieb (seit 1790) von (1741–1796), preußischer Verwaltungsbeamter und Jurist in Königsberg, 1781 Erster Bürgermeister und Polizeidirektor, Schriftsteller, Freimaurer: 60

Hirsch(el), Abraham (18. Jh.), Berliner Schutzjude und Kaufmann, 1750 durch Voltaire in einen Prozess verwickelt: 22

Hirschfeld, Christian Cai Lorenz (1742–1792), seit 1770 Professor der Philosophie in Kiel, Theoretiker und Schriftsteller des Gartenbaus: 68

Hoere, Johann Gottfried (1704–1771), Pädagoge und Schriftsteller, seit 1736 Konrektor an der Fürstenschule St. Afra in Meißen und seit 1755 deren Rektor: 14, 15

Höfer, Johann Gottfried (1719–1796), seit 1746 Hofmeister am Collegium Carolinum in Braunschweig, um 1770 Sekretär und seit 1776 Direktor des Herzoglichen Museums: 72

Hogarth, William (1697–1764), englischer Maler und Kupferstecher, Karrikaturist, Kunsttheoretiker: 27

Hohl (18. Jh.), Schauspielerin, 1772 bei Döbbelin in Braunschweig: 84

Homeros (Homer; 9./8. Jh. v. Chr.), legendenumwobener griechischer Dichter: 15

Hompesch-Bollheim, Franz Carl Freiherr von (1741–1800), kurpfälzischer Hofbeamter, seit 1775 Finanzminister: 121–123, 125

Horatius (Horaz), Quintus Horatius Flaccus (65–8 v. Chr.), römischer Lyriker: 14, 23, 24, 26

Hoym, Carl Ludwig Anton von (1739–1798), 1777 Kanzleidirektor bei der Justizkanzlei in Wolfenbüttel, 1786 Vizekanzler, 1790 Geheimer Rat und Regierungspräsident in Blankenburg am Harz: 152

Huarte, Juan (um 1533 bis um 1592), spanischer Arzt und Philosoph: 24

Huber, Michael (1727–1804), Schriftsteller, Übersetzer und Kunstwissenschaftler, um 1745–1766 in Paris, dann Lektor des Französischen an der Universität Leipzig: 64

Hugo von Trimberg (um 1230 bis nach 1313), Pädagoge und Rektor in Bamberg, didaktischer Schriftsteller: 131

Hugo, Christian Johann Brandan (1725–1804), als L.s Vorgänger 1753–1769/70 Bibliothekar in Wolfenbüttel, dann Klosterrat: 70, 72

Hundertmark, Carl Friedrich (1715–1762), Mediziner und Chemiker in Leipzig, 1740 Dr. med., 1748 Professor der Medizin und 1754 der Physiologie, Universitätslehrer L.s: 17

Hurd, Richard (1720–1808), englischer protestantischer Theologe und klassischer Philologe: 61

Hutcheson, Francis (1694–1746), schottischer Moralphilosoph und Ästhetiker: 32

Hviid, Andreas Christian (1749–1788), dänischer Orientalist und Theologe, 1777–1780 Studien in Göttingen, Wien und Rom, seit 1781 Propst in Kopenhagen: 126

Iaci e Campofiorito, Stefano Reggio Gravina Principe di (18. Jh.), neapolitanischer General, Oberbefehlshaber der Landstreitkräfte und Mitglied des Regierungsrates: 112

Ilgener, *Peter* Florens (um 1730–1788), Schauspieler und Prinzipal einer Wandertruppe: 97

Jacobi, Friedrich Heinrich (1743–1819), Bruder von Johann Georg J., Philosoph und Schriftsteller, 1779 Geheimer Rat in München und Gutsherr in Pempelfort bei Düsseldorf, ab 1794 in Wandsbek und Eutin, 1807 Präsident der Bayerischen Akademie der Wissenschaften: 145–147, 150

-, Georg Arnold (1768–1845), zweiter Sohn des Vorigen, Regierungsrat und Amtmann: 147

-, Johann Friedrich (*Fritz*) (1765–1831), erster Sohn von Friedrich Heinrich J., Kaufmann in Aachen: 147

-, Johann Georg (1740–1814), Bruder von Friedrich Heinrich J., 1766 Professor der Philosophie und Beredsamkeit in Halle, 1768–1774 Kanonikus in Halberstadt, seit 1784 Professor der schönen Wissenschaften in Freiburg im Breisgau, Schriftsteller: 64, 72, 85, 93, 139, 145, 150

-, Susanne Helene (*Lene, Lenchen*) (1753–1838), Stiefschwester von Friedrich Heinrich und Johann Georg J.: 146, 147

Jerusalem, Carl Wilhelm (1747–1772), Sohn des Folgenden, Jurist, 1771 Legationssekretär am Reichskammergericht Wetzlar, philosophischer Schriftsteller, Urbild von Goethes Werther: 72, 87, 95, 96

-, Johann Friedrich Wilhelm (1709–1789), Vater des Vorigen, protestantischer Theologe in Wolfenbüttel und Braunschweig, 1742 Prinzenerzieher, 1749 Abt, 1771 Vizepräsident des braunschweigisch-lüneburgischen Konsistoriums, stand L wohlwollend gegenüber: 72, 76, 95, 96, 116, 142

Jöcher, Christian Gottlieb (1694–1758), seit 1730 Professor der Philosophie und Direktor der Universitätsbibliothek Leipzig, Lexikograph: 23, 25
Jomelli, Niccolò (1714–1774), italienischer Komponist: 111
Joseph II. (1741–1790), ältester Sohn von Maria Theresia, Bruder von Erzherzog Ferdinand von Österreich, seit 1765 Mitherrscher, seit 1780 römisch-deutscher Kaiser, Repräsentant des österreichischen aufgeklärten Absolutismus: 64, 82, 86, 100, 103, 122

Kalm *siehe* Calm
Kaltschmid, Johann Conrad, 1736 Taufpate von Eva Catharina Hahn, Münzrat in Heidelberg: 11
Karsch, Anna Louisa, geb. Dürbach (1722–1791), Schriftstellerin, genannt deutsche Sappho, seit 1762 in Berlin: 49
Kästner, Abraham Gotthelf (1719–1800), Mathematiker, 1746 Professor in Leipzig, seit 1756 Professor der Mathematik und Physik in Göttingen, satirischer Schriftsteller, Universitätslehrer und später Freund L.s: 17, 18, 29, 55, 124
Kauderbach, Sigismund Heinrich (um 1680–1757), seit 1705 Kantor und Lehrer an der Fürstenschule St. Afra in Meißen: 13
Kaunitz-Rietberg, Christian Gottlob (1736–1811), Sohn des Folgenden, österreichischer Schriftsteller und Publizist: 87
-, Wenzel Anton Dominik Graf (1711–1794), Vater des Vorigen, österreichischer Staatsmann, seit 1753 Staatskanzler, engster Vertrauter der Kaiserin Maria Theresia: 100, 114
Kestner, Johann Georg Christian (1741–1800), seit 1767 Gesandtschaftssekretär des Herzogtums Bremen in Wetzlar, später Hofrat in Hannover, Jugendfreund Goethes: 87
Kies, Johann (1713–1781), Naturforscher und Mathematiker, 1742–1754 königlicher Astronom in Berlin, dann Professor der Physik und Mathematik in Tübingen: 25
Kirnberger, Johann Philipp (1721–1783), Musiker und Musikschriftsteller, 1751 in Dresden, dann in höfischen Diensten in Berlin und Potsdam: 25
Kleist, Anton David (18. Jh.), Neffe des Folgenden, 1759–1762 Zögling der Kadettenschule in Berlin, dann preußischer Soldat: 45
-, Ewald Christian von (1715–1759), Onkel des Vorigen, preußischer Offizier in Potsdam, 1757 Major und Lazarettkommandant in Leipzig, ab 1758 an verschiedenen Orten des (Siebenjährigen) Krieges, Schriftsteller, enger Freund von Gellert, Gleim und L: 28, 34–41, 43–45
Klimm, Johann Albert (1698–1778), Pädagoge, seit 1729 Mathematiklehrer an der Fürstenschule St. Afra in Meißen: 15, 98
Klinger, Friedrich Maximilian (seit 1780) von (1752–1831), Schriftsteller, seit 1780 Offizier in russischen Diensten, 1803–1820 Kurator der Universität Dorpat: 123, 125
Klopstock, Friedrich Gottlieb (1724–1803), Schriftsteller, 1750 in Zürich bei Bodmer, 1751–1770 in Kopenhagen, dann in Hamburg: 18, 23, 33, 40, 60, 62, 64, 66, 90, 91, 119, 122, 136, 148
Klose, Samuel Benjamin (1730–1798), Pädagoge und Schriftsteller in Breslau, Lehrer am Magdaleneum, seit 1763 Rektor der Neustädtischen Schule, Freund L.s: 44, 45, 48, 49, 93
Klotz, Christian Adolph (1738–1771), Sohn des Folgenden, klassischer Philologe und Altertumswissenschaftler, Kritiker und Publizist, seit 1765 Professor der Philosophie und Beredsamkeit in Halle, 1766 preußischer Geheimer Rat, seit 1768 als anmaßender Halbgelehrter und Oberhaupt einer Literaturclique attackiert: 53–55, 63–68, 82
Knaur, Hermann (1811–1872), Bildhauer in Leipzig: 155
Knigge, *Adolph* Franz Friedrich Ludwig Freiherr von (1752–1796), Jurist und Schriftsteller, 1772–1777 Hofjunker und Assessor der Kriegs- und Domänenkammer in Kassel, engagierter Freimaurer und Illuminat, seit 1790 Oberhauptmann und Scholarch in Bremen, Herausgeber des vierten und fünften Gesprächs »Ernst und Falk«: 133, 148

Knittel, Franz Anton (1721–1792 oder 1793), protestantischer Theologe in Wolfenbüttel, 1755 Archidiakon, 1766 wirklicher Konsistorialrat und Generalsuperintendent, Zensor, 1776 auch Generalsuperintendent in Braunschweig: 72, 74

Knorre, Gustava Carolina Ulrika, geb. Behrens (1736–1796), seit 1754 Frau des Folgenden: 57, 79, 80, 148

-, Otto Heinrich (1724–1805), Taufpate von Johann Engelbert König, 1751–1756 mecklenburgischer Münzmeister in Schwerin und 1758–1760 in Stralsund, seit 1761 in Hamburg, Freund L.s und von ihm »Vetter« genannt: 57, 73, 79, 80, 146, 148

Koch, Esther Charlotte *siehe* Brandes, Esther Charlotte

Koch, Georg Heinrich August (gest. 1773), herzoglich braunschweigischer Sekretär und Lyriker in Wolfenbüttel: 70, 94

Koch, Johann Heinrich Gottfried (1703–1775), Schauspieler, zunächst bei der Neuberin, seit 1749 auch Prinzipal einer Wandertruppe, Dramatiker und Übersetzer: 32, 64, 85

Könemann (18. Jh.), livländischer Philosophieliebhaber, von August 1779 bis Frühjahr 1780 Gast in L.s Haus: 141

König, Engelbert (1728–1769), Hamburger Kaufmann, Freund L.s: 57, 66, 70, 74, 103

-, *Eva* Catharina, geb. Hahn (1736–1778), seit 1756 verheiratet mit dem Vorigen, Schwägerin des Folgenden, Patin von Charlotta Henrietta Schmidt und Ephraim Topp, seit 1771 verlobt und seit 1776 verheiratet mit L: 11, 57, 70, 71, 73, 74, 77–92, 94, 96, 98–107, 112–123, 126–130, 134, 142

-, Friedrich Wilhelm, d. Ä. (1737–1797), Schwager der Vorigen, seit 1783 braunschweigisch-lüneburgischer Postmeister in Hamburg: 83, 84, 87, 121, 148

-, *Friedrich (Fritz)* Wilhelm, d. J. (1768–1855), jüngster Sohn von Eva Catharina K. und Bruder der drei Folgenden, Patenkind L.s, später Stiftsvikar in Braunschweig: 67, 119–121, 129, 130, 138, 142, 152

-, Johann *Engelbert* (1765–1796), Bruder des Vorigen und der beiden Folgenden, Patenkind von Otto Heinrich Knorre, später Kaufmann in Frankfurt am Main: 119–121, 129, 130, 138, 142, 152

-, Maria *Amalia (Malchen)* (1761–1848), Schwester der beiden Vorigen und des Folgenden, seit 1782 verheiratet mit dem Braunschweiger Postrat Konrad Georg Henneberg (1750–1820): 119–121, 129, 130, 135, 136, 138, 141, 142, 145, 147–152

-, Theodor Heinrich (1757–1809), ältester Bruder der drei Vorigen, 1780 Fähnrich in braunschweigischen Diensten, dann bis 1786 Dragoner-Unterleutnant in Wien, danach dort privatisierend: 119, 124–126, 128 bis 130, 138, 141–144

Krause, Christian Gottfried (1729–1770), Advokat beim Magistrat in Berlin, Komponist: 38, 40, 43

Krüger, Johann Christian (1723–1750), Schauspieler und Dramatiker: 61

Krull, Christian Friedrich (1748–1787), Bildhauer und Münzgraveur in Braunschweig, seit 1776 an der Herzoglichen Münzstätte: 152, 153

Kruse, Georg Richard (1856–1944), Berliner Verlagslektor, Musikschriftsteller und Kapellmeister: 155

Kuhles, Doris (geb. 1937), Bibliographin in Weimar: 156

Kuntzsch, Albertine Friederike, geb. von Düring, seit 1773 Frau des Folgenden: 89, 92

-, Johann Joachim Gottfried Joseph von, 1760 Assessor bei der Justizkanzlei in Wolfenbüttel, 1763 Kammerjunker, 1769 Kammerherr in Braunschweig, 1782 Weggang wegen Vermögensverfalls (mit unbekanntem Verbleib), enger Freund L.s: 54, 70, 72, 89, 92, 97–99, 113, 116, 139, 149, 150, 152

La Chaussée, Pierre Claude Nivelle de (1692–1754), französischer Dramatiker: 58, 60

Lachmann, Karl (1793–1851), Altphilologe und Germanist: 154

L'Affichard, Thomas (1698–1744), französischer Dramatiker: 59, 61

Lagnasque, um 1775 Abt in Turin: 107

Lambrecht (oder Lamprecht), Matthias Georg (1746 oder 1748–1826), 1767–1768 Schauspieler am Hamburger Nationaltheater, dann bei Döbbelin, später vorwiegend in München, auch Theaterdirektor: 84

Lamey, Andreas (1726–1802), Historiker und Bibliothekar, 1744–1763 in Straßburg, 1763 ständiger Sekretär der auf seine Anregung gestifteten Kurpfälzischen Akademie der Wissenschaften in Mannheim, 1768 Hofrat: 124

Lamprecht *siehe* Lambrecht

Lanfranchi, Francesco Antonio, conte di Ronsecco (um 1725 bis um 1800), um 1775 Staatsbeamter in Turin: 107

Lange, Gottlieb August (gest. 1796), Verlagsbuchhändler in Greifswald, Filialen in Berlin und Stralsund: 34

Lange, Samuel Gotthold (1711–1781), protestantischer Theologe, seit 1737 Pastor in Laublingen, 1755 Kirchen- und Schulinspektor, Schriftsteller und Übersetzer: 23, 24, 26, 37

Langemack, Johann David (18. Jh.), Hamburger Steinmetz: 153

Langer, Ernst Theodor (1743–1820), Husarenoffizier in preußischen Diensten, Hofmeister, Freund und Nachfolger L.s in Wolfenbüttel: 72, 90, 93, 145–147, 152

Laudes, Joseph Gottwill (1742–1793), Konzipist und Schriftsteller in Wien: 114

Lavater, Johann Caspar (1741–1801), Schweizer reformierter Theologe, seit 1769 Diakon und seit 1775 Pfarrer in Zürich, Schriftsteller und Physiognom: 118

Law, William (1686–1761), englischer protestantischer Prediger, Schriftsteller: 31, 32

Lecchi, Faustino Conte (1730–1800), Kunst- und Instrumentensammler in Brescia: 101, 102

Le Grand, Marc Antoine (1673–1728), französischer Schauspieler und Dramatiker, 1702 Mitglied der Comédie française: 61

Leibniz, Gottfried Wilhelm (seit 1709) von (1646–1716), Universalgelehrter, seit 1676 Bibliothekar in Wolfenbüttel: 48

Leisewitz, Johann Anton (1752–1806), seit 1781 Schwiegersohn von Abel Seyler, Jurist und Historiker, Dramatiker und Übersetzer, seit 1775 in Braunschweig, 1778 Landschaftssekretär: 72, 75, 93, 117, 138–146, 149, 151, 152

Leiste, Christian (1738–1815), Großvater von Bertha Raabe, Pädagoge in Halle, 1766 Konrektor und 1778 Rektor der Großen Schule in Wolfenbüttel, Kulturhistoriker, Freund L.s: 72, 153

Lenz, Jakob Michael Reinhold (1751–1792), Schriftsteller und Übersetzer, Jugendfreund und Konkurrent Goethes: 97, 123

Lessing, *Carl* Friedrich (1778–1848), erster Sohn von Karl Gotthelf L., Patenkind L.s, Jurist und philosophischer Schriftsteller, zuletzt Kanzler des Standesherrlichen Gerichts in Polnisch-Wartenberg: 136

-, Christian *Friedrich* (1780–1850), Bruder des Vorigen, Jurist, 1802–1830 im Berliner Justizdienst, dann Miteigentümer und Herausgeber der Vossischen Zeitung: 143

-, David Gottlieb (1744–1745), Bruder L.s: 10, 15

-, Dorothea *Salome* (1727–1803), Schwester L.s: 10, 14, 19, 93, 115, 117, 122, 124, 127, 138, 142, 146

-, *Erdmann* Salomo Traugott (1741–1760), Bruder L.s, seit 1759 Soldat in polnisch-sächsischen Diensten, gestorben an einem Nervenfieber in Warschau: 10, 13, 42

-, Eva Catharina *siehe* König, Eva Catharina

-, Friedrich Traugott (1731–1734), Bruder L.s: 10, 11

-, Friedrich Traugott (1734–1736), Bruder L.s: 10, 11

-, *Gottfried* Benjamin (1735–1764), Bruder L., nach Jurastudium tätig bei einem Onkel in Kamenz: 10, 11, 32, 40, 50

-, *Gottlob* Samuel (1739–1803), Bruder L.s, Jurist, seit etwa 1775 Justitiar des Domänenamts in Namslau (Schlesien): 10, 12, 29, 40, 43, 48, 49, 53, 138

-, Johann Gottfried (1693–1770), Vater L.s, seit 1718 Prediger und Katechet, seit 1733 Pastor primarius in Kamenz als Nachfolger seines Schwiegervaters G. Feller: 10–14, 16–22, 29, 31, 34, 39, 40, 42–44, 49–53, 63, 64, 67, 69, 70, 73, 74, 78, 127

-, Johann Gottfried (Nov. bis Dez. 1725), Bruder L.s: 10

Lessing, Johann Gotthold (1727–1786), jüngster Sohn des ältesten Halbbruders von L.s Vater, Kaufmann in Leipzig: 141
-, Johannes Theophilus (1732–1808), Bruder L.s, als Nachfolger auf seiner Freistelle 1746–1751 an der Fürstenschule St. Afra in Meißen, Hauslehrer und ab 1768 Konrektor in Pirna und seit 1778 in Chemnitz: 10, 17, 23, 50, 53, 63, 74, 93, 95, 115, 125, 127
-, Justina Salome, geb. Feller (1703–1777), seit 1725 verheiratet mit Johann Gottfried L., Mutter L.s: 10, 18 bis 20, 31, 39, 51, 69, 76, 78, 85, 93, 95, 115, 117, 118, 122, 124, 127
-, *Karl* Gotthelf (1740–1812), jüngster Bruder und Nachlassbetreuer sowie Biograf L.s, seit 1776 Schwiegersohn von C. F. Voß, Schriftsteller und Übersetzer in Berlin, 1770 Assistent beim Berliner General-Münzdirektorium, seit 1779 Münzdirektor in Breslau: 10, 12, 31, 45, 50–52, 54, 56–59, 61, 62, 64, 65, 67, 68, 71, 75, 76, 78, 79–93, 95, 96, 98, 100, 102, 115, 117, 120, 122–124, 126–130, 132–141, 143, 144, 152, 153
-, Otto (1846–1912), Enkel von Carl Friedrich L., Bildhauer und Maler: 155
-, Sophia Charitas (1744–1745), Schwester L.s: 10, 15
-, Theophilus (1647–1735), Großvater L.s, Stadtschreiber und Ratssyndikus in Kamenz, seit 1711 Bürgermeister: 11
-, *Theophilus* Gottlob (1728–1798), Vetter L.s, seit 1748 Justizamtmann und Richter der Standesherrschaft in Hoyerswerda: 19
-, Traugott (25.–27. Dezember 1777), L.s Sohn: 128
Leuschner, Johann Christian (1719–1792), Pädagoge und Schriftsteller in Breslau, nach 1760 Rektor der Realschule Maria Magdalena: 44
Lichtenberg, Georg Christoph (1742–1799), Naturwissenschaftler und Schriftsteller, 1767 Professor der Mathematik in Gießen, 1770 der Philosophie und 1775 der Physik in Göttingen: 93, 124, 135, 144, 145
Lieberkühn, Christian Gottlieb (um 1730–1761), protestantischer Theologe, Schriftsteller und Übersetzer, seit 1757 Feldprediger in Potsdam: 36
Liebhaber, Ernst (oder Erich) Daniel (seit 1752) von (gest. 1801), seit 1763 Hofrat bei der Justizkanzlei und ordentlicher Hofgerichtsassessor in Wolfenbüttel, später Regierungsrat in Blankenburg und Kanzleiassessor in Hannover: 72, 73
Liechtenstein, Franz Joseph Fürst (1726–1781), am Wiener Hof: 100
-, Maria Fürstin, geb. Gräfin Sternberg (1733–1809), seit 1750 mit dem Vorigen verheiratet: 100
Lindner, Johann Gotthelf (1697–1758), angeheirateter Onkel L.s mütterlicherseits, protestantischer Pfarrer in Putzkau: 12
Lindner, Johann Gotthelf (1729–1776), protestantischer Theologe, Pädagoge, Schriftsteller, 1755–1765 Rektor und Inspektor der Domschule in Riga, seit 1765 Professor der Dichtkunst in Königsberg, 1775 Kirchen- und Schulrat: 42
Lippert, Philipp Daniel (1702–1785), Glaser und Porzellanhersteller, seit 1738 Zeichner in Dresden, 1765 Aufseher der Antiken bei der Akademie der Künste, Erfinder einer Spezialmasse für Abdrücke antiker geschnittener Steine: 65, 99, 115
Logau, Friedrich Freiherr von (1604–1655), seit 1644 Rat des Herzogs von Brieg, Epigrammatiker: 38, 40, 41, 45, 78
Lombardini-Sirmen, Maddalena Laura (1735–1800), italienische Sängerin, Violinistin und Komponistin: 104
Lorena, Giuseppina Contessa di, seit 1768 in Turin: 108
Lorenz, Christiane Friederike (1729 oder 1730–1799), Schauspielerin, 1744–1748 in Leipzig bei der Neuberschen Truppe und dort 1747 nähere Bekanntschaft mit L, dann in Wien, seit 1757 verheiratet mit dem Schauspieler Joseph Carl Huber (1726–1760), seit 1775 mit dem Theaterdiener Joseph Weydner: 18
Löwen, Johann Friedrich (1727–1771), Schriftsteller, 1767–1768 Direktor des Hamburgischen Nationaltheaters, Regietätigkeit, mutmaßlich auch bei der Uraufführung der »Minna von Barnhelm«: 55–58, 60, 62, 65

Lucchesini, Girolamo Marchese di (1751–1825), italienischer Diplomat in preußischen Diensten, 1780 Kammerherr Friedrichs II. und 1793 Staatsminister: 145
Luther, Martin (1483–1546): 73

Mackwitz, Johann Christian (18. Jh.), Lohnbedienter in Braunschweig, dort L.s letzter Diener: 151
Marboeuf, Louis Charles René Conte de (1712–1786), französischer General, 1764 Gesandter und später Militärkommandant auf Korsika: 106
Maria Theresia (1717–1780), Tochter von Kaiser Karl VI. und Elisabeth Christine Prinzessin von Braunschweig-Wolfenbüttel, seit 1736 verheiratet mit Franz I. Stephan (1708–1765), Mutter von Joseph II. und Ferdinand Erzherzog von Österreich, 1741 Königin von Ungarn, ab 1745 römisch-deutsche Kaiserin: 100
Marigny, François Augier de, Abbé (um 1690–1762), französischer Historiker und Orientalist: 26, 27
Marivaux, Pierre Carlet de Chamblain de (1688–1763), französischer Schriftsteller, 1743 Mitglied der Académie française: 59–61
Marschall, August Dietrich Graf von (1750–1824), Erbmarschall von Thüringen, Jurist, 1771 Assessor am Hofgericht Wolfenbüttel, kurz danach und bis 1781 Kammerherr und Leiter des französischen Theaters in Braunschweig, Freimaurer und Berater des Herzogs Ferdinand: 149, 152
Martini, August, 1730 bis um 1740 Lehrer am Lyceum in Kamenz: 11
Masaniello, eigentlich Tommaso Aniello (um 1623–1647), neapolitanischer Fischer, Führer einer Volkserhebung im Juli 1647: 90
Mascho, Friedrich Wilhelm (gest. 1784), Schulrektor in Ruppin, seit 1778 Privatgelehrter in Hamburg, Gegner L.s im Fragmentenstreit: 130, 131
Matsen, Nicolaus (1739–1794), Hamburger Jurist, Mitbegründer der Hamburger Armenanstalt, 1775 Ratssekretär, 1784 Syndikus: 86
Matthaei, *Carl* Johann Conrad Michael, eigentlich Samson Geithel (1744–1830), 1762 Immatrikulation an der Universität Altdorf, 1768 Hofmeister in Zittau, 1776–1793 Privatsekretär von Maria Antonia di Branconi, dann Hof- und Legationsrat in Dessau: 52
Maupertuis, Pierre Louis Moreau de (1698–1759), französischer Mathematiker und Naturforscher, seit 1740 auf Einladung Friedrichs II. in Berlin und 1741 durch ihn zum Präsidenten der Akademie ernannt, 1756 Rückkehr nach Frankreich: 23
May, Georg Oswald (1738–1816), Porträtmaler: 55
Mayer, Christian (1719–1783), Jesuit, Professor der Mathematik und Astronom in Heidelberg: 74
Mazzuchi, um 1775 Abt in Turin: 107
Meil, Johann Wilhelm (1733–1805), Berliner Zeichner und Radierer, 1766 Mitglied und 1801 Direktor (als Nachfolger Chodowieckis) der Kunstakademie: 25, 39, 63, 93
Meiners, Christoph (1747–1810), Historiker, Psychologe und Philosoph, 1772 außerordentlicher und 1775 ordentlicher Professor der Philosophie in Göttingen: 124
Meinhard, Johann Nicolaus, eigentlich Gemeinhard (1727–1767), Ästhetiker, Literaturhistoriker und Übersetzer, zwischen 1755 und 1765 mehrere Europareisen, dann Privatgelehrter in Erfurt: 52, 53
Meißner, Brüder, Söhne von Johann Christoph M., L.s Vermieter in Wolfenbüttel vom Oktober 1776 bis zum Dezember 1777: 120, 122, 125
Meißner, August Gottlieb (1753–1807), Jurist und Schriftsteller, seit 1776/77 Kanzlist und dann Geheimer Archivregistrator in Dresden, 1785–1805 Professor der Ästhetik und klassischen Literatur in Prag: 140
Meißner, Johann Christoph (1691–1771 oder 1772), seit 1721 fürstlich privilegierter Buchhändler in Wolfenbüttel, in seinem bzw. seiner Söhne Haus (Schlossplatz 2) wohnte L mit Familie vom Oktober 1776 bis zum Dezember 1777: 120, 122, 125
Melzo, Carlo Trivulzio Conte di (1715–1789), Abbé, Handschriftensammler und Numismatiker in Mailand: 102

Mendelssohn, Fromet, geb. Gugenheim (1737–1812), seit 1762 verheiratet mit dem Folgenden: 127, 128
–, Moses (1729–1786), seit 1743 in Berlin, 1750 Hauslehrer und 1754 Buchhalter des Seidenwarenfabrikanten Isaak Bernhard, nach dessen Tod 1768 Geschäftsteilhaber, Popularphilosoph, Schriftsteller und Kritiker: 27–31, 33, 35–39, 42, 44–46, 48, 49, 52, 63, 67, 75–77, 84, 89, 91–94, 98, 115, 117, 127, 128, 134, 135, 137, 150
Mengs, Anton Raphael (1728–1779), Maler und Kunsttheoretiker in Dresden, Rom und Madrid, Freund Winckelmanns: 110
Merck, Johann Heinrich (1741–1791), seit 1768 hessen-darmstädtischer Kriegszahlmeister, 1774 Kriegsrat, Schriftsteller und Kritiker, Jugendfreund Goethes, Freund Wielands: 123
Meyer, Aron Moses (1737–1795), Vater von Sara M., Münzfaktor und Bankier in Berlin: 98
Meyer, Friedrich (gest. 1775 oder 1776), Oberpostmeister, 1745–1768 in Harburg, dann in Hamburg: 57
Meyer, Sara (um 1760–1828), Tochter von Aron Moses M., 1778–1788 verheiratet mit dem Berliner Kaufmann Lipmann Wulff, seit 1797 mit dem preußischen Offizier Friedrich Dietrich Wilhelm von Grotthuß (um 1763 bis 1820): 98
Meyne, Johann Heinrich (1728–1771), zweiter Bibliothekssekretär und Archivsekretär in Wolfenbüttel: 72
Michaelis, Johann Benjamin (1746–1772), Schriftsteller und Publizist, 1770 durch Vermittlung L.s in Hamburg, dann in Halberstadt, von Gleim gefördert: 72, 87
Michaelis, Johann David (1717–1791), protestantischer Theologe, Orientalist, Publizist und Kritiker, seit 1750 Professor der Philosophie in Göttingen: 28, 55
Migazzi zu Wall und Sonnenthurn, Vincent Graf von (gest. 1784), Neffe des Vorigen, Geheimer Rat, Feldzeugmeister und Kommandeur von Tirol, 1773 Besuch in Wolfenbüttel: 90
Milde, Wolfgang (geb. 1934), deutscher Bibliothekar und Spezialist für Autographen besonders des Mittelalters: 157
Modena, Francesco III. Maria Duca di (1698–1780), Herzog seit 1737: 102
Molière, eigentlich Jean-Baptiste Poquelin (1622–1673), französischer Komödiendichter: 61
Montaigne, Michel Eyquem de (1533–1592), französischer, Moralphilosoph und Essayist: 26
Morgenbesser, Michael (1714–1782), Mediziner in Breslau, 1747 Oberstadtphysikus, 1756 Dekan beim Collegio Medico, L.s behandelnder Arzt in Breslau: 44
Moschos (2. Jh. v. Chr.), griechischer Dichter: 36
Möser, Justus (1720–1794), Historiker, Nationalökonom, Schriftsteller und Kritiker in Osnabrück, 1763 Regierungsassessor, 1783 Geheimer Justizrat: 54
Müchler, Johann Georg Philipp (1724–1819), Pädagoge, Schriftsteller und Popularphilosoph, nach 1750 in Berlin, 1759–1773 Gymnasialprofessor in Stargard, 1784–1800 Waisenhausdirektor in Berlin: 25
Müller, Carl Wilhelm (1728–1801), Jurist und Schriftsteller in Leipzig, 1752 Doktor der Jurisprudenz, 1757 bis 1765 L.s Anwalt im Revisionsprozess gegen C.G. Winckler, 1759 Mitglied des Stadtrates, 1771 Stadtrichter, seit 1778 mehrfach Bürgermeister: 35, 49
Müller, Friedrich, genannt Maler Müller (1749–1825), Schriftsteller, Maler und Kupferstecher, 1774–1778 in Mannheim, dort Bekanntschaft und Freundschaft mit L, danach in Rom: 123, 125
Müller, Johann Heinrich Friedrich (1738–1815), Schauspieler und Dramatiker, Debüt 1755 bei Schuch, seit 1763 in Wien, Freund L.s: 33, 100, 122
Müller, Johann Samuel (1701–1773), Pädagoge in Hamburg, seit 1732 Rektor des Johanneums: 57
Müller, Johannes (seit 1791) von (1752–1809), Schweizer Historiker und Publizist, 1774–1780 Hauslehrer in Genf, 1781–1783 Professor der Geschichte und Statistik in Kassel, 1786 Bibliothekar in Mainz, seit 1793 in österreichischen und seit 1804 in preußischen Diensten: 152
Muncker, Franz (1855–1926), deutscher Germanist: 155
Muzell-Stosch, Heinrich Wilhelm von (1723–1782), vertrauter Freund Winckelmanns, 1756 in Florenz, seit 1766 in Berlin: 115, 132

Mylius, Christhelf (1713–1777), Bruder des Folgenden, Vetter L.s väterlicherseits, Königlicher Bücherauktionskommissarius in Berlin: 26
–, Christlieb (1707–1744), Bruder des Vorigen, Pädagoge in Kamenz, zuletzt Rektor in Königsbrück bei Dresden: 11
–, Christlob (1722–1754), Halbbruder der beiden Vorigen, enger Jugendfreund L.s, Naturforscher (von Haller gefördert), Schriftsteller, Kritiker und Publizist, um 1745 in Leipzig, ab 1748 in Berlin: 12, 17–27

Naumann, Christian Nicolaus (1719 oder 1720–1797), Schriftsteller, 1739–1741 und um 1745 Jurastudium in Leipzig, 1748 in Jena und dort 1749 Magister, dann in Berlin, Schriftsteller und Publizist, Jugendfreund L.s: 17, 21, 24, 25
Neapel, Ferdinando IV. König von (1751–1825), Herrscher seit 1759 (zunächst unter Regentschaft): 111
–, Maria Carolina Königin von, geb. Erzherzogin von Österreich (1752–1814), Tochter von Kaiserin Maria Theresia und Schwester Josephs II., seit 1768 verheiratet mit Ferdinando IV.: 111
Neuber, Friederike *Caroline* (1697–1760), Schauspielerin und 1727–1750 Prinzipalin einer Wanderbühne: 18, 19, 44
Nicolai, Christoph *Friedrich* (1733–1811), Bruder von Gottfried Wilhelm und Gottlob Samuel N., Verlagsbuchhändler, Schriftsteller, Publizist und Kritiker in Berlin, enger Freund L.s: 24, 25, 28–30, 32–37, 39, 41, 45, 47–49, 52, 53, 56, 57, 61, 63–66, 68–70, 73, 76, 77, 79, 85, 89–91, 96, 98, 99, 115, 117, 118, 125, 126
–, Gottlob Samuel (1725–1765), Bruder des Vorigen, Professor der Philosophie in Frankfurt an der Oder: 24, 41
Nisbet, Hugh Barr (geb. 1940), englischer Germanist, 1982–2007 Universität Cambridge: 157
Nouseul, Rosalia Caroline Marie, geb. Lefebre (1750–1804), Schauspielerin, seit 1770 verheiratet mit dem Schauspieler und Prinzipal Johann Joseph N. (1747–1821): 114
Noverre, Jean George (1727–1810), französischer Ballettmeister, zunächst in Berlin, Paris und London, 1770 bis 1776 in Wien: 69

Olshausen, Waldemar von (1879–1959), deutscher Germanist: 155
Ossenfelder, Heinrich August (1725–1801), wie L 1741–1746 auf der Fürstenschule St. Afra in Meißen, dann Schriftsteller, Hof- und Justizkanzleisekretär in Dresden: 17–19
Osten-Sacken, Carl (seit 1763) Reichsgraf und (seit 1786) Fürst von der (1725–1794), kursächsischer Gesandter in Stockholm, um 1775 Kabinettsminister in Dresden, seit 1777 preußischer Staats- und Kriegsminister: 115
Österreich, Carl Anton Joseph *Ferdinand* Erzherzog von (1754–1806), Sohn der Kaiserin Maria Theresia, Bruder von Kaiser Joseph II., bis 1796 Gouverneur und Generalcapitain der Lombardei: 102

Paciaudi, Paolo Maria (1710–1785), Antiquar in Rom, dann Bibliothekar in Parma und Turin: 107, 109
Pallavicini, Lazzaro Opizio (1719–1785), italienischer Kardinal, seit 1769 Staatssekretär im Vatikan: 113
Pauli, Johannes, eigentlich Paul Pferdesheimer (um 1455–1530), Mönch und Schriftsteller: 141
Pavini, Giovanni Battista Giuseppe, um 1775 Sekretär am Königlichen Hof von Florenz: 113
Pelli-Bencivegni, Giuseppe (1729–1808), italienischer Kulturhistoriker, seit 1775 Direktor der Galerie in Florenz: 105
Petersen, Julius (1878–1941), Germanist, seit 1920 Ordinarius in Berlin, 1927–1937 Präsident der Goethe-Gesellschaft: 155
Pfalz, *Carl Theodor* Philipp Kurfürst von der (1724–1799), Regent seit 1742, ab 1777 Kurfürst von Bayern: 118 bis 120, 123, 124
Pfeffel, Gottlieb Conrad (1736–1809), Pädagoge und Schriftsteller, seit 1757 erblindet, 1773 Gründer und Direktor einer Erziehungsanstalt in Colmar, 1803 Präsident des evangelischen Konsistoriums: 59
Pindaros (um 518–446 v. Chr.), griechischer Lyriker: 91, 94

Piò, Domenico (1715–1799), Bildhauer in Bologna, seit 1766 Leiter der Skulpturensammlung am Istituto delle Scienze: 104
Pius VI., vorher Giovanni Angelo Braschi (1717–1799), Papst seit 1775: 110, 113
Platner, Ernst (1744–1818), Mediziner, Philosoph und Schriftsteller in Leipzig, 1770 Professor der Medizin, 1780 der Physiologie und 1801 der Philosophie: 97
Plautus, Titus Maccius (254–184 v. Chr.), römischer Komödiendichter, ein Lieblingsautor des jungen L: 13, 15, 21, 58
Pope, Alexander (1688–1744), englischer Schriftsteller, Kritiker und Übersetzer: 27, 28, 30
Prätorius, Christian Gottlob (1717–1785), Pädagoge, 1740 Konrektor und 1772 Rektor am Lyceum in Kamenz: 11
Praun, Georg Septimus Andreas von (1701–1786), braunschweigisch-lüneburgischer Staatsmann, 1736 Geheimer Justizrat in Wolfenbüttel, 1749 Vizekanzler, 1765 Wirklicher Geheimer Rat und Konsistorialpräsident, 1773 Erster Minister in Braunschweig, L.s Vorgesetzter: 70, 72
Preußen, Friedrich II. König von, genannt Friedrich der Große, der Einzige (1712–1786), Bruder des Folgenden, Herrscher seit 1740: 22, 26, 35, 44–48, 53, 127
-, Friedrich *Heinrich* Ludwig Prinz von (1726–1802), Bruder des Vorigen, Heeresführer: 46
Puhlmann, Johann Gottlieb (1751–1826), Historien- und Bildnismaler, Kunstschriftsteller, Freund von F. Hillner, 1774–1787 in Rom, zunächst als Schüler von P. G. Batoni, dann Königlicher Galerieinspektor in Potsdam und seit 1789 in Berlin: 111, 113

Quantz, Johann Joachim (1697–1773), Flötist und Komponist, seit 1741 Hofkomponist in Berlin: 25, 38
Quinault, Philippe (1635–1688), französischer Dramatiker und Librettist: 59

Raffello Santi (1483–1520), italienischer Maler und Architekt: 110
Ramler, Carl Wilhelm (1725–1798), Schriftsteller (galt als deutscher Horaz), Kritiker und Übersetzer in Berlin, 1748–1790 Professor der Logik am Kadettenkorps, 1786 Mitglied der Königlichen Akademie der Wissenschaften und Mitdirektor des Schauspiels: 25, 26, 28–30, 38, 40–45, 48–50, 52, 53, 56, 75, 76, 79, 81, 95, 98, 117, 136–138
Raphael *siehe* Raffello Santi
Rasp, Lorenz August (seit 1766) Freiherr von (1725–1791), österreichischer Offizier, 1759 Oberst, 1761–1762 Mitkommandant der Besatzung von Schweidnitz, 1775 Feldmarschall-Lieutenant: 46, 47
Regnard, Jean François (1655–1709), französischer Lustspieldichter: 59, 60
Reich oder Reyhe (geb. um 1740), Sohn eines Straßburger Offiziers, Grenadier in Berlin und 1765–1767 Aufwärter L.s: 59
Reich, Philipp Erasmus (1717–1787), Verlagsbuchhändler in Leipzig, 1745 Geschäftsführer und 1762 Teilhaber der Weidmannschen Buchhandlung: 30, 31
Reichardt, Johann Friedrich (1752–1814), Komponist und Schriftsteller, 1776–1794 königlich-preußischer Hofkapellmeister, seit 1796 Salineinspektor in Halle: 93, 119
Reiffenstein, Johann Friedrich (1719–1793), aus Litauen stammender Altertumsforscher und Maler, seit 1763 in Rom als Kunstführer und -vermittler: 110, 111
Reimarus, Christiana *Sophia* Louise, geb. Hennings (1742–1817), Schwester von A. A. F. Hennings, seit 1770 zweite Frau von Johann Albert H(e)inrich R.: 79, 119, 136, 148
-, Hermann Samuel (1694–1768), Vater der beiden Folgenden, Pädagoge und vielseitiger Gelehrter in Hamburg, seit 1728 Gymnasialprofessor der hebräischen Sprache und später auch der Mathematik, Bekannter L.s und sein »Ungenannter«: 57, 64, 75, 76, 79, 94, 95, 115, 130–132, 138, 139
-, Johann Albert H(e)inrich (1729–1814), Sohn des Vorigen, seit 1770 Schwager von A. A. F. Hennings, Hamburger Arzt, Naturforscher und Schriftsteller: 57, 69, 79, 118, 119, 130, 131, 136, 141, 148

Reimarus, Margaretha Elisabeth *(Elise)* (1735–1805), Schwester von Johann Albert H(e)inrich R., Schriftstellerin und Übersetzerin, hatte von ihrer Familie den engsten Kontakt zu L: 57, 79, 116–119, 134–136, 138 bis 142, 144, 145, 148–150

Reiske, Ernestine Christine, geb. Müller (1735–1798), seit 1764 Frau und Mitarbeiterin des Folgenden, klassische Philologin: 78, 94, 97, 125, 128

-, Johann Jacob (1716–1774), klassischer Philologe, 1748 Professor der arabischen Sprachen und 1758 Rektor des Nikolai-Gymnasiums in Leipzig: 68, 77, 78, 88, 94, 97, 117, 125, 128

Remer, Julius August (1736–1803), Historiker in Braunschweig, seit 1774 Professor der Geschichte am Collegium Carolinum und Direktor der Waisenhaus-Buchhandlung, ab 1787 Professor in Helmstedt: 131, 132

Resewitz, Friedrich Gabriel (1725–1806), protestantischer Theologe, Pädagoge und Schriftsteller, 1764–1765 Mitautor der »Literaturbriefe«: 39

Reß, Johann Heinrich (1732–1803), protestantischer Theologe, seit 1765 Superintendent und 1773 auch Pfarrer in Wolfenbüttel, Gegner L.s im Fragmentenstreit: 128, 129

Riccia, Bartolomeo di Capua Principe della (1732–1792), Großkämmerer am Hof von Neapel: 111

Richardson, Samuel (1689–1761), englischer Schriftsteller: 35

Richier de Louvain (18. Jh.), Sekretär Voltaires in Berlin um 1750, Jugendfreund L.s: 20, 23, 25

Riedel, Friedrich Just(us) (1742–1785), Ästhetiker, Schriftsteller und Kritiker, 1768 Professor in Erfurt, 1772 kaiserlicher Rat und Professor der Schönen Künste an der Kunstakademie Wien, als Mitstreiter von Klotz Gegner L.s: 82

Rietschel, Ernst (1804–1861), Bildhauer in Dresden: 154

Roepert, Georg Christoph von (18. Jh.), Schriftsteller, Freimaurer, Meister vom Stuhl der Loge »Zum gekrönten goldenen Greif« in Neubrandenburg, seit 1780 Rosenkreuzer: 142

Rollin, Charles (1661–1741), französischer Historiker: 21, 22, 24

Romano *siehe* Giulio Romano

Romanus, Carl Franz (1731–1787), Jurist und Dramatiker in Leipzig, später Geheimer Kriegsgerichtsrat in Dresden: 61

Rönckendorff, Röttger Heinrich (1734–1818), Besitzer des Hôtel d'Angleterre in Braunschweig, wo seit 1780 ein auch von L besuchter Club bestand: 144, 149

Rosenberg, Georg Johann Freiherr von (gest. 1798), aus Kurland stammender Offizier, seit 1752 Freimaurer, seit etwa 1765 in Hamburg, Mitbegründer und bis 1773 Meister vom Stuhl der Loge »Zu den drei Rosen«, in die er 1771 L aufnahm, wegen Unregelmäßigkeiten suspendiert, ab 1775 in Russland freimaurerisch tätig: 79, 80

Rousseau, Jean Jacques (1712–1778), aus Genf stammender Philosoph, Kulturkritiker, Komponist und Musiktheoretiker, seit 1770 in Paris: 22, 29

Rowe, Elizabeth (1674–1737), englische Schriftstellerin: 27

Rücker, Hinrich (1721–1809) Hamburger Kaufmann, 1767 Senator: 78

Rüdiger, Johann Andreas (um 1680–1751), Buchdrucker und Buchhändler in Berlin, 1722 Gründer der »Berlinischen privilegierten Zeitung«: 21, 22

Ruffo, Tiberio (18. Jh.), italienischer Kleriker, um 1775 Chierico di camera in Rom: 111

Saal, Justus Heinrich (1722–1794), Hofmeister in Straßburg, Wittenberg und Leipzig, seit 1756 Akziseinspektor in Leipzig: 32

Sacchi, Giovanni Antonio (1708–1788), italienischer Schauspieler: 109

Sachsen, Friedrich August III. Kurfürst von (1750–1827), Regent seit 1763, 1806 König von Sachsen als Friedrich August I.: 115, 143

Sachsen-Weimar-Eisenach, Anna *Amalia* Herzogin von, geb. Prinzessin von Braunschweig und Lüneburg (1739–1807), Tochter von Carl Herzog und Schwester von Carl Wilhelm Ferdinand Erbprinz von Braunschweig und Lüneburg, seit 1756 verheiratet mit Herzog Ernst August II. Constantin (1737–1758), bis 1775 Regentin: 78

Sachsen-Weimar-Eisenach, Carl August Erbprinz von (1757–1828), Sohn der Vorigen, seit 1775 Herzog: 78
-, Friedrich Ferdinand *Constantin* Prinz von (1758–1793), Bruder des Vorigen: 78
Saint-Foix, Germain François Poullain de (1698–1776), französischer Dramatiker: 59, 61
Santa Croce, Antonio Publicola Principe di (1736 bis nach 1800), betrieb Finanzgeschäfte in Rom: 112
Sardinien, Vittorio Amadeo III. Herzog von Savoyen und König von (1726–1796), Herrscher seit 1773: 107
Schade, Richard Erich (geb. 1944), nordamerikanischer Germanist: 156
Schaper, Fritz (1841–1919), Bildhauer in Berlin: 155
Schaumburg-Lippe, Friedrich Ernst *Wilhelm* Graf zu (1724–1777), Regent seit 1748, Offizier 1758 in hannoverschen und 1762 in portugiesischen Diensten, 1764 großbritannischer Feldmarschall: 54
Schiller, Johann Christoph *Friedrich* (1759–1805): 154
Schink, Johann Friedrich (1755–1835), Schriftsteller und Kritiker, seit 1780 in Wien, 1789–1797 Dramaturg in Hamburg, 1795 Biograf und 1825–1828 Editor L.s: 92
Schlegel, Johann Adolph (1721–1793), Bruder des Folgenden und von Johann Heinrich S., Schriftsteller und Übersetzer, 1754 Prediger in Zerbst und 1759 in Hannover, zuletzt Generalsuperintendent von Calenberg: 17
-, Johann Elias (1719–1749), Bruder des Vorigen und von Johann Heinrich S., Jurist und Schriftsteller, seit 1743 in kursächsischen Diensten in Kopenhagen, zuletzt Professor für Politik und öffentliches Recht an der dänischen Ritterakademie Soroe: 58, 61
-, Johann Friedrich Wilhelm (1765–1836), Sohn des Folgenden, Neffe der beiden Vorigen, Jurist: 141
-, Johann Heinrich (1724–1780), Vater des Vorigen, Bruder von Johann Adolph und Johann Elias S., 1739–1745 auf der Fürstenschule St. Afra in Meißen (seit 1741 Mitschüler L.s), später in Kopenhagen Professor der Geschichte und Bibliothekar, königlicher Historiograph und Justizrat, Schriftsteller und Übersetzer: 17, 141
Schleuen, Johann Friedrich (18. Jh.), Berliner Kupferstecher und Radierer, bei ihm und seinem Bruder Johann David wohnte L von Mai 1765 bis Dezember 1766: 51, 52
Schmid, Anna Margarethe, geb. Raphel (1719–1783), seit 1747 Frau des Folgenden: 144–146
-, Conrad Arnold (1716–1789), Schwiegervater von J. J. Eschenburg, Schriftsteller und klassischer Philologe, protestantischer Theologe, seit 1761 Professor der Theologie und lateinischen Sprache am Collegium Carolinum Braunschweig, 1777 Kanonikus des Stifts St. Cyriaks, 1786 Konsistorialrat, enger Freund L.s: 70, 72, 88, 115, 140, 143–147, 149, 152
-, Marie Dorothea *siehe unter* Eschenburg
Schmidt, Charlotta Henrietta (geb. 1770), Tochter von Johann Friedrich S., Patenkind L.s: 71
Schmidt, Erich (1853–1913), Germanist, seit 1887 Ordinarius in Berlin, 1906 Präsident der Goethe-Gesellschaft: 155, 158
Schmidt, Johann Friedrich (1729–1791), Vater von Charlotta Henrietta S., Kommissionsrat in Hamburg, später in Wien, Berater des Hamburger Nationaltheaters, 1767 und 1769 Hauswirt L.s: 57, 69
Schmidt, *Klamer* Eberhard Carl (1746–1824), Vater von W.W.J. Schmidt, Jurist und Schriftsteller in Halberstadt, 1767 Sekretär der Kriegs- und Domänenkammer, 1781 Domkommissar, Freund Gleims: 140, 147
Schmiedel, Casimir Christoph (1718–1792), Leibarzt des Markgrafen von Ansbach-Bayreuth, mit diesem 1775 bis 1776 Italienreise: 113
Schönaich, Christoph Otto Freiherr von (1725–1809), 1752 in Leipzig zum Dichter gekrönt, Anhänger Gottscheds, einer der erbittertsten Gegner L.s besonders um 1755: 37
Schönborn, Gottlob Friedrich Ernst (oder Friedrich Ernst Gottlieb) (1737–1817), dänischer Beamter, Schriftsteller, um 1771 in Hamburg, 1773 dänischer Konsulatssekretär in Algier, 1777/78 Gesandtschaftssekretär in London, seit 1801 außer Dienst: 91
Schönemann, Johann Friedrich (1704–1782), Schauspieler, seit 1740 Prinzipal einer Wandertruppe: 33
Schröder, *Friedrich* Ulrich Ludwig (1744–1816), Stiefsohn von K. E. Ackermann, Hamburger Schauspieler und Schauspieldirektor, Dramatiker, Reformator der Hamburger Freimaurerlogen, Freund L.s: 57, 119, 136, 148

Schröter, Ludwig (1699–1769), Schauspieler: 30

Schuback, Anna Elisabeth, geb. Volkmann (1743–1809), Frau des Folgenden, Freundin von Eva Catharina König: 57, 119, 121, 126

-, Johannes (1732–1817), 1752–1755 Kaufmann in Lissabon, dann in Hamburg, Bankier, Berater E. C. Königs, Freund L.s und Gastgeber zu dessen Hochzeit: 57, 119–121

Schuch, Franz (gest. 1771), Schauspieler und Theaterprinzipal: 34

Schultz (oder Schulz), Therese, geb. Meinzner (1738 oder 1741–1774), 1767 Schauspielerin am Hamburger Nationaltheater, engagiert auf L.s Empfehlung, seit 1768 bei Döbbelin, auch Soubrette und Tänzerin: 62, 84

Schultze, Ludwig Gottfried Wilhelm (gest. 1820), Faktor der Fürstlichen Porzellenniederlage in Braunschweig: 152

Schulz, Hartwig Johann Christian (1746–1830), Theologe in Braunschweig, Informator der Kinder des Erbprinzen Carl Wilhelm Ferdinand, seit 1779 Hofprediger: 152

Schumann, Johann Daniel (1714–1787), orthodoxer protestantischer Theologe, Gymnasialdirektor und Superintendent in Hannover, Gegner L.s im Fragmentenstreit: 126–128

Schütz(e), Friedrich Wilhelm (1750–1800), Schauspieler, 1769–1773 bei Döbbelin, dann vorwiegend in Hamburg, seit 1780 in Wien: 84

Schwalb, August Gottfried (1741–1777), Bruder von Margarethe Auguste Büsch, Hamburger Kaufmann und Kunstsammler: 57

Schwan, Anna Margaretha Catharina, geb. Eßlinger (gest. 1781), seit 1765 Frau des Folgenden: 123

-, Christian Friedrich (1733–1815), Sekretär im russischen Außenministerium, seit 1765 Buchhändler und Verleger in Mannheim, 1775 Hofkammerrat: 119–123

Schwarz, Friedrich Immanuel (1728–1786), 1742–1748 auf der Fürstenschule St. Afra in Meißen (bis 1746 Mitschüler L.s), protestantischer Theologe und Pädagoge, auch Bibliothekar, zuletzt und seit 1778 Professor der Theologie in Leipzig: 24

Schweden, Friedrich Adolf Prinz von (geb. 1750), Bruder des Folgenden: 76

-, Gustaf Kronprinz, (ab Februar 1771) Gustaf III. König von (1746–1792), Bruder des Vorigen: 76

Schweikart, Hans (1895–1975), deutscher Regisseur, Schauspieler und Schriftsteller: 156

Schwerin, Curt Christoph Graf von (1684–1757), preußischer Offizier, zuletzt Generalfeldmarschall: 35

Scultetus, Andreas (1622 oder 1623–1647), seit 1646 Lehrer am Jesuitenkolleg in Troppau, Lyriker: 45, 77

Seifert, Siegfried (geb. 1936), Bibliograph und Literaturwissenschaftler in Weimar: 156

Seltenreich, Christoph, um 1740 Lehrer am Lyceum in Kamenz: 11

Semler, Johann Salomo (1725–1791), rationalistischer protestantischer Theologe, seit 1752 Professor in Halle, Gegner L.s im Fragmentenstreit: 139

Seyler, Abel (1730–1801), seit 1781 Schwiegervater von J. A. Leisewitz, zunächst Kaufmann in Hamburg, 1767 Mitbegründer des dortigen Nationaltheaters, dann Prinzipal einer Wandertruppe, 1771–1774 in Weimar, anschließend in Gotha, Dresden und Leipzig, 1779–1781 in Mannheim, Freimaurer, Freund L.s: 55, 57, 69, 72, 86, 122, 125

Shakespeare, William (1564–1616): 61, 84, 91

Sisimano, Bartolomeo Corsini Principe di (1729–1792), Kammerherr von Kaiser Joseph II. und Berater des Großherzogs Peter Leopold von Toskana: 105

Sommer, Johann Christoph (1741–1802), Arzt, Professor der Chirurgie in Braunschweig, 1779 Hofrat: 152

Sommerau, Johann Gottfried Ludwig (1750–1786), Maler und Kupferstecher aus Wolfenbüttel, 1774–1780 in Italien mit Unterstützung des Braunschweiger Herzogshauses: 110, 112

Sophokles (496–406 v. Chr.), griechischer Tragödiendichter: 14, 42, 43

Spinoza, Baruch de (1632–1677), holländischer Philosoph und Bibelkritiker, noch im 18. und 19. Jahrhundert vielfach als Atheist verketzert: 48, 146

Spittler, Ludwig Timotheus (1752–1810), Historiker, 1779 Professor in Göttingen und 1788 Hofrat, seit 1797 in württembergischen Staatsdiensten: 125

Stahl, Godefried (geb. 1739), Jesuitenpater, Mitarbeiter von Christian Mayer: 74

Steinmetz, Horst (geb. 1934), deutscher Germanist: 156

Stengel, Johann Georg Anton *Stephan* (seit 1788) Freiherr von (1722–1798), kurfürstlicher Geheimer Rat und Kabinettssekretär in Mannheim, seit 1763 Direktor der Akademie der Wissenschaften, 1773 Geheimer Staatsrat und Kanzleidirektor: 123

Sterne, Lawrence (1713–1768), englischer Landprediger und satirischer Schriftsteller in Yorkshire, 1762–1765 in Frankreich: 48, 63, 65, 69, 98

Steudel, Johann Gottlieb (1743–1790), um 1780 Mathematiker, Astronom und Botaniker in Berlin: 144

Stiller, Samuel Benjamin (18. Jh.), preußischer Hof-Postsekretär in Berlin: 53

-, seine Frau: 53

Straube, Gottlob Benjamin (geb. um 1720), Schriftsteller in Breslau: 44

Stuarda oder Stuart, Madam, Besitzerin des Hotels in Rom, in dem L und seine Mitreisenden 1775 logierten: 110, 112

Sturz, Helfrich Peter (1736–1779), Jurist und Schriftsteller, seit 1764 in Kopenhagen, 1765 Privatsekretär von J. H. E. Graf von Bernstorff, 1768 Legationsrat, 1773 Rat in Oldenburg: 60, 131

Sudthausen, Franz August Heinrich (gest. 1802), dänischer Rittmeister, als Freimaurer Gegner der Strikten Observanz, um 1771 Erster Aufseher der Loge »Zu den drei Rosen« in Hamburg: 80

Sulzer, Johann Georg (1720–1779), Schweizer Philosoph und Ästhetiker, seit 1747 in Berlin, Professor der Mathematik am Joachimsthalschen Gymnasium und 1763 an der Ritterakademie, 1750 Mitglied der Königlichen Akademie und 1776 Direktor der philosophischen Klasse, Freund Bodmers und Nicolais: 29, 39, 40, 42, 44, 79–81, 139

Süßmilch, Johann Peter (1707–1767), Berliner protestantischer Theologe, Sprach- und Sozialwissenschaftler, Nationalökonom, Propst und Konsistorialrat, seit 1745 Mitglied der Akademie der Wissenschaften: 25, 44

Swieten, Gottfried Freiherr van (1734–1803), 1770–1777 österreichischer Gesandter in Berlin, Musik- und Kunstliebhaber, Freund Haydns und Mozarts: 81, 98, 114

Tanucci, Bernardo Marchese (1698–1783), 1752–1776 neapolitanischer Minister, nach 1770 zuständig für die Ausgrabungsstätten von Herculaneum, Pompeji und Portici: 111, 112

Tarino, Vincenzo (18. Jh.), Numismatiker, um 1775 Aufseher des Museums in Turin: 107

Tauen(t)zien, Friedrich Bogislaw von (1710–1791), preußischer Offizier, 1758 Generalmajor und Vizekommandant der Festung Breslau, 1760 Generalleutnant und Festungskommandant, 1763 Gouverneur von Breslau und Generalinspekteur der schlesischen Infanterie, 1775–1785 General der Infanterie, 1760–1765 Dienstherr L.s: 37, 43–48, 50

Telemann, Georg Philipp (1681–1767), Komponist, seit 1721 städtischer Musikdirektor in Hamburg: 40

Terentius Afer, Publius (um 195–159 v. Chr.), römischer Komödiendichter: 13, 15, 61

Thaer, *Albrecht* Daniel (1752–1828), Mediziner und Begründer der frühindustriellen Landwirtschaft, 1778 bis 1804 Stadtphysikus in Celle, 1790 Gründer einer landwirtschaftlichen Lehranstalt dort und 1804 (nach Übertritt in preußische Dienste) auf seinem Landgut Mögelin bei Potsdam, Jugendfreund von Leisewitz: 146

Theokritos (geb. um 305 v. Chr.), griechischer Dichter: 36

Theophilus Presbyter (um 1100), deutscher (?) Geistlicher, Autor einer Schrift über Kunsttechniken: 94

Theophrastos (371–287 v. Chr.), griechischer Philosoph und Naturforscher aus der Schule des Aristoteles: 13, 15

Thun-Hohenstein, Maria Wilhelmine Gräfin, geb. Gräfin Ulfeld (1744–1800), verheiratet mit Franz de Paula Joseph Graf T.-H. (1734–1800), um 1775 in Wien: 100

Thurn-Valsassina, Anton Graf (1723–1806), seit 1764 Geheimer Rat und Ajo (Prinzenerzieher) des Großherzogs Peter Leopold von Toscana: 105

Tischbein, Johann Valentin (1715–1767 oder 1768), Porträt- und Theatermaler, seit 1747 in Holland, um 1756 in Thüringen, ab 1765 Hofmaler in Hildburghausen: 32

Titius, Carl Heinrich (1744–1813), Mediziner, 1776 beigegebener und 1778 wirklicher Aufseher der kurfürstlichen Naturaliensammlungen in Dresden, seit 1788 am Collegio medico-chirurgico, 1805 kursächsischer Hofrat: 126

To der Horst, Johann Hartwig (geb. um 1730), um 1770/75 Vertreter des Braunschweiger Lottos in Hamburg: 74

Topp, Ephraim Christoph Anton (Okt. bis Nov. 1776), Sohn der beiden Folgenden, Patenkind von Eva L.: 122

-, Ernestine Charlotte Eleonore, geb. Schmidt (1744–1820), seit 1774 zweite Frau des Folgenden: 120

-, Johann Friedrich Julius (1735–1784), Bruder von H. C. C. Carpzov, Mediziner und Schriftsteller, 1758 Promotion in Helmstedt, 1759/60, zweiter Garnisonsmedikus und 1761 Professor der Physiologie und Pathologie in Braunschweig, seit 1772 Stadt- und Landphysikus in Wolfenbüttel, Freund und Hausarzt L.s: 72, 120, 128

Torre, Giovanni Maria della (1710 oder 1713–1782), italienischer Naturwissenschaftler und Pater im Orden der Somasken, Direktor der Biblioteca Reale und des Museo di Capodimonte sowie der Königlichen Druckerei in Neapel, Erforscher des Vesuvs: 111, 112

Toskana, Marie Louise Großherzogin von, geb. Prinzessin von Burgund (1745–1792), seit 1765 Frau des Folgenden: 105

-, Peter Leopold (seit 1765) Großherzog von (1747–1792), Sohn der Kaiserin Maria Theresia, Bruder von Kaiser Joseph II. und 1790 dessen Nachfolger als Leopold II.: 103, 105

Tralles, Balthasar Ludwig (1708–1797), Arzt und Publizist in Breslau: 143

Trevico, Carlo Loffredo Marchese di (18. Jh.), neapolitanischer Hofbeamter: 112

Tscherning, Andreas (1611–1659), Schriftsteller und Literaturtheoretiker aus der Schule von Opitz, seit 1644 Professor für Poesie an der Universität Rostock: 127

Tüb(e)ner, Johann Conrad Samuel, seit 1756 Goldschmiedemeister und 1784 Oberältester in Braunschweig: 70, 72

Tünzel, Johann Friedrich (um 1730–1782), um 1779 Professor der Rechte am Braunschweiger Collegium Carolinum: 142

Tutenberg, Johann Christoph (1731–1785), protestantischer Theologe, nach 1770 Prediger an der Marienkirche in Wolfenbüttel: 128, 129

Uz, Johann Peter (1720–1796), Jurist und Schriftsteller, 1748–1760 Sekretär des Justizkollegiums in Ansbach, 1763 Assessor und 1790 Direktor des Kaiserlichen Landgerichts in Nürnberg, Freund von Gleim und Weiße: 36

Valperga di Caluso, Tommaso (1737–1815), Theologe und Astrologe in Turin, Sekretär der Akademie der Wissenschaften, nach 1768 Professor: 107

Vega Carpio, *Lope* Félix de (1562–1635), spanischer Dichter: 38

Vergilius Maro, Publius (70–19 v. Chr.), römischer Dichter: 14

Vernazza, Giuseppe, Baron di Freney (1745–1822), italienischer Archäologe und Philologe, Professor der Geschichte und Literatur in Turin: 107, 108

Vockel, Friedrich Wilhelm Freiherr von (gest. 1789), seit 1746 Reichshofratsagent und braunschweigischer Legationsrat in Wien: 114

Vockerodt, Johann Gotthilf (1693–1757), preußischer Staatsbeamter, 1737 Legationsrat und 1739 Geheimer Rat im Berliner Departement für auswärtige Angelegenheiten: 26

Voght, Caspar Heinrich (1752–1839), Kaufmann und Mäzen in Hamburg, um 1781 im Direktorium des Theaters: 148

Vogler, Georg Joseph, genannt Abbé Vogler (1749–1814), Musiktheoretiker und Komponist, 1775 Kapelldirektor und Gründer einer Tonschule in Mannheim, 1786 Kapellmeister in Stockholm, 1807 in Darmstadt: 124

Voigt, Johann Friedrich (1714–1771), Pädagoge, 1738–1740 Konrektor und 1744 Rektor am Lyceum in Kamenz: 11

Voltaire, eigentlich François Marie Arouet (1694–1778), französischer Philosoph und Schriftsteller, 1750–1753 Kammerherr Friedrichs II. von Preußen, seit 1759 in Ferney (Schweiz): 20, 22–24, 42, 58–61, 135

Voß, Christian Friedrich (1722–1795), Vater von Maria Friederike V., seit 1776 Schwiegervater von K. G. Lessing, Berliner Verlagsbuchhändler, Besitzer der »Vossischen Zeitung«, Freund und Verleger L.s: 20, 22, 25–30, 35, 38, 40, 41, 43, 44, 52, 53, 57, 64, 69, 71, 75, 79, 80, 82–85, 95, 128, 133, 137, 140, 144, 145, 153

Voß, Johann Heinrich (1751–1826), seit 1777 Schwager von H. C. Boie, Pädagoge und klassischer Philologe, Schriftsteller und Übersetzer, Mitglied des Göttinger Hainbunds, 1778 Schulrektor in Otterndorf und 1782–1802 in Eutin, dann Privatgelehrter, Freund L.s: 119, 136

Voß, Maria Friederike (1752–1828), Tochter von Christian Friedrich V., seit Dezember 1776 verheiratet mit K. G. Lessing: 115, 123

Voß, Marie Christiane *Ernestine*, geb. Boie (1756–1834), Schwester von H. C. Boie, seit 1777 verheiratet mit Johann Heinrich V.: 136

Wacker, Johann Friedrich (1730–1795), Aufseher des Antiken- und Münzkabinetts in Dresden: 99

Wagner, Heinrich Leopold (1747–1779), Jurist und Schriftsteller: 123

Walch, Christian Wilhelm Franz (1726–1784), protestantischer Theologe, seit 1757 Professor in Göttingen, Gegner L.s im Fragmentenstreit: 130, 142

Walther, Georg Conrad (1706–1778), Verleger in Dresden: 25, 53, 115

Warnstedt, Friedrich Carl Bogislaus von (1727–1808), seit 1740 im braunschweigischen Militärdienst, um 1770–1776 Begleiter des Prinzen Leopold von Braunschweig, 1800 Generalleutnant, zuletzt Kommandant von Braunschweig: 72, 73, 100–114, 116

Wegener, Henriette siehe Zachariä, Henriette

Wehber, Johann Christian (1731–1809), Pfarrer in Borstel bei Jork, traute 1776 L und Eva Catharina König: 121

Wehse, Friedrich Traugott (um 1727–1783), 1740–1745 auf der Fürstenschule St. Afra in Meißen (seit 1741 Mitschüler L.s), seit 1750 Pfarrer in Prietitz: 15

Weiß-Fehér, Friedrich (1889–1950), österreichischer Filmregisseur und Schauspieler: 155

Weise, Christian Friedrich (1706–1770), Pädagoge, seit 1735 an der Fürstenschule St. Afra in Meißen und seit 1755 deren Konrektor: 13, 14

Weiße, Christian Felix (1726–1804), Schriftsteller und seit 1762 Kreissteuereinnehmer in Leipzig, Freund L.s: 17, 18, 27, 30–32, 35, 38, 42, 52, 59, 61, 64, 97

Weitsch, *Friedrich* Georg (1758–1828), Maler und Radierer und Braunschweig, 1787 Hofmaler, seit 1798 Rektor der Berliner Akademie: 143

Wessely, Moses (1737–1792), Kaufmann in Hamburg, Freund L.s, Mendelssohns und der Familie Reimarus: 56, 57, 138

Wetzel, Johann Adam Ludwig (1736–1808), seit 1774 Bibliothekar und Hofkammerrat in Ansbach: 152

Wezel, Johann Karl (1747–1819), Schriftsteller und Kritiker, 1779 zusammen mit A. G. Meißner in Braunschweig und Wolfenbüttel, seit 1786 in geistiger Umnachtung: 140, 152

Wieland, Christoph Martin (1733–1813), Schriftsteller, Übersetzer und Herausgeber, 1752–1758 in der Schweiz und als Anhänger Bodmers zunächst Gegner L.s, dann ihm nahestehend, ab 1772 in Weimar: 28, 32, 36, 39, 41, 85, 86, 97

Wilamowitz-Moellendorf, Erdmann von (geb. 1957), Bibliothekar und Bibliograph in Weimar: 156

Wilczeck, Johann Joseph Maria Graf (1738–1819), österreichischer Jurist und Diplomat, 1771 Gesandter in Florenz und 1773–1778 in Neapel, 1779 Obersthofmeister in Wien: 111

Winckelmann, Johann Joachim (1717–1768), Kunsthistoriker, Archäologe und Mitbegründer der klassischen Altertumswissenschaft, 1754 Konversion zum Katholizismus, seit 1755 in Rom, Günstling und 1758 Bibliothekar des Kardinals Albani, 1763 Präsident der Altertümer, fiel in Triest einem Raubmord zum Opfer: 50, 52–54, 65, 115

Winckler, Christian Gottfried (1734–1784), Leipziger Kaufmannssohn und Besitzer des Hauses Zur Feuerkugel am Neumarkt: 31–35, 42, 49, 51

Woesler, Winfried (geb. 1939), Germanist und Editionswissenschaftler in Osnabrück: 157

Wolff, Johann *Christian* (seit 1745) von (1679–1754), Philosoph, 1707–1723 Professor der Mathematik und Philosophie und ab 1740 des Natur- und Völkerrechts in Halle, dazwischen in Marburg: 18

Wolfram, Georg Friedrich (um 1720–1785), Schauspieler: 19

Wolke, Christian Heinrich (1741–1825), Pädagoge, seit 1770 Mitarbeiter von Basedow und 1773 Mitbegründer des Dessauer Philanthropinums, dessen Direktor 1778–1784, danach Privatlehrer: 146

Wülcknitz, Conrad *Friedrich Ludwig* von (1728–1795), um 1779 hessischer und braunschweigischer Gesandter in Regensburg, Geheimrat: 149

Wundt, Carl Friedrich Casimir (1744–1784), Jurist und Historiker in Göttingen, seit 1771 Professor der Weltweisheit und Kirchengeschichte in Heidelberg: 55

Zachariä, Henriette Sophie Elisabeth, geb. Wegener (1735–1825), seit 1773 Frau des Folgenden: 88

-, Just Friedrich Wilhelm (1726–1777), Schriftsteller und Übersetzer, 1748 Hofmeister und seit 1761 Professor der Dichtkunst am Collegium Carolinum Braunschweig, 1762–1774 auch Leiter der Buchhandlung und Druckerei des Waisenhauses, 1774 Kanonikus des Stifts St. Cyriaks, Freund L.s: 17, 33, 54, 66, 70, 72, 77, 82, 88, 93, 124, 127

Zanotti, Francesco Maria (1692–1777), italienischer Philosoph und Mathematiker, Dichter und Redner, 1766 Präsident der Universität Bologna: 104

Zedlitz, Carl Adam Abraham Freiherr von (1731–1793), preußischer Staatsmann und Schulreformer, 1770 Staats- und Justizminister, 1771–1788 Kultus- und Unterrichtsminister: 115

Zimmermann, Eberhard August Wilhelm (seit 1796) von (1743–1815), Professor der Physik am Collegium Carolinum in Braunschweig: 152

Zimmermann, Johann Georg (1728–1795), Schweizer Arzt, Schriftsteller und Kritiker, 1754 Stadtphysikus in Brugg, seit 1768 königlich großbritannischer Leibarzt in Hannover, 1786 behandelnder Arzt Friedrichs II. von Preußen, nach 1789 zunehmend Gegner der Aufklärer: 79, 87, 119

Zoega, Georg (1755–1809), dänischer Archäologe, Ägyptologe und Numismatiker, Schüler von C. G. Heyne, seit 1783 in Rom, dort Konversion zum Katholizismus, 1798 dänischer Konsul im Kirchenstaat: 140

Zuccari, Federico (1540–1609), italienischer Maler: 109

Zuccheri *siehe* Zuccari

Werke, Pläne und Übersetzungen Lessings

Anmerkungen eines unpartheyischen Fremden über die gegenwärtige Streitigkeit zwischen England und Preussen; in einem Briefe eines Edelmanns in dem Haag an seinen Freund in London (Übersetzung, o. O. 1753): 26
[Anmerkungen zu einem Gutachten über die itzigen Religionsbewegungen] (1780): 150
Anti-Goeze. ERSTER [bis] ELFTER (anonym, Braunschweig 1778): 130–132
Antiquarische Briefe siehe Briefe, antiquarischen Inhalts
Axiomata, wenn es deren in dergleichen Dingen giebt. Wider den Herrn Pastor Goeze, in Hamburg (Braunschweig 1778): 129, 130

Berengarius Turonensis: oder Ankündigung eines wichtigen Werkes desselben, wovon in der Herzoglichen Bibliothek zu Wolfenbüttel ein Manuscript befindlich, welches bisher völlig unbekannt geblieben (Braunschweig 1770): 73–75
- (geplanter zweiter Teil): 77
Berichtigung des Märchens siehe Noch nähere Berichtigung ...
Beyträge zur Historie und Aufnahme des Theaters (Stück 1–4, Stuttgart 1750): 21
Bibliolatrie (Fragment, 1779): 142
Briefe (in: Schrifften. Zweyter Theil. Berlin 1753): 23, 26
Briefe, antiquarischen Inhalts (2 Bde., Berlin 1768–1769): 65–69, 73
- (geplanter dritter Teil): 85, 126
Briefe, die Neueste Litteratur betreffend (hrsg. von Lessing, Mendelssohn und Nicolai, 24 Teile, Berlin 1759 bis 1765): 36, 37, 39–43, 45, 48, 52, 56
Briefe über die Tanzkunst und über die Ballette, vom Herrn Noverre. Aus dem Französischen übersetzt (zusammen mit Bode, Hamburg und Bremen 1769): 69
[Briefwechsel über das Trauerspiel] (mit Mendelssohn und Nicolai, 1755–1757): 33
Burke siehe Übersetzung
[Burleskes Heldengedicht auf Gottsched] (gemeinsam mit C. F. Nicolai, verschollenes Fragment, 1755): 30

D. Faust (Dramenfragment, ab etwa 1755): 31, 38, 40, 45, 62, 99
Damon, oder die wahre Freundschaft. Ein Lustspiel in einem Aufzuge (in: Ermunterungen zum Vergnügen des Gemüths. Siebentes Stück. Hamburg 1747): 18
Das Christenthum der Vernunft (Fragment, 1753): 25
Das Neueste aus dem Reiche des Witzes, als eine Beylage zu den Berlinischen Staats- und Gelehrten Zeitungen (April bis Dezember 1751): 22
Das Testament Johannis. Ein Gespräch (anonym, Braunschweig 1777): 127
Das Theater des Herrn Diderot. Aus dem Französischen. Erster [und] Zweyter Theil (Berlin 1760): 43, 144
De Christo, Deo abscondito (Über Christus, den verborgenen Gott; Schulrede, 1746, nicht überliefert): 16
De Mathematica barbarorum (Über die Mathematik der Barbaren; Schulrede, 1746, nicht überliefert): 17
De vitae brevis felicitate (Über das Glück eines kurzen Lebens; Gedicht, 1745, nicht überliefert): 16
Der barmherzige Samariter (auch: Der Samariter [oder: fromme Samariter] nach der Erfindung Jesu Christi; Dramenplan, 1780): 140, 142
Der Derwisch (1778/79 geplantes Nachspiel zu »Nathan der Weise«): 138
Der Eremite. Eine Erzehlung (Kerapolos [Stuttgart] 1749): 21
Der Freygeist. Ein Lustspiel in fünf Aufzügen. Verfertiget im Jahre 1749 (zuerst in: Schrifften. Fünfter Theil. Berlin 1755): 18, 20, 58, 59, 65
Der junge Gelehrte. Ein Lustspiel in drey Aufzügen. Auf dem Neuberschen Schauplatze in Leipzig, im Jenner 1748. zum erstenmal aufgeführt (zuerst in: Schrifften. Vierter Theil. Berlin 1754): 15, 18, 19, 27, 57

Der Hausvater. Ein Schauspiel in fünf Aufzügen (in: Das Theater des Herrn Diderot. Zweyter Theil, 1760): 61, 65, 100

Der Misogyne. Ein Lustspiel in einem Aufzuge. Verfertiget im Jahre 1748 (zuerst in: Schrifften. Sechster Theil. Berlin 1755): 18, 57, 65

Der nöthigen Antwort auf eine sehr unnöthige Frage des Herrn Hauptpastor Göze in Hamburg Erste Folge ([Hamburg] 1778): 134, 136

Der Renner Haugs von Trimberg. Aus drey Handschriften der Herzogl. Bibliothek zu Wolfenbüttel wiederhergestellt (Manuskript, 1777/78): 131

Der Samariter nach der Erfindung Jesu Christi *siehe* Der barmherzige Samariter

Der Schatz. Ein Lustspiel in einem Aufzuge. Verfertiget im Jahre 1750 (in: Schrifften. Fünfter Theil. Berlin 1755): 21, 58, 65

Der Schlaftrunk. Ein Lustspiel in drey Aufzügen (Fragment, entstanden 1766/67): 56, 62, 82

Der Tod des Nero (Dramenplan, 1779/80): 142

Des Abts von Marginy Geschichte der Araber unter der Regierung der Califen. Aus dem Französischen. Erster [und] Zweyter Theil (Berlin und Potsdam 1753–1754): 26, 27

Des Andreas Wissowatius Einwürfe wider die Dreyeinigkeit (in: Zur Geschichte und Litteratur. Zweyter Beytrag, 1773): 90, 92, 93

Des Herrn von Voltaire Kleinere Historische Schriften. Aus dem Französischen übersetzt (Rostock 1752): 23

Deutsches Museum (1767/68 gemeinsam mit Bode geplante Monatsschrift): 62, 64

Deutsches Wörterbuch (Plan und Vorarbeiten seit 1758, zeitweilig zusammen mit Ramler): 75, 91

Die Alte Jungfer. Ein Lustspiel in drey Aufzügen (anonym, Berlin 1749): 18, 21

Die Erziehung des Menschengeschlechts (Paragraphen 1–53 in: Zur Geschichte und Litteratur. Vierter Beytrag, 1777; anonyme Buchausgabe: Berlin 1780): 123, 131, 144, 145

Die Gefangnen, ein Lustspiel. Aus dem Lateinischen des M. Accius Plautus übersetzt (in: Beyträge zur Historie und Aufnahme des Theaters. Zweytes Stück, 1750): 21

Die glückliche Erbin. Ein Lustspiel in fünf Aufzügen. Nach l'Erede fortunata des Goldoni (Fragment, 1755/56): 31

Die Juden. Ein Lustspiel in einem Aufzuge. Verfertiget im Jahr 1749 (in: Schrifften. Vierter Theil. Berlin 1754): 20, 27, 57

Die Matrone von Ephesus. Ein Lustspiel in einem Aufzuge (Fragment, entstanden 1767/68): 63, 82

Durch Spinoza ist Leibnitz nur auf die Spur der vorherbestimmten Harmonie gekommen (Fragment, 1763): 48

Ein Mehreres aus den Papieren des Ungenannten, die Offenbarung betreffend (in: Zur Geschichte und Litteratur. Vierter Beytrag, 1777): 118, 122, 123, 128

Ein Vade Mecum für den Hrn. Sam. Gotth. Lange Pastor in Laublingen (Berlin 1754): 24, 26, 27

Eine Duplik (anonym, Braunschweig 1778): 129

Eine ernsthafte Ermunterung an alle Christen zu einem frommen und heiligen Leben. Von William Law. Aus dem Englischen übersetzt (zusammen mit C. F. Weiße, Leipzig 1756): 31, 32

Eine Parabel. Nebst einer kleinen Bitte, und einem eventualen Absagungsschreiben an den Herrn Pastor Goeze, in Hamburg (Braunschweig 1778): 128–130

Eine Predigt über zwei Texte; über Psalm LXXIX, 6: Schütte deinen Grimm über die Heiden usw.; und über Matth. XXII, 39: Du sollst deinen Nächsten lieben als dich selbst; von Yorick. Aus dem Englischen übersetzt (Fragment (1769/70): 36, 37, 58

Emilia Galotti (dreiaktiger Plan, 1757/58 und 1767/68): 36, 37, 58

Emilia Galotti. Ein Trauerspiel in fünf Aufzügen (Berlin 1772): 79, 81–87, 90, 98, 100, 139, 152, 155, 157

Ernst und Falk. Gespräche für Freymäurer (Wolfenbüttel [recte: Göttingen] 1778): 127, 131, 133, 135–137, 155

Ernst und Falk. Gespräche für Freymäurer. Fortsetzung (im Manuskript 1778; Erstdruck, hrsg. von Knigge: Frankfurt am Main 1781): 54, 140, 142, 144, 148, 155

REGISTER: WERKE, PLÄNE UND ÜBERSETZUNGEN LESSINGS

Fabeln. Drey Bücher. Nebst Abhandlungen mit dieser Dichtungsart verwandten Inhalts (Berlin 1759): 35, 41, 42, 126
Faust *siehe* D. Faust
Fragmente eines Ungenannten (aus der »Apologie« des Hermann Samuel Reimarus, 1774–1778 von Lessing publiziert): 75, 115, 130, 132, 139, 141, 142
   siehe Ein Mehreres aus den Papieren des Ungenannten; Von dem Zwecke Jesu und seiner Jünger; Von Duldung der Deisten
Franz Hutchesons Sittenlehre der Vernunft, aus dem Englischen übersetzt. Erster [und] Zweyter Band (Leipzig 1756): 32
Friedrichs von Logau Sinngedichte. Zwölf Bücher. Mit Anmerkungen über die Sprache des Dichters herausgegeben von C.W. Ramler und G. E. Lessing (Leipzig 1759): 40, 41

G. E. Leßings sogenannte Briefe an verschiedene Gottesgelehrten, die an seinen theologischen Streitigkeiten auf eine oder die andere Weise Theil zu nehmen beliebt haben (Fragmente, 1779–1780): 142, 143
Gedanken über die Herrnhuter (Fragment, 1750): 21
Gedichte
   Ich (1752): 25
Gedichte von Andreas Scultetus: aufgefunden von Gotthold Ephraim Lessing (Braunschweig 1771): 77
Gegen Johann Salomo Semler (Fragment, 1779/80): 139
Geheiligte Andachts-Uebungen in Betrachtung, Gebet, Lobpreisung und Herzens-Gesprächen, Von der gottseligen und sinnreichen Frau Rowe (Übersetzung, zusammen mit C. F. Weiße; Erfurt 1754): 27
[Geschichte Luthers und der Reformation] (Plan, um 1770): 73
Giangir, oder der verschmähte Thron. 1748. den 17 April (Trauerspielfragment): 19
Glückwünschungsrede, bey dem Eintritt des 1743sten Jahres, von der Gleichheit eines Jahrs mit dem andern: 14
Gotth. Ephr. Leßings nöthige Antwort auf eine sehr unnöthige Frage des Hrn. Hauptpastor Goeze in Hamburg (Wolfenbüttel 1778): 132–135
Grabschrift auf Voltairen. 1779 (in: Musen Almanach für 1780, Hamburg): 142

Hamburgische Dramaturgie (2 Bde., Hamburg 1767–1769): 58, 59, 63, 64, 68, 89
Hrn. Samuel Richardsons Verfassers der Pamela, der Clarissa und des Grandisons Sittenlehre für die Jugend in den auserlesensten Aesopischen Fabeln mit dienlichen Betrachtungen zur Beförderung der Religion und der allgemeinen Menschenliebe vorgestellet (anonyme Übersetzung; Leipzig 1757): 35

Johann Huarts Prüfung der Köpfe zu den Wissenschaften Worinne er die Verschiedenen Fähigkeiten die in den Menschen liegen zeigt Einer jeden den Theil der Gelehrsamkeit bestimmt der für sie eigentlich gehöret Und endlich den Aeltern Anschläge ertheilt wie sie fähige und zu den Wissenschaften aufgelegte Söhne erhalten können. Aus dem Spanischen übersetzt von Gotthold Ephraim Leßing (Zerbst 1752): 24

Kleinigkeiten (anonym, Frankfurt, Leipzig [recte: Stuttgart] 1751): 23

Laokoon: oder über die Grenzen der Mahlerey und Poesie. Mit beyläufigen Erläuterungen verschiedener Punkte der alten Kunstgeschichte. Erster Theil (Berlin 1766): 49, 50, 52–55, 57, 67, 68
Leben des Sophokles. Hrsg. von Johann Joachim Eschenburg (Berlin 1790; die ersten sieben Bogen waren bereits 1760 ausgedruckt): 42
   siehe auch Sophokles. Erstes Buch
Leben und leben lassen. Ein Projekt für Schriftsteller und Buchhändler (Fragment, 1774/75): 93, 144

Leibnitz von den ewigen Strafen (in: Zur Geschichte und Litteratur. Erster Beytrag, 1773): 88
Literaturbriefe *siehe* Briefe, die Neueste Litteratur betreffend
Lustspiele. Erster [und] Zweyter Theil (Berlin 1767): 57, 58

Maranjon (in: Zur Geschichte und Litteratur. Sechster Beytrag, 1781): 153
Masaniello (um 1755 geplantes Trauerspiel): 90
Messias. Carmen Epicum, liber primus (Übersetzung, zusammen mit Johannes Theophilus Lessing; in: Schrifften. Zweyter Theil, 1753): 23
Minna von Barnhelm, oder das Soldatenglück. Ein Lustspiel in fünf Aufzügen (Berlin 1767): 47, 50, 52, 57, 58, 61, 62, 64, 65, 100, 156
Miß Sara Sampson. Ein bürgerliches Trauerspiel, in fünf Aufzügen (zuerst in: Schrifften. Sechster Theil. Berlin 1755): 28–30, 32, 34, 36, 54, 58, 61, 65, 82, 85, 97

Nathan der Weise. Ein Dramatisches Gedicht, in fünf Aufzügen ([Berlin] 1779): 115, 134, 135, 137–141, 143, 153, 154
Nero *siehe* Der Tod des Nero
Neue Hypothese über die Evangelisten als blos menschliche Geschichtschreiber betrachtet (Fragment, 1777/78): 127–129
Noch nähere Berichtigung des Mährchens von 1 000 Dukaten oder Judas Ischarioth, dem zweyten. Monath December 1779 (anonym, o. O.): 142–144
Nöthige Antwort *siehe* Gotth. Ephr. Leßings nöthige Antwort

Oden
    An Herr Gleim (1757): 35
    Ode auf den Tod des Marschalls von Schwerin, an den H. von Kleist (1757): 35

Philosophische Aufsätze von Karl Wilhelm Jerusalem: herausgegeben von Gotthold Ephraim Lessing (Braunschweig 1776): 96, 116
Philotas. Ein Trauerspiel (Berlin 1759): 38, 40, 85
Pope ein Metaphysiker! (zusammen mit Moses Mendelssohn; Danzig 1755): 27, 28, 30
Preussische Kriegslieder in den Feldzügen 1756 und 1757 von einem Grenadier [J. W. L. Gleim]. Mit Melodien (hrsg. und bevorwortet von L, Berlin 1758; erweiterte Neuauflage 1759): 37–40

Rettungen (vier Polemiken, in: Schrifften. Dritter Theil, 1754): 27
[Richardson-Übersetzung] *siehe* Hrn. Samuel Richardsons [...] Sittenlehre
Römische Historie von Erbauung Der Stadt Rom Bis auf die Schlacht bey Actium, oder das Ende der Republik; aus dem Französischen Des Herrn Rollins ins Deutsche übersetzt. Vierter [bis] Sechster Theil (Leipzig und Danzig 1749–1752): 21, 22, 24

Samuel Henzi. Ein Trauerspiel (in: Schrifften. Zweyter Theil. Berlin 1753): 21
Schimpf und Ernst (von Johannes Pauli, 1779 geplante Neuausgabe): 141
Schreiben an das Publicum. Aus dem Französischen [Friedrichs II. von Preußen] (Berlin 1753; anonyme Übersetzung von insgesamt drei Schreiben): 26
Schrifften. Erster [bis] Sechster Theil (Berlin 1753–1755): 26, 27, 29
Sogenannte Briefe *siehe* G. E. Leßings sogenannte Briefe
Sophokles. Erstes Buch. Von dem Leben des Dichters (Berlin 1760; unabgeschlossener Druck): 43
    siehe auch Leben des Sophokles

The London Prodigal (1780 geplante Bearbeitung): 149
Theatralische Bibliothek (4 Stücke, Berlin 1754–1758): 27, 29, 30, 40, 57
Theophili Presbyteri diversarvm artivm schedvla (in: Zur Geschichte und Litteratur. Sechster Beytrag, 1781): 153
Trauerspiele von Gotthold Ephraim Lessing. Miß Sara Sampson. Philotas. Emilia Galotti (Berlin 1772): 82

[Übersetzung von Amorys »The life and opinions of John Buncle, Esq.«] (Plan, 1771): 79
[Übersetzung von Burkes »A philosophical enquiry«] (Fragment, entstanden 1757–1758, verschollen): 37
[Übersetzung von Calderóns »El alcalde de Zalamea«] (Plan, 1777): 126
Ueber den Anonymus des Nevelet (in: Zur Geschichte und Litteratur. Fünfter Beytrag, 1781): 153
Ueber den Beweis des Geistes und der Kraft. An den Herrn Director Schumann zu Hannover (anonym, Braunschweig 1777): 127
Ueber den Beweis des Geistes und der Kraft. Ein zweytes Schreiben an den Herrn Direktor Schumann in Hannover (Fragment, 1778): 127
Ueber die Ahnenbilder der alten Römer (Fragment, 1769): 65
Ueber die Mehrheit der Welten (Lehrgedichtfragment, 1746): 16
Ueber die psychologische Beschaffenheit der Affecte, und was dabey im Körper vorgeht (Plan, 1760, gemeinsam mit C. G. Krause): 43
Ueber die sogenannte Agrippine, unter den Alterthümern zu Dresden (in: Gnädigst privilegirte Neue Braunschweigische Zeitung, 15. April 1771): 77
Ueber die sogenannten Fabeln aus den Zeiten der Minnesinger. Erste Entdeckung (in: Zur Geschichte und Litteratur. Erster Beytrag, 1773): 88
Ueber die sogenannten Fabeln aus den Zeiten der Minnesinger. Zweyte Entdeckung (in: Zur Geschichte und Litteratur. Fünfter Beytrag, 1781): 153

Vade Mecum siehe Ein Vade Mecum
Vermischte Schriften (14 Teile, T. 1 von Lessing selbst ediert, 2–9 und 13–14 von Karl Gotthelf Lessing, 10–12 von Johann Joachim Eschenburg, Berlin 1771–1793): 71, 153
    Erster Theil (1771): 75, 76, 78–80
    Zweyter Theil (1784): 81, 95, 99
Vom Alter der Oelmalerey aus dem Theophilus Presbyter (Braunschweig 1774): 94
Von Adam Neusern, einige authentische Nachrichten (in: Zur Geschichte und Litteratur. Dritter Beytrag, 1774): 94
Von dem Zwecke Jesu und seiner Jünger. Noch ein Fragment des Wolfenbüttelschen Ungenannten. Herausgegeben von Gotthold Ephraim Lessing (Braunschweig 1778): 131–136, 149
Von den Traditoren. In einem Sendschreiben an den Herrn Doktor Walch von G. Ephr. Leßing. Zur Ankündigung einer größern Schrift des leztern (Fragment, 1779/80): 142
Von Duldung der Deisten: Fragment eines Ungenannten (in: Zur Geschichte und Litteratur. Dritter Beytrag, 1774): 94

Wertherische Briefe (Plan, 1775): 98
Wie die Alten den Tod gebildet: eine Untersuchung (Berlin 1769): 69

Zerstreute Anmerkungen über das Epigramm, und einige der vornehmsten Epigrammatisten (in: Vermischte Schriften. Erster Theil. Berlin 1771): 76
Zur Geschichte der Aesopischen Fabel (Fragment, etwa um 1778): 157
Zur Geschichte der deutschen Sprache und Literatur, von den Minnesängern bis auf Luthern. Größtentheils aus Handschriften der Herzoglichen Bibliothek. Angefangen den 1sten August 1777 (Manuskript): 126

Zur Geschichte und Litteratur. Aus den Schätzen der Herzoglichen Bibliothek zu Wolfenbüttel (Braunschweig): 83, 117, 126
    Erster Beytrag (1773): 85, 87, 88
    Zweyter Beytrag (1773): 90
    Dritter Beytrag (1774): 94
    Vierter Beytrag (1777): 94, 118, 123
    Fünfter Beytrag (1781 [recte: 1782]): 126, 153
    Sechster Beytrag (1781): 91, 116, 143, 153

Abbildungsverzeichnis

1   Stadtansicht Camentz, um 1720, nach einer verschollenen Zeichnung von Christoph Gottlob Glymann (1684–1730) von J[ohann] G[eorg] Menzel (1677–1743) gestochen (Lessing-Museum Kamenz, Inventar-Nr. 58 II G)

2   Lessings Geburtshaus, Tusche- und Kreidezeichnung von H. Frölich (Lessing-Museum Kamenz, Inventar-Nr. 2824 II G)

3   Ansicht von Leipzig, um 1725, Kupferstich (Bildagentur für Kunst, Kultur und Geschichte Berlin, Inventar-Nr. bpk 10351)

4   Titelblatt der Erstausgabe der »Briefe, die Neueste Litteratur betreffend«, Theil 1, Berlin 1759 (Lessing-Museum Kamenz, Inventar-Nr. 740 I)

5   Lessings Wohnung in Berlin Nicolai Kirchhof No. 10, Reproduktion (Lessing-Museum, Inventar-Nr. 2528 II G)

6   Der Naschmarkt am Ring in Breslau, Guckkastenbild, Kupferstich, koloriert von Georg Matthäus Probst, 18. Jahrhundert (Bildagentur für Kunst, Kultur und Geschichte Berlin, Inventar-Nr. bpk 3674, Foto: Hermann Buresch)

7   Illustration zu »Minna von Barnhelm« von Daniel Chodowiecki (1726–1801), Kupferstich (Lessing-Museum Kamenz, Inventar-Nr. 76 II G)

8   Das alte Baumhaus in Hamburg, um 1818, nach Anton Radtl (1774–1852) von Frisch gestochen (Lessing-Museum Kamenz, Nr. 2514 II G)

9   Titelblatt der Erstausgabe der »Hamburgischen Dramaturgie«, Hamburg [1767] (Lessing-Museum Kamenz, Inventar-Nr. 940 I)

10 Ziehung der Lottozahlen auf dem Aegidienmarkt 11 und 12 in Braunschweig, 1771, Kupferstich von Anton August Beck (Braunschweigisches Landesmuseum, Niedersächsische Landesmuseen Braunschweig, I. Simon)

11 Titelblatt des 3. Drucks der 1. Ausgabe von »Emilia Galotti«, Berlin 1772 (Lessing-Museum Kamenz, Inventar-Nr. 3698 I)

12 Titelblatt der Erstausgabe von Lessings Trauerspielen, Berlin 1772 (Lessing-Museum Kamenz, Inventar-Nr. 774 I)

13 Gasthaus zum Großen Weghause, um 1910 [?] von Eduard Gelpke (1847–1923) illustriert, (Lessing-Museum Kamenz, Inventar-Nr. 535 II G)

14 Titelblatt der Erstausgabe des »Anti-Goeze«, Braunschweig 1778 (Lessing-Museum Kamenz, Inventar-Nr. 994 I)

15 Titelblatt der Erstausgabe von »Nathan der Weise«, Berlin 1779 (Lessing-Museum Kamenz, Inventar-Nr. 939 I)

16 Lessings Wohnhaus in Wolfenbüttel, um 1881, von Carl Bourdet (1851–1928), Aquarell (Lessing-Museum Kamenz, Inventar-Nr. 164 II G)